汪友农传

一生痴迷诗与画

夏和顺◎著

深圳出版社

图书在版编目（CIP）数据

汪友农传 / 夏和顺著. -- 深圳 : 深圳出版社,
2024.4
ISBN 978-7-5507-3991-8

Ⅰ.①汪… Ⅱ.①夏… Ⅲ.①汪友农－传记 Ⅳ.
①K825.72

中国国家版本馆CIP数据核字(2024)第033800号

汪 友 农 传
WANGYOUNONG ZHUAN

出 品 人　聂雄前
责任编辑　陈　静　王　博
责任校对　彭　佳
责任技编　陈洁霞
封面设计　花间鹿行
装帧设计　斯迈德设计
　　　　　0755-8314 4278

出版发行　深圳出版社
地　　址　深圳市彩田南路海天综合大厦（518033）
网　　址　www.htph.com.cn
订购电话　0755-83460239（邮购、团购）
设计制作　深圳市斯迈德设计企划有限公司（0755-83144278）
印　　刷　深圳市希望印务有限公司（0755-89502914）
开　　本　787mm×1092mm　1/16
印　　张　20.5
字　　数　280千
版　　次　2024年4月第1版
印　　次　2024年4月第1次
定　　价　68.00元

△汪友农（1939—2015）

△中学时代的汪友农（后）与大哥二哥

△汪友农（后排左二）与父母、兄弟姐妹在合肥逍遥津公园

△汪友农全家与岳母，背景为汪田霖作品

△汪友农（右一）与兄弟姐妹

△汪友农（前排右三）与父母、兄弟姐妹、妹夫、二嫂、妻子、儿女及侄儿、侄女、侄孙

△20世纪90年代初汪友农全家
与父母在合肥

△汪友农全家照

△桥头张汪氏祖屋一瞥

△1988 年汪友农夫妇在北京

△1986 年，汪友农夫妇与南陵师范邻居
　熊为民一家

△汪友农夫妇与外孙女吴一尘在深圳世界
　之窗

△韩振清观看汪友农作画

△汪友农全家重游南陵师范学校

△汪友农夫妇与学生在林散之纪念馆

△南陵师范 1986 届普师三二班合影（三排左二为汪友农）

△汪友农（右）与黄叶村

△1988 年汪友农（左二）与沈鹏等在中国美术馆

△汪友农陪同赖少其（左二）、周怀民（左三）参观黄叶村遗作展

△汪友农与薛永年（右一）、孙克（左二）、薛祥林（左一）

△汪友农（右）与孙克

△汪友农在深圳世界之窗　　△汪友农在黄山　　△汪友农在赖少其艺术馆

△汪友农在杭州虎跑泉

△汪友农谈画作《迎春》

△汪友农文博会上接受记者采访

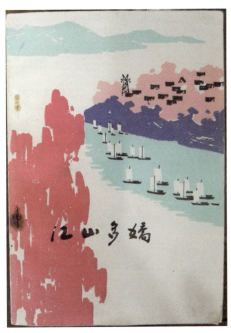

△《江山多娇》载汪友农组诗《体育花开鱼米乡》

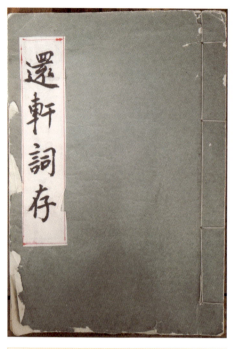

△汪寄清手抄本《还轩词存》

△汪友农美术教案

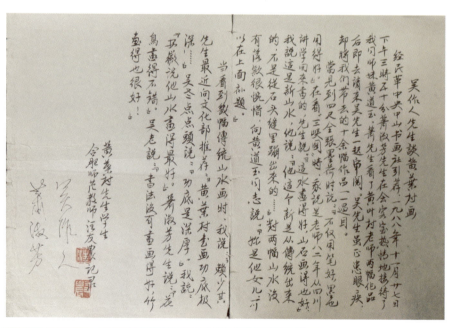

△汪友农手书《吴作人先生谈黄叶村画》

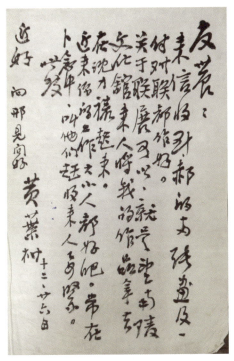

△黄叶村致汪友农函

△薛永年为汪友农遗作题跋

△曹宝麟为汪友农遗作题跋

△韩振清向安徽省图书馆捐赠汪友农画册

△2017 年 4 月 5 日中国美术馆"梦回新安——汪友农中国画艺术展"开幕式合影

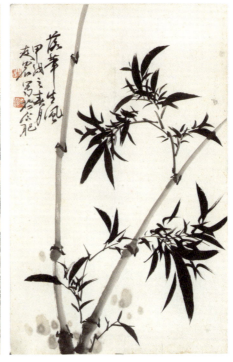

汪友农画作

△《墨中有色》　　△《落笔生风》

△《牧童横笛》

△《我的老家麻桥乡》

△《天堂美景》

△《西山行》

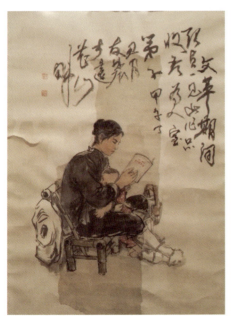

△《哺育》

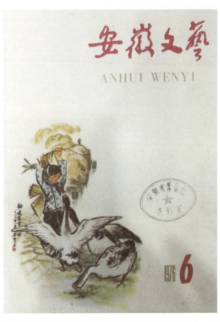

△《稻是队里的》（载《安徽文艺》1976年第6期）

品高艺自超（代序）

　　说来也是缘分，因为研究绘画传统，研究逆境中的传统派画家，新时期之初，一批"人亡业显"的老画家进入我的视野，引发了我的深思，芜湖的黄叶村就是其中之一。记得在1988年末，老学长孙克来电话，他说："又发现一位黄秋园、陈子庄式的画家，是安徽的黄叶村，遗作展在中国美术馆举行，你务必来一睹为快。"于是，在那个又一次引起画界瞩目的展览会上，我认识了黄叶村的高足汪友农。我发现，他像亲人一样始终陪伴着黄老的女儿黄道玉接待观者。高高的个子，谦和的音容，对师门的真情，给我留下了清晰的印象。

　　在此后的二十多年中，我又与他多次会面，有时在北京，有时在合肥，而且他经常和黄叶村画作的另一位爱好者薛祥林在一起。每次相见，他们都以黄叶村艺术传播者的身份，或提供黄叶村的新材料，或出示新拾遗的黄叶村作品，共同品赏，使我对黄叶村有了更多的了解，便于我为黄叶村画集写序。汪友农起初很少谈到自己，接触稍多之后，他才偶尔带来自己的作品邀我品评，顺便谈及自己的身世、经历、创作和艺术见解，我对他的了解也日渐增多。原来，他不仅是尊师重道的传统守护者，而且更是诗书画全能、人物山水花鸟兼善的画家。

　　1939年，汪友农出生在安徽南陵一个喜爱诗画的书香门第，自幼即因家庭的培育和熏染，形成了良好的艺术感觉与文化基础。20世纪50年代初，他父亲在黄山管理处工作，汪友农假期中来到黄山，有幸随岭南派大家黎雄才写生月余，年仅18岁，即有作品入选南陵首届美展并获一等奖。翌年，他父亲调入省图书馆古籍部工作，与著名的女词人丁宁同事，两家比邻而居。汪友农在初中时代就已显露诗歌才能，此时又拜丁宁为师，进步很大，"文革"前已不断有诗歌发表，并为他的绘画注入了诗情。

在那个特殊的年代，汪友农的出身，使他一再遭受不公正的待遇。先是失去了上大学的机会，高中毕业即回乡务农，一度在县粮食局工会搞宣传，不久又失去工作，只能浪迹江湖，侧身漆工、民间画工之列。后来成为南陵新华书店从事美术宣传的临时工作人员，在实践中不断提高造型能力，创作了受到著名画家张贞一赏识的人物画《哺育》，但又被下放农村。然而，挫折跌宕，艰难困苦，不仅没有影响他的不息进取，反而加倍激发出他学习与创作的高涨热情。白天劳动，晚间偷读唐诗宋词，因画艺超群，也时常被抽调为各单位画领袖像。1971年，他由于为南陵师范改画领袖像显示的出色绘画才能，被调入该校任美术教师，成为正式的国家职工，从此开始了他艺术创作的新时期。丰富的生活阅历，深刻的人生体验，积极的进取精神，使他追求真善美的诗画创作在新环境中上了一个新的台阶。他的诗歌不少是反映现实生活的新诗，其中选入《安徽诗歌选》的《拔河》，写鱼米之乡的体育活动，生龙活虎，气氛热烈，比喻生动，节奏铿锵，充满浓郁的生活气息，难怪丁宁评价说："你知道写诗的真谛了。"

汪友农绘画创作，早期以人物画为主，关注现实生活，努力反映时代，先后创作的中国画有《重任在肩》（又名《立志务农》）、《护林》、《稻是队里的》和《迎春》。画法风格是水墨写实的路子，写实造型，水墨味道，善于挖掘人物的内心情感，充满浓郁的生活情趣。其中《稻是队里的》，我在合肥看过原作，描绘放鹅的农村小姑娘，拾起拖拉机后遗落的稻穗，面对自家大鹅伸长颈项的姿态，笑盈盈地把稻穗高高举起。构思巧妙自然，形象亲切动人，具有强烈的艺术感染力。

《稻是队里的》在平凡的生活情趣中挖掘出深刻感人的主题，通过戏剧化的冲突、准确的造型、真实的细节、状物得当的笔墨、以空白为背景的传统手法，画出了小姑娘从心底热爱公物的一片真情，因此好评如潮。徐悲鸿弟子杨建侯教授见到此画后给予高度评价，著名书画家赖少其也专门邀请汪友农到家做客。

从20世纪80年代中期，汪友农的绘画创作开始从人物转向山水。起因是，他画的《迎春》，敏锐地捕捉到时代变迁的气息，描绘一位姑娘在风雪中卖自家培育的盆花，呼唤改革春天的来临，讴歌市场经济的生机。对此，老画家黄叶村称赞说："你把人物和花卉巧妙地结合在一起，与众不同，构思新颖，画面有很强的艺术感染力。"但这一作品却受到某些极左人士的指责，基于这种情况，黄叶村对他说："你有能力画山水，多画些山水吧。"黄叶村是与张贞一齐名的"安徽五老"之一，是一位从传统中走出来的画家，毕生都在竭力潜入传统深处，再从中生发出来，其生气蓬勃的意境和功夫老到的笔墨，都显示出"借古以开今"的成就。1965年，汪友农在张贞一的引介下认识了黄叶村。此前，汪友农的山水画受岭南派黎雄才的影响，重写生，画实景，画法接近于岭南派的"折中中西"，在空间处理上也往往有焦点透视的影响。但在黄叶村的启导下，他的山水画发生了重大变化。这一变化体现了从重视自然，到努力学习中国山水画提炼自然的优良传统。

20世纪以来，由于晚清中国画的衰微和西学的引进，中国画在发展变革中出现了两种路数，一是引西润中的融合派，二是借古开今的传统派。不少融合派画家，对中国画的改革或改良，实际上是以西方为参照的，重视师造化胜于重视师古人，重视写生胜于重视临摹，重视艺术技能胜于重视传统文化素养，走向极端者则忽视了师古、临摹与传统文化修养。这种艺术趋向一方面突破了晚清惰性传统的束缚，推动了水墨写实和彩墨抒情型中国画的发展，另一方面也在一定程度上遮蔽了传统的某些合理因素。

然而，黄叶村像发扬了新安派传统的黄宾虹一样，并没有受到上述趋向的遮蔽，而是发扬了传统的精髓，也正是他的指导，扭转了汪友农的努力方向。后者在《高处不胜寒》一文中说："1969年春我带着黄山写生稿，请黄叶村老师提意见，老师看了画稿后说：'重自然，重复自然不自然。'我听了老师的批评，茅塞顿开，眼前豁然开朗。"他说黄叶村还指出："学中国写意画，字写不好不行，当然文学素养差也不行。——你的文学功底还不错。"从此，汪友农由纯粹的对景写生，回归了新安派传统，走上尊写意、尚造境、重临写、讲笔墨的道路。

自从1986年汪友农调到地处安徽省会的合肥师范（今之合肥大学）任教，他的生活由跌宕转为平顺。此后，他的山水画历程大体可以分为两个阶段。在1999年退休以前，绘画创作是教学之余的活动。1988年他为黄叶村办展，既通过黄叶村的成就弘扬了被边缘化的优良传统，也在策展过程中加强了对山水画的研究和思考。对传统的认识的自觉，理所当然地推动了他的创作。退休以后，汪友农活动于合肥与深圳两地，有了充分的创作时间，他的创作进入了更加自由无碍的境界。

汪友农的全部山水画作品，可以分为三类，一类是写生之作，其中的对景写生主要是早年所画黄山景色，比如《黄山人字瀑》。其后则由对景写生转为描绘各地风光有一定现场感的实境山水，比如《巴峡图》和《桂林象鼻山》。如众所知，中国的山水画，既讲求师古人，也讲求师造化，而师造化则是"化古为我"的关键。汪友农本着这一传统，一生去过很多地方——泰山、华山、凌云山、乐山、普陀山、庐山、桂林、三峡、岭南，加拿大以及东南亚等地，丰富了他的视界，让他领略了造化的神奇，获得了印证和发展古法的依据，为他的创作注入了活力。

另一类是临古之作，中晚年比早年多，作品如《黄宾老笔意》。晚年下的功夫更大，作品如《临李唐万壑松风》《临沈周庐山高》和《改夏圭溪山清远》等。汪友农的临古，体现了他对师古人的重视。他对古人的学习，继承了新安派的传统，重视对临而不是死摹，善于通过临写，领悟变自然为艺术的奥妙，掌握前人提炼自然而形成的图式，吸取前人以程式化的手法进行艺术提炼的经验。

从他的作品可以看出，他学习前人的范围比黄叶村广泛，包括古与今、"南宗"与"北宗"。其中有五代宋的李（成）、郭（熙）、董（源）、巨（然）、范宽、朱锐，明代的吴小仙、唐伯虎、吴彬，清代的石谿、戴本孝、萧云从、"四王"、吴石仙，近代的黄宾虹、张大千、傅抱石、李可染、陆俨少、陈子庄，等等。他对前人的学习，既有概括山峦树石水流房舍的图式，也有显现图式并发挥个性的笔墨。他对于笔墨的研究，不仅从绘画入手，而且从影响中国绘画书写性的书法传统致力。

他结识黄叶村之后，懂得了提高笔墨表现力的一个重要途径就是书法，对书法的重视更加自觉。黄叶村告诉他，抗战时期自己欲拜新安画派汪采白之父汪福熙为师，老先生开始很冷淡，后来看到字写得好才接待了。黄叶村就此说："学中国写意画，字写不好不行。"从汪友农绘画作品的题款题词看，他的书法，20世纪80年代已经写得蛮好，那时候主要写楷行，追踪王羲之、赵子昂，布置规整，风格秀润。到了晚年，他更在行草中融入碑学的体势与笔法，得之于《石门颂》与郑文公为多，用笔毛涩苍茫，结构似奇反正，变化万端，风格苍逸。

写生、临古两类之外的绘画是创作，贯穿了汪友农的一生。总而言之，可有四种，分别是家乡风景、祖国山河、心中林泉与古人诗意。其中的古人诗意，主要是李白诗意，或画李白在南陵写下的诗篇，或画李白歌颂名胜之作。因为传说李白三游南陵，并下嫁爱女于南陵河湾的顺冲，汪友农亦曾下放在河湾劳动，其间走访李白遗迹，写诗《寻踪》抒感，故有题上此诗的《李白南陵行》，又由于汪友农曾去三峡，所以画了写李白诗意的《千里江陵》。他的古人诗意之作，都是古意而今情，借古人的酒杯，浇自己的块垒。

祖国山河与家乡风景在其全部山水画作品中占有较大比重。前者有《山河万里》《长城万里》和《旭日东升》等；后者更多，比如《春到皖南》《南陵丫山》《绿到乡间》《九华山》和《夫妻树》。这些作品，或画黄山，或画皖南，或画芜湖，或画南陵，虽然未必写实境，但具有皖南山水的秀丽，还有自己亲身经历的雪泥鸿爪，不期而然地注入了深厚的感情。画中人物有古有今，不少是当代人，有背双肩包戴草帽的游人，有少男少女携手山行，有自己在逆境中感受良深的"夫妻树"。这两类作品，集中反映了汪友农的家国情怀和乡土感情。

描写心中林泉的山水画，画的是体现审美理想的精神家园。这类作品，远离了城市喧嚣，荡漾着田园牧歌，密切联系着画家儿时记忆，比如《山村古木》《云岭春早》《牧童横笛》《儿时家乡多美呀》和《儿时小院梦曲径亦通天》。画中可见高山、流泉、云海、帆影、长松、垂柳、红树、板桥、泊舟、小院、茅屋、水阁、垂钓。他常常把曾是牧童的自己画进去，既画江南美景，又画儿时感受。在"木欣欣以向荣，泉涓涓而始流"的景象中，寄托渴求回归自然的感情，表达了"一物我，合天人"的中国艺术精神。有人说，他的艺术创作，从最初的社会写实转向了自然写意，融入自然，寄情山水，确实如此。

汪友农的山水画，像黄叶村一样"借古以开今"，大量使用传统的图式，丘壑笔墨，古意盎然，又师法造化，中得心源，从大自然中提炼，意境是新的，气象是新的，感情是新的。画中某些人造物如桥梁、汽轮等也是前古所无的，点景人物的动作表情更是当代的。从画法而论，既有疏密二体，又有水墨、浅绛、青绿、小青绿各种画法，但以小青绿为主。无论何种画法，他运用起来都得心应手，化古为我，意到笔随，普遍构图饱满，生机勃勃，清丽丰赡，意境和谐，温雅洁净。

也和黄叶村一样，汪友农的山水画，既得安徽风光之助，又传承了新安派的笔墨，但是黄叶村由师古人而师造化，汪友农由对景写生而回归传统，两人禀赋不同，阅历不同。黄叶村的山水画大部分创作在新时期以前，而汪友农的山水画则创作于新时期以来，对优良传统借鉴的着力点也不完全相同。一般而言，黄叶村山水画发扬了清初新安各家的传统，密点干擦，繁而密，苍而润，作风更加精严繁密清刚，宁静而富生机。汪友农对以黄宾虹为代表的晚近新安画家阐发传统有更多体悟，湿笔为多，善于用墨，又融入了写意花鸟的笔墨，大笔皴染，气脉贯穿，生活气息浓郁，画风更加腴润而有骨，散淡而精心，饱满而松动，一气呵成而不失精微。

他的花鸟画也很出色，和人称"江南一枝竹"的黄叶村相比，题材更加广泛，意趣更加丰富，色墨更加浓丽。他既画传统的"四君子"，也画花鸟畜兽。构图多折枝，亦有盆供和丛艳，不但能画出生活情趣，而且取意祥和美满，雅俗共赏，如《喜鹊登梅》《虚心直节》《报喜》《夜语》《不群》《余晖》《春色》《后院》《欢歌笑语》《双喜》《夫唱妇随》《书画人生》《百姓人家》。画法渊源主要是海派的写意，得于赵之谦，特别是任伯年、吴昌硕为多，多作没骨，色墨浓艳。越老色彩越浓丽，正如他题画自称"老来喜艳色"。

汪友农是一位人品高尚的画家，更是一名敬业的教师。在南陵，他1984年即被评为南陵师范优秀教师，1985年被选为芜湖市"为人师表优秀教师"。来合肥后，他依然殚精竭虑地以诗画所长投入教材编写，1993年又负责给"全国中师教学大纲研讨班"讲美术优质课，受到国家教委的好评。他的一生，醉心艺术，寂寞耕耘，不慕荣利，勇猛精进。正因为画品反映了作者的思想境界，所以，他的艺术既不媚俗，也不欺世，而是不息地寻找并表现真善美。他的人物画创作，真诚歌颂了平凡生活中的高尚品质，体现了他的社会责任感，而他的山水花鸟画，既寄予了高尚的情怀，更弘扬了人与自然和谐的中国艺术精神。

晚年居住在深圳莲花山附近的汪友农，曾经联系有关方面约我去讲学，也希望我同时看看他的作品，饮茶叙旧。可惜当时我的事情太多，未能成行，其后没有一年，就传来了他去世的消息，使我感到非常遗憾。

2016年春天，他的老友薛祥林陪着他的爱女汪田霖女士和快婿吴忠先生专程来到北京，告知汪友农先生要我写序的遗愿。其后我虽然因摔伤而卧床三月余，但写序的事刻不敢忘，感谢汪田霖女士提供的丰富而翔实的材料，现在我终于写成此文，作为序言，也作为对故人的缅怀。

薛永年

(美术史学家、美术评论家、书法家
中央美术学院人文学院教授
中国美术家协会理论委员会主任)

目 录 CONTENTS

附　录

后　记

第一章 鱼米之乡 书香家庭

一、家在鱼米之乡

汪友农的家乡，在安徽省南陵县。他一生以此为荣。他晚年写作《一生痴迷诗与画》，第一句话即是："在皖南，有一个人称鱼米之乡的地方叫南陵县。"

南陵位于安徽省东南部，现为芜湖市辖县，地处皖南丘陵向沿江平原过渡地带。境内的青弋江、漳河，与皖南另一条河——水阳江并称"三江"，是长江南岸安徽境内三条最大支流。其地汉武帝元封二年（前109）始置春谷县，南朝梁武帝普通六年（525）始置南陵县，隋朝并入宣城郡，武则天长安四年（704）再设南陵县并移入现治，县名自唐迄今再无变更。南陵县唐时属江南西道宣州，五代十国时属杨吴之宣州宁国军，北宋时属江南东路宣州，南宋时属江南东路宁国府，元时属江浙行省宁国路，明时属南直隶宁国府，清初属江南省宁国府。清康熙六年（1667）正式设立安徽省，南陵属安徽省徽宁道。

南陵县境内铜矿资源丰富，为中国青铜文化发祥地之一。考古发掘资料显示，南陵铜矿开发历史可以上溯到西周时期，其采矿、选矿和冶炼技术达到很高水准，成为重要的铜产地。据史料记载，楚国灭越国后，旋即在皖南设置"陵阳郡"，所产铜材被誉为"陵阳之金"。南陵铜被大量运往中原地区铸造青铜礼器和兵器。南陵冶铜历史从西周到南宋，延续时间长达两千余年，对中国青铜时代的社会发展和技术进步起到重大作用。

1996年11月，南陵大工山铜矿遗址和毗邻的铜陵凤凰山铜矿遗址一起被国务院批准列入第四批全国重点文物保护单位。大工山铜矿遗址位于南陵县工山镇，被保护范围包括塌里牧铜矿遗址、江木冲冶炼遗址、刘家井冶炼遗址、破头山采矿遗址等。

汉末三国时期名将周瑜曾任春谷长，治地即在今南陵、繁昌一带，他的妻子小乔因此与南陵有一段因缘，据传死后葬于南陵。小乔嫁周瑜，大乔嫁孙策，妻随夫贵，杜牧诗句"铜雀春深锁二乔"即指此二人。后来苏轼在《念奴娇·赤壁怀古》中吟出"遥想公瑾当年，小乔初嫁了"，更令小乔名传千古，家喻户晓。南陵县城西部中山公园旁，原有一座小乔墓，后临古城墙，旁依香油寺（一名香由寺），左有周瑜点将台与之遥遥相望。《南陵县志》对此有一段记载："清乾隆己亥年，知县高怡梦小乔语其墓所在。翌日，遣典史沈江鲲，督修其墓于寺西苑，立碑曰：东吴都督周公瑾之夫人乔氏墓。"

此墓建于乾隆四十四年（1779）。知县高怡梦见小乔，诉说她的墓在香油寺侧，高怡遂令典史沈江鲲在香油寺西苑重建小乔墓。高怡曾为此墓亲撰一联："柴桑月冷，痛佳婿早岁云亡，从此点将台高，相对青茔同不朽；铜雀春深，问阿姊而今安在？留得埋香孤冢，免教红粉任飘零。"

周瑜于建安二年（197）任春谷长，小乔死后葬于南陵也在情理之中，这可能就是高怡兴建小乔墓的依据。至于梦语云云，实难推求。南陵小乔墓前有一块巨碑，阳面刻有"东吴大都督周公德配乔夫人之墓"，碑两侧镌刻对联："千年来本贵贱同归，玉容花貌，飘零几处？昭君冢、杨妃茔、真娘墓、苏小坟，更遗此江作名姝，并向天涯留胜迹；三国时何夫妻异葬，纸钱酒杯，浇奠谁人？笋箨露、芭蕉雨、菡萏风、梧桐月，只借他寺前野景，常为地主作清供。"据传上下联分别为许文权、陶宝森撰写，均为近人。此碑已经破成几段，现存南陵县文化馆内。

汪友农父亲汪寄清曾在日记本中抄录《南陵县志》中数首关于小乔墓的诗。清宋九勋《甲子九月同友游春谷寻小乔墓偶憩第一山刹》（二首）：

> 云连雉堞势岧峣，春谷秋光点点摇。
> 烟火万家攒塔脚，流溪三面绕城腰。
> 晴空看雁心同远，古径寻花兴转饶。
> 倚剑台边回首望，几多英气拂星轺。

> 东吴往迹久萧条，犹向秋风吊小乔。
> 老树斜阳余影乱，美人香草总魂销。
> 钟情过客争浇酒，好事贤侯禁采樵。
> 林畔午闻清磬响，携尊一笑虎溪招。

另有清张鸿翥《小乔墓》：

> 第一山旁问墓台，扫开蒿径拂尘灰。
> 古梅犹绘天香艳，新月长留地主哀。
> 娇倚英雄横宝剑，愁浇浊酒翦荒莱。
> 三生石畔传藏玉，阿姊分明共去来。

南陵县城漳河南岸文星阁，是汪友农当年常去观赏的名胜。文星阁俗谓魁星阁，建于清乾隆四十七年（1782）八月。当时南陵县令周学元上任伊始，见文庙东河岸上朽桩百余株，询诸士绅，始知此乃烂尾工程，前任欲在此建文星阁，下桩后，有人议论该地不当，遂停工搁置。周学元召集士绅议定改建南岸，一切费用由各乡图董分募，同时议请董事刘唊、何揄扬等五人负责集材鸠工，于当年八月在市桥河南岸动工，与文庙为拱照之势。文星阁基深五尺，桩石巩固，高五丈五尺，顶高一丈，共三层，上下各六柱，每面阔二丈。阁顶插入云霄，有浮雕装饰的屋脊，日光映照，艳丽夺目；阁内雕刻各种花纹，绚丽多彩；上供文星神像以备祭祀；阁外绕以周垣，获以嘉树，文庙焕然一新。清咸丰十年（1860），文星阁毁于兵燹。光绪八年（1882），邑人徐文达曾捐银一千五百两重修文星阁，有人称其再毁于"文化大革命"，也有人称其于20世纪60年代初因城镇建设而拆除。

南陵历来被誉为"江南鱼米之乡"。清代诗人查慎行《南陵早发》诗中有云：

秧从布谷声中绿，山向画眉啼处青。

独与野樵争路入，偶逢钓叟觉鱼腥。

清光绪二年（1876），中英《烟台条约》将芜湖与湖北宜昌、浙江温州、广西北海等四个城市增辟为通商口岸。芜湖是中国近代史上著名的"四大米市"之一。南陵是皖南主要产粮区之一，素有"芜湖米市，南陵粮仓"之美誉。

南陵还是诗歌之乡。南朝以降，历史上著名诗人如鲍照、谢朓、王维、孟浩然、李白、韦应物、顾况、张祜、杜牧、王昌龄、许浑、贾岛等人，都曾留下吟咏南陵的诗篇，其中以李白为最。李白曾三度携家寓居南陵，在此作诗约18首，包括著名的《南陵别儿童入京》。杜牧任宣州团练判官时，曾作《南陵道中》（又名《寄远》）一诗：

南陵水面漫悠悠，风紧云轻欲变秋。

正是客心孤迥处，谁家红袖凭江楼？

南宋淳熙年间编修的《春谷志》，创南陵修志之始，其后明嘉靖、万历年间，清顺治、雍正、嘉庆年间分别有五部《南陵县志》问世。民国三年（1914），江南名士徐乃昌受聘任南陵县志纂修。徐乃昌（1869—1943），字积余，晚号随庵老人，南陵工山人，光绪十九年（1893）举人，曾总办江南高等学堂，督办三江师范学堂。民国《南陵县志》历时十年完稿付印，全书48卷，体例完备，内容充实，历述南陵历史沿革，也让我们见识了南陵的文化鼎盛。

2016年秋，著名美术评论家郭因出席汪友农中国画艺术研讨会时，提到汪友农的家乡人杰地灵，文化底蕴深厚。在南陵文化名人中，他提到了两个人——梅光迪和陈友琴。

梅光迪（1890—1945），字迪生、觐庄，南陵弋江镇西梅村（原属宣城）人。1911年赴美留学，初入威斯康星大学，后考入美国西北大学，再后到哈佛大学专攻文学。回国后受聘于南开大学，一年后任教于东南大学，与吴宓、胡先骕等创办《学衡》杂志，提倡国学，此即历史上著名的"学衡派"。此后又曾任中央大学代理文学院长、浙江大学文学院院长。抗日战争时期浙江大学西迁贵州，梅光迪于1945年病逝于贵阳。

陈友琴（1902—1996），南陵城关人。1923年肄业于上海沪江大学文学系，后历任上海建国中学教师、《中央日报》副刊编辑、之江大学国文讲师、《东南日报》副刊编辑、中国社会科学院文学研究所（该所曾隶属北京大学、中国科学院）研究员。陈友琴治学严谨，著述甚丰，著有《温故集》《长短集》《晚清轩文集》，编撰《清人绝句选》《白居易诗文述评汇编》等。

1983年9月，南陵县地方志编纂委员会出版《南陵志稿》，其发刊词称，这张小报，"是为编纂《南陵县志》而印行的，它将分类登载有关《南陵县志》的资料，研讨编纂县志的一些问题，向广大群众普及地方志知识，推动编纂《南陵县志》的工作顺利、迅速地进行"。该报登载有关史志方面的资料，借以引起专业或业余史志爱好者的兴趣，辟有"人物志""革命斗争史""艺林风物""流风集什""胜迹访踪"等专栏。汪友农生前一直保存着这张四开《南陵志稿》小报。《南陵县志》于1994年由黄山书社出版，现已多次再版。

二、汪氏家族寻踪

太平天国时期，皖南一带历经战乱，南陵的文化鼎盛和经济繁荣也因此告一段落。

汪氏祖上原住江北无为县东乡寨子口。清光绪初年，无为县遭遇特大洪水灾害，颗粒无收，乡民纷纷外出逃荒。汪友农的曾祖父汪言忠携妻儿老小，挑着箩筐下南陵，在麻桥桥头张村落户。麻桥镇，《南陵县志》载在"县西北二十五里"，桥头张村在集镇附近。所以，汪友农履历表"籍贯"栏一直填无为县。

汪友农的二哥汪建农晚年热心寻宗觅祖，探寻本源，他曾多次到无为老家，终于得见民国年间修缮的《汪氏宗族谱》。据该谱记载，无为汪氏来源于徽州，汪氏为徽州大姓望族。无为这一支原来世居歙县城北的云岚山郑家坞，离县城七里路。

汪言忠安居桥头张村后，筚路蓝缕，垦荒造田，辛勤耕种，艰苦度日，从而开辟了南陵汪氏一脉。

汪建农小时候听祖父汪配琳讲，曾祖父汪言忠上过学堂，有文化，曾在地方干过文职差事，也经常帮乡邻写书信。汪建农翻过家里的书箱，记得有一本曾祖父留下的《康熙字典》。他听祖母徐义寿讲，汪言忠身高力大，体质强壮，能搬起几百斤的石磙行走，能肩挑三百斤重担走五十里来回。食量也大，一餐能吃二斤米饭或三斤米粉粑粑。汪言忠初到南陵曾打过短工，农忙时白天帮人收割，夜晚自家割禾，独自拖桶打谷。以此挣钱养家糊口，培养子女读书。他积劳成疾，晚年双目失明，但仍帮助家人做些力所能及的事情。

汪言忠生于清道光二十五年（1845），卒于民国七年（1918），葬于十里长山头的桃园，墓碑立于民国八年（1919）腊月，碑上刻有"皇清例赠登仕郎"字样。登仕郎在清代是一种散官，正九品下，属名誉性质，没有待遇。汪建农听爷爷讲，家里曾有"皇清例赠登仕郎"文书。

汪言忠娶妻方氏，育子汪配琳，即汪友农祖父。汪配琳于清同治十一年（1872）生于无为东乡寨子口，卒于民国三十三年（1944），享年73岁。其墓碑立于民国三十八年（1949）冬。汪言忠生前辛勤耕作，供子读书，并勉子学医治病，悬壶济世。汪配琳早年曾入学堂读书，后拜师学习中医，白天随师上门诊病，晚间攻读医书，学用结合，医术渐长。出师后独自行医，又开药店，行医售药，家境也逐渐富裕。

汪配琳娶妻徐义寿，育有两子——汪命嵩与汪命寿。大约民国八年，汪家遭受一场无妄之灾，长子汪命嵩婚后十八天突患急病暴卒。汪配琳身为医生，眼看长子不治身亡，精神受到巨大打击。次子汪命寿其时年仅八岁，汪配琳关闭药店，与人合股经营油坊。由于讲信誉，重人缘，油坊生意逐渐红火，汪家家境更为殷实。汪配琳晚年重操旧业，行医积善，但很少出门诊病，只在家中给人看病，只开处方，由患者自行取药，自己分文不取。他自行研制了一种中草药方——末药，专治小孩感冒、咳嗽、发热，药到病除，疗效独特，还自制了专治皮肤病的药膏。他擅长治小儿科及妇科病，方圆数十里乡民不少人请他看过病，他因此广受乡邻褒扬。

汪配琳次子命寿，学名汪寄清，即汪友农父亲。汪寄清于1911年6月24日出生于南陵县麻桥桥头张村，自幼受到长辈宠爱。他就读私塾十余年，不善言语，但聪敏好学，是私学堂中的佼佼者。

汪友农在《一生痴迷诗与画》一文中回忆："我的父亲汪寄清，新中国成立前曾当过教师和校长，他酷爱诗词书画，曾题写家训：'诚实继世久，诗画传家长。'他的床头书有一联：'千愁三杯了，万虑一睡休。'家父谦和而仗义，当年结交了很多诗画朋友，多年后我曾画了一幅画并赋诗一首，满是儿时的记忆：'书楼天窗月色近，客房地榻茶香远；厅院雅集高士多，醉后人人是诗仙。'"他的诗歌天赋，应是得自父亲的遗传。

汪寄清青年时期任过附近村庄私学老师及校长，也协助父亲做过油坊生意。抗战时期，积极参加抗日救亡运动，接受中共地下组织的领导，参加过在无为县召开的皖中"参议会"。解放战争时期，曾担负国民政府的乡镇工作，当过南陵龙泉乡副乡长，解放前夕并曾任乡戡乱委员会主席，这些职务，后来让他在历次政治运动中遭受打击。

汪寄清与潘效安的关系值得一提。潘效安1931年随家从无为县迁居南陵县桂桥镇，以教私塾为业，是汪寄清在邻村私塾学堂教书时的同事。他俩是无话不谈的朋友，经常一起交流学问，畅谈人生理想。1938年底，新四军三支队开进南陵、繁昌、铜陵边境地区，其五团驻防南陵八都何，在新四军民运工作队的宣传动员下，潘效安加入共产党组织，并担任南陵中心县委第四区（在桂镇桥）区委书记。中共地下组织和新四军民运工作队在当地组织发动群众，成立农抗会、青抗会、妇抗会和猎户队等各类组织，受潘效安影响，汪寄清表面上担负国民政府的乡镇工作，实际上积极为中共地下组织服务，曾将潘效安安排在自己家中吃住。还有，朱合喜、王安保、王龙飞、周述坤等人表面上是长工，实际上是共产党的地下干部，也吃住在汪家。他们白天种田、碾米，晚上开展地下活动。朱合喜20世纪50年代曾任上海市卢湾区委书记。

1947年，中共地下组织成员汪命华因叛徒告密被捕，汪寄清不顾个人安危将其保释出狱。他还多次筹集军粮护送到游击队和江北解放区。1948年冬，中共地下组织通知汪寄清到无为县黄村参加皖中"参议会"，了解南陵国民党统治的地方行政机构、军警和反动势力，要求当地民主人士为解放军渡江行动献计献策，出钱出力。当年底，汪寄清将家中两万斤粮食开仓捐出，一部分运去支援江北解放军部队，一部分接济当地百余户穷苦百姓。解放军渡江前夕，先遣小分队和汪寄清一道回到南陵。小分队吃住都在汪家。他们侦察地形路线和敌军布防情况，以作渡江部队接应。

参加皖中"参议会"及解放军渡江先遣队，可被视作"解放前"参加工作。据汪友农夫人韩振清回忆，汪寄清晚年从安徽省图书馆退休时，有人劝他递送报告申请按离休处理。离休与退休在生活待遇、医疗保险等方面均有较大差别，但汪寄清不为所动。

1949年4月20日，渡江战役打响，22日，南陵解放，汪家的历史也掀开了新的一页。

三、自幼痴迷绘画

汪友农1939年4月28日（农历三月初九）出生于南陵县麻桥乡桥头张村，小名天赦，宗名汪为乐，学名有龙，后改名友农，为汪寄清第三子。那是硝烟弥漫的战争年代，他出生的第二年，1940年4月24日，日军攻陷南陵。据汪友农二哥汪建农回忆，日本人没有到过桥头张乡下，汪建农有一次与小伙伴到麻桥，亲眼看见日机从头顶飞过，炸毁附近的一座建筑物。

写作此传前，汪建农、韩振清等人曾陪同笔者前往参观桥头张汪氏祖屋。这是一座典型的皖南民居，原有八间主屋、五间下屋。下屋已拆除。八间主屋建筑面积约200平方米，砖木结构瓦屋。中间为平顶堂屋，高约4米，四级石板台阶入室，前后对称开门。门框为青石板垒砌，对开两扇木门配铁扣门闩，设有遮雨屋檐。两边各两间主屋，屋顶为尖形，约呈145度，前后窗户对开，为木框玻璃窗。

汪氏祖屋大约建于晚清至民国初期，当时汪友农祖父汪配琳生意兴隆。这所建筑平实内敛，外观不甚显眼，如今已经淹没在雨后春笋般崛起的乡村楼宇中。其内部，大门窄小，砖石、梁柱及门窗所见雕刻不多。据韩振清回忆，汪氏祖屋类似徽州民居，原来内有天井，外有马头墙，后经过两次维修，外貌及内部结构已有所改变。

上文提到汪友农怀念父亲时所写诗歌，提到"书楼天窗"和"厅院雅集"。他年轻时还写过一首《吾家书楼图》，其中有句："分粮仓前人沸腾，窃喜书楼无人登。"可见汪氏祖屋曾设有书楼。眼下的汪氏祖屋长期无人居住，缺乏修缮，已经显出破败之相，屋内的梁柱及存放的木制农具都已朽坏，部分砖墙已经开裂。

汪寄清夫妇共育有八个子女，汪友农排行第四。大哥汪为炳，1928年7月15日出生，成年后到泾县工作，娶妻阮桃珍，2005年4月29日去世，享年78岁。二哥汪建农，谱名为善，1933年2月26日出生，乡村教师，娶妻何愈斌，在南陵县家发镇工作。姐姐汪为冰，1936年7月26日出生，嫁肖长根。弟弟汪为安，1941年10月12日生，成年后在马鞍山市工作，娶妻张元秀。妹妹汪为秀，又名星怡，生于1945年1月25日，嫁汪其祥。其余最小的一对儿女因病早亡。

汪友农的母亲何亨云，1911年8月21日出生，是桥头张本地人。何家老实本分，世代种田，靠着勤劳和节俭建立了一份家业。父母育有一子五女，何亨云排行老小。她6岁即被汪家抱做童养媳，十余岁起帮助家里烧饭洗衣，农忙时协助放牛或做农活，17岁时与汪寄清成亲。

何亨云未进过学堂，一字未识，但心地善良，勤奋节俭，知情达理，待人和善，从不与邻居乡亲争吵，总是尽量设法帮助他人；教子有方，六个子女个个成人成材，成家立业；心灵手巧，厨艺、刺绣、裁剪缝纫样样精通；受家庭影响，中医也略懂一二，特别对儿童疾病有独特的治疗心得。汪友农受母亲影响，手工剪纸得心应手；他的绘画天才，显然在某种程度上也得自母亲遗传。

丈夫汪寄清在外任教或担任公职期间，何亨云在家主持家政，迎宾待客，对待丈夫的朋友更是热情有加。孩子们渐渐长大，或去外地工作，或在城里念书，何亨云除操持家务外，还要带着儿媳耕田种地。六个子女成家，都是她一手操持主办的。

汪友农天赋异禀，自幼喜欢绘画。南陵当地有送端午符习俗，据《南陵县志》："五月端午，调雄黄酒，画钟馗像，系菖蒲、艾叶于门……"有僧尼、道士挨家挨户送端午符，有木板刻印的神童、神女、钟馗等人物形象，贴在堂屋里。二哥汪建农回忆，汪友农很小的时候就喜欢看这些画子，而且入迷。家里还有荷花、喜鹊等年画，颜色简单，汪友农也经常看。因为人小，个头矮，他就站在靠背椅上看。那时爷爷已经七十岁，见友农喜欢绘画，就让人把画子取下来让他看。汪建农说，汪友农其时尚幼，不能捉笔，只能欣赏，用手在纸上跟着画线条。

汪友农自己在文章中回忆："我的祖父是当地著名的老中医，记得在我三四岁时，祖父在诊病之余常教我吟诗赏画。"

五岁时，汪友农开始尝试摹仿人物画。汪建农回忆，友农画得不太像，但基本轮廓画出来了，而且越画越有兴趣。爷爷开始给他讲故事，让他背唐诗，上城时就给他买些画子和八仙过海之类的故事书，讲给他听。他更入迷，临摹铁拐李，铁拐李挂着拐杖，一只手掏耳朵，那时他还不能画出铁拐李掏耳朵的神情。

南陵有一种特产明心糖，采用糯米熬成饴糖，在特定火候下制成酥脆外皮，再粘上炒熟的白芝麻，糖心则为桂花、橘饼、明姜、麻油、熟面粉等，入口即化，余香不绝，是佐茶佳品，且有健胃理气功效，驰名皖南及江浙一带。当年以"大吉昌"明心糖最为有名。汪友农小时候也喜欢吃明心糖。汪建农回忆，有一次爷爷把明心糖摆在桌上，一边摆五颗，一边摆三颗，让友农和弟弟为安先挑。结果友农主动挑了三颗，而把五颗让给弟弟。汪建农说，四弟为安小时候体质弱，经常生病，友农虽小，但大度礼让。

六岁时，汪友农开始入私塾（那时乡下没有小学），跟老师读《百家姓》《三字经》《千字文》和《增广贤文》，开始接触到孔融让梨、司马光砸缸这些经典的传统教育内容，但他最喜欢的，还是绘画。汪建农说了一个友农画画被罚的故事。

《三字经》课本上半页印有图像，下半页是文字。汪友农在书上摹写人物，不料被老师发现，责骂他不好好念书，在书上乱画，按惯例先罚背书，背出来后，又罚默写，写出来后还在手心上打了三板子。汪建农说，私塾时代有各种体罚方式，打板子算轻，重的还有头顶一盆凉水罚站等。同村的学童放学先回来，称天赦在学校被老师打板子了。待友农回来，祖父问明情况，并没有过多责怪他，只是教导他以后不能在书上乱画。

汪友农上中学时写过一篇作文，题为《我的自愿——画画》，开头就提到他画画被罚的故事，相当精彩，从中亦可看出他的叛逆性格：

> 我七岁的时候在村上一个私塾读书，那时候我就爱画画。家里为我买来的写字本子，我一个字也不写，偷偷地拿来画画子，有时画得不好就学别人的画模仿。我的父亲母亲不准我画画，要我好好读书。私塾先生对我更是不满。他说："汪为乐这个孩子学习不用心，整天画菩萨头子玩，不

是一个读书的命。"那时先生与我的关系搞得很差，动不动就要讨他板子打。有一次无故地他又打了我，气得我为他画了个夸张的像，贴在学校门口。他的头本来很长，我把他画得更长。他的嘴有一点向左边歪，我把他画得歪到左耳朵门。同学们看到了笑得前俯后仰，可是先生知道了却气得面色如火。他愤怒地赶到了我的家，从此我就没有书读了。

旧时学子与私塾先生几乎是一对"天敌"，多学生因为受罚而整蛊老师的故事。汪友农的整蛊方式与众不同，他是通过漫画来整蛊。或许这也是一个征兆，他一生注定与画笔有缘。那一次被罚后，爷爷让人买回本子和笔，专门供他画画，并让他背诵唐诗。正是那年十月初十，爷爷汪配琳去世。汪友农回忆道："我虽然没有读书，但是我画画仍然没有间断。放牛，我拿着竹鞭子在牛背上画；砍柴，我拿着刀在山上画。那时候，我画的尽是我看到的鸟儿、兔子和其他的小动物。"

四、汪家"三先生"

大哥汪为炳的干爹就住在隔壁，他个头矮，孩子们都叫他"矮爸爸"。"矮爸爸"称汪友农"三先生"，因为他在家里男孩中排行第三，唐诗背得好，又会画画，是村里孩子中的佼佼者。汪建农回忆，大概是九岁时，友农画的铁拐李已经惟妙惟肖。

1949年南陵解放，汪友农的村庄桥头张驻扎了解放军部队，营部办公室就设在他家隔壁。汪友农记得，营部一个叶姓宣传干事会画画，在村子四周墙壁上画了很多宣传画。有一次，叶干事在墙上画解放军战士射击敌人，汪友农看得入了迷，拾起一块瓦片在地上照样儿画起来。叶干事看见高兴地说："小鬼，你画得不错呀！"并热情地表示以后教他画画，汪友农得此意外收获，心里真比吃了糖还甜呢！

从那以后，汪友农每天放牛回来都要到叶干事那里去玩。叶干事送了他一支水笔，还有很多纸。汪友农在文章中回忆："他教我画画很有耐心，讲得很详细。解放军在我们村上住了一个多月，我学习了不少东西，就拿枪来说，我不望也能画它十几种。我心里多么喜欢啊！我那时年纪小，不了解画画的重大意义，但是我朦胧地觉得画画并不是一件坏事。"

"画解放军战士应该要画得英俊"，从此在汪家"三先生"心里印下深刻烙印，并对他的美术道路产生了深刻的影响。

1950年6月，汪友农的父亲汪寄清担任无为县人民法院民事审判员，后调任无为县职工业余学校专职教员。无为县初属皖北行署巢湖专区，1952年1月改属安徽省芜湖专区，与南陵县同属一个专区。

1950年，桥头张村显得特别热闹。南陵当地有玩鱼灯的习俗，那一年的春节，村民们闹得特别欢。

《南陵县志》载：正月"十四至十六日，每夕试灯，为鱼龙曼衍之戏"。第一天叫"开灯"，最后一天叫"收灯"。"开灯"时要设供桌祭礼，意在驱恶赶魔求平安。当地有民谚"烧香打醮，抵不上红灯一绕"。鱼灯是吉祥、太平和幸福的象征。"收灯"时要在河边烧香祭拜，把所有的灯熄灭。桥头张有几十户人家，是附近最大的村庄，每年正月里都要玩鱼灯。汪建农记得，1950年春节，11岁的友农也加入了玩鱼灯的行列。灯笼由当地老艺人手扎，灯上要绘画，包括眼睛、鱼鳞、鱼尾。由谁来画呢？"矮爸爸"提议让"三先生"来画。八个鱼灯依次排开，最后一个是墨鱼，黑色的，类似戏剧中的丑角，需要滑稽动作配合，"矮爸爸"也让友农来玩。汪建农说："结果，友农他画得好，玩得也好。"

汪建农回忆，也是在1950年左右，村里的业余剧团要到县城参加文艺会演，定的节目是《小放牛》，演绎一位牧童与邻村姑娘相恋的故事。师傅要找一个小生，最后选定汪友农，而旦角是同村比他大三岁的吴松林，两人都是未脱稚气的业余演员，但一唱一和，张弛有度，该节目获得会演二等奖。

二嫂何愈斌回忆，"三先生"汪友农小时候是村里的孩子王。他们当时玩开火车游戏，前面用一块木板，上面画着火车头，也是友农画的。

大概在1950年下半年，村里办起了小学，汪友农再次进入学校。不久，抗美援朝战争爆发，小小的汪友农，也加入"抗美援朝，保家卫国"的宣传行列中，参与的方式还是画画。他在文章中回忆："村上办起了小学，我进了学校，曾用画子为社会做了许多有益的事。特别难忘的是我常常和老师冒着风雪到公路上出黑板报，曾经受到当地乡委的多次表扬。我常常这么想，我应该好好地学画。"

不幸的是，刚刚读了半年小学，他又辍学了。汪友农自述："10岁因为家境突变，同二哥一起辍学，回家务农。我的任务是砍柴、放牛和养猪。"他10岁那一年应是1949年，但其年表又谓1950年"入读小学，不久家境突变辍学，在家养猪、放牛、砍柴、写诗作画"。与其他材料相印证，"突变"应为11岁即1950年。

所谓"突变"，一是指父亲和大哥去外地工作，二是指土改时家庭成分被划为地主。

汪建农说："1949年解放时，友农11岁（虚岁），我17岁。我们家原先请了两名长工做田，那时都走了。父亲不久参加革命工作，他是通过老朋友、老战友的介绍去无为的。大哥汪为炳做了半年田，也考上干校走了，后来去泾县工作。这一年我跟老三同时辍学，我当时已经结婚，我说我是学农的，可以种田，你还小，就放牛吧。他就放了两年牛。我种田稻子长得最好。其实友农9岁就帮家里放牛。那时我们家养了六头猪，他除了放牛，下午还打猪草、捡粪。"

1950年6月，国家颁布《中华人民共和国土地改革法》，土地改革运动由此开始。汪家土改前有约24亩土地，因为是当地拔尖户，被划为地主成分。但土改时平均分配土地，汪家11口人，分了23亩2分地，跟原先基本持平。汪建农自述："我们家当时在农村比较富有，因为祖父学医，开药店致富，后来又开油坊。土改时，五间下屋分给了贫民，主屋八间加上包厢两间留给我们了。因为祖辈、父辈行善积德，虽然被划为地主，但村民们很友善，分农具时甚至有人主动用稻草把我们家农具盖起来，意思是不应该充公。"

两年半后，汪友农再次回到学校。他曾自述："13岁时，我再次迈进校园继续读书。因为成绩好，连跳数级。"汪建农回忆，友农13岁时复学，上了正规小学、初小，而且连跳两级到中心小学念五年级。他还记得当时给友农订了儿童画册。友农一直没丢掉画笔，那时学校的画刊都是他主持，村里的宣传栏也是他主持，直到16岁高小毕业。

汪友农痴迷诗画，也热爱劳动。汪建农回忆，他上小学以后，星期天回家见家人种田辛苦，便主动分担家务，上山拾柴。14岁那年秋天，他与同村伙伴上山拾柴，挑四五十斤干柴回家，未料半路突然打摆子（民间对疟疾的称谓），浑身发抖，不能走动，躺倒在路边。同伴回来告诉母亲，其时建农正在田里劳动，母亲就让二嫂何愈斌去接他，二嫂接到他时，友农已经挑着担子一摇一摆地走在路上。

五、墙报美术编辑

南陵人杰地灵，崇文重教，曾有籍山书院、春谷书院，清光绪三十二年（1906），又成立春谷学堂、养正学堂、茧桑学堂、求是学堂等新式学校，并设立教育会。汪友农的母校南陵中学创建于战火纷飞的1939年，正好是他出生的那一年。

这年春天，南陵县召开抗敌委员会，提议创办一所县级初级中学，得到各界人士赞成。同年秋天，学校正式开学，共招收学生百余名，校址设在大花山下蒲塘曹村。1940年，南陵县城遭敌机轰炸，学校被迫解散。次年，应当地人士要求，学校恢复并迁往张村，此时师资力量增强，学校发展较快，班级增至7个，男女学生近400名。1944年，日寇入侵南陵县城，学校的教学设备迁往泾县肖村继续办学，规模略小。抗战胜利后，南陵中学于1946年迁回县城，将西门外张氏祠堂作为校址。次年7月，学校迁至县城南门，此即后来所称南陵中学老校区。1949年，由南陵中学校长陈英笙主持将县内三所中学合并，取名为"皖南区南陵中学"；后又改名南陵县第一中学。

2016年秋，笔者在南陵寻访汪友农先生事迹，找到这所他学习生活过六年的学校，但看到的却是"南陵县春谷中学"的校牌。南陵中学已迁往东部新城区，傍依宽阔的太白大道，现名"安徽省南陵中学"。学校校名由著名书法家沈鹏题写。充满浓郁现代气息的校园崭新敞亮，建筑富丽堂皇，已无旧踪可寻。

1955年秋天，汪友农高小毕业后考入南陵中学。他在《我的自愿——画画》一文中写道："一九五五年我考进了南中，在戴老师的教育下，我的画画技能提高很快。平时一有空我就练习画。那时候，我们学校办了一个《前进报》，差不多每版都有我的插图。老师和同学们都赞扬我，学校还表扬我是《前进报》的积极工作者。"戴老师应该是他绘画的第一位正式启蒙老师。

汪友农提到的"戴老师"指的是戴维祥先生。他在评《戴维祥画集》时写道："我和戴维祥先生是同乡同学。50年代我们同在南陵中学读书。他高我两届。我上初中时他已读初三了。记得那时他是学校墙报美术编辑，每期刊头和插图基本由他包揽，快毕业时他把这个美差移交给了我。"

担任墙报美术编辑之后，汪友农曾有连续20天画壁画的经历。那应该是1958年的秋天。他在《我的思想总结——壁画廿天》一文中写道："在秋深的季节里，农村是很忙的：一方面要抢收晚秋作物，另一方面要进行深耕。为了帮助农民伯伯，为了把我们锻炼成为一个真正的红透专深的劳动者，县委号召我们停课廿天下乡突击生产。当我听到这个消息时心里非常高兴，可是后来学校又有一个通知：美术组同学留校画壁画。这个通知好似一盆冷冰冰的水浇在我滚热的心上。我的一股劲儿，就像一个好皮球被什么东西戳通了一样，立刻瘪掉了！"

汪友农热爱绘画，甚至到了嗜画如命的程度，他为什么会对画壁画的任务产生抗拒心理呢？因为那是在如火如荼的"大跃进"的年代，人人以参加一线劳动，为社会主义建设事业贡献力量为荣，同学们都下乡参加突击生产，把他留下来做二线工作，他"尝到愿望没有达到的滋味了"。

美术组当天下午开始工作。汪友农和柯日新一个小组，任务是粉墙。这时，南陵县教育界生产野战团全体指战员在南陵中学集合。当他们背着紧绷绷的背包准备出发时，汪友农的刷把不由自主地停下了。他呆呆地望着离开学校奔向农村生产的身影，"擦了擦潮湿的眼睛，再也没有劲刷墙了"。

他们画的第一幅画在初三教室侧面，内容是"共产主义的洪流要冲掉一切顽石！"他与柯日新一共花了四天才画好。戴老师检查后说："画得可以，就是速度太慢了！"戴老师知道他想下乡去，收工后把他叫去，向他说明画壁画的意义和作用。

汪友农在文章中描述自己随后的思想活动："晚上我像一捆柴禾一样不声不响地倒在床上。那些生气勃勃的在田野上劳动的同学们的景象又浮现在我的脑海中：上弦的月亮斜挂在天上，无私地照着大地，村庄、树木、小桥、流水，还有那一片平坦的田野都蒙上了一层白罗纱。同学们热情地劳动着，空气中荡漾着清脆的歌声和欢乐的笑声，幽静的月夜，显得更加生动、美丽！我仿佛听到班上支书张一正在喊大家加油；我仿佛听到刘金铠用诗句在描写这农村田野美丽的月夜；我仿佛听到许孝昌用笑话把大家引得哄堂大笑……同学们多么乐观啊！劳动起来干劲又是多么的大啊！可是我呢？我在学校里没有拿出干劲，受了批评。我想：'速度太慢了！'这句话要是给同学们听到了，多么难堪呀！我难过了。我下定了决心，从明天起要开始好好地工作。"

也许是下定了决心，也许是技术更成熟，汪友农的速度果真越来越快。第二幅"东风吼，意气发，红旗遍地插"只用了一天半时间。"要高山低头，河水让路""粒粒皆辛苦""在总路线的光辉照耀下""听党的话，跟党走，把心交给党"和"青年们努力争取达到劳卫制"等，也很快画完，再也没有一幅画要花上四天时间。

操场后的那幅壁画是最后一幅。戴老师说："这幅比较难画，人的姿势放大了画在墙上，要想准得要花功夫。画壁画的工作马上要结束了，希望你加油，拿出干劲争取在一天半时间内完成。"汪友农想，下乡劳动的同学夜以继日，吃苦耐劳，几天来割稻、打稻，喜报像雪花似的飞向学校，现在是他冲刺的时候了。早晨接了任务后，他拼命干了一上午就将此画完成。

午饭后他告诉戴老师壁画已完成，并请他来检查。戴老师感到很吃惊，检查后满意地说："好啊！不但速度惊人，画得也非常成功。人的比例准，色彩表现得又夺目！"最后校长来了，也表扬"这一幅画画得很好！"

汪友农还有一次春节出画刊的经历，他在作文《一幅画刊》中有详细交代。

大概在1958年的寒假，返乡小组的同学决定出一期画刊。他们买好了纸，每人分几张纸回家画。汪友农接受了六七张，包括画刊头和里面的标语。大家约定腊月廿七到乡政府集合贴画刊。

那一年的冬天特别冷，一提笔手就冻得痛。汪友农开始有畏难情绪，二哥汪建农主动给他调颜料，舀热水，又用火炉烧火供他取暖。在二哥帮助下他的工作顺利完成了。腊月廿七那天，他带上画一大早跑到乡政府，但一个同学都没有来，找到同学家，同学说他们并没有画画，因为有其他任务。汪友农碰了钉子后很难过，不想出特刊了。这时又是二哥鼓励他把画贴出去，一是做宣传工作，二是向大家祝贺春节。二哥又到学校借绿纸作边，替他和面糊、制刷子。

腊月廿九，天气更冷，东北风吹着窗外的大树发出呼呼的响声，不开门窗都感到有一阵阵刺脸的冷气。弟弟为安替他拿画纸，他捧着面糊碗，两人冒着严寒向乡政府走去。乡政府虽然不远，但突然下起毛毛雨，他们的脸和手被雨打风吹，感到说不出的疼痛。他俩互相勉励着走到乡政府，终于把画贴了出去。

乡政府就在南陵通往芜湖公路的山坡旁，车来人往。汪友农的画刊贴在乡政府屋檐下的墙上，颜色艳丽，过往行人看得很清楚。几天后，汪友农参加社里锄麦劳动，表哥看见了他，微笑着说："我昨天到乡政府去开会，看到你画的画子，真画得不错！不但我们说好，就连乡干部都说画得很有意思，像服兵役、农业合作化、要消灭四害等，都是当前的中心工作。"

"大跃进"运动中，南陵中学参加"大战奎湖"，汪友农一面参加劳动，一面为公社画壁画。没有绘画题材，他就在田间收集速写灵感，然后组织成画稿。他说，农民们都非常欢迎他画壁画。他与同学先在黄墓镇画，后来奎湖镇党委也请他们去画了很多。他说："现在我不但画山水和花鸟，而且也爱画新鲜事物。由于参加实际劳动，更可喜的是我爱画有关农业生产方面的东西。"

六、登黄山天下无山

黄叶村[①]晚年游三峡，山水画风格大变，自称"三峡归来有叶村"。汪友农评价："黄叶村沿着三峡的暗礁急流前行，也仿佛是漂泊在人生的恶浪惊涛之中。在他的笔下，生命的跌宕、迷离、美好和悲哀，祖国山河的壮美、苍凉永远不可捉摸，这是自然与人相交的永恒主题。"黄山对汪友农也具有同样意义。黄山是一座大自然的博物馆，与黄山结缘，在此接受美的熏陶，是汪友农人生的一个转折点，也是他正式走向绘画艺术的开端。他在《高处不胜寒》一文中说："少年时代我在黄山学着涂鸦，受岭南画家黎雄才[②]先生影响最大。"

1954年，汪友农的父亲汪寄清从无为县调黄山管理处任办公室秘书。黄山地处皖南，南跨歙县、黟县等徽州名县，北部则是原属宣州的太平县。黄山原名黟山，山、石、云、松等自然景观美不胜收，是著名的世界自然遗产，也是安徽的一张名片。明代著名旅行家徐霞客曾两游黄山，赞叹"登黄山天下无山，观止矣"！

南陵与黄山邻近，1957年、1959年暑假，汪友农往黄山探望父亲并游览风景，写生创作。古人言"外师造化，中得心源"，黄山是鬼斧神工的造化杰作，是取之不尽、常观常新的自然艺术博物馆，汪友农的山水画创作由此起步，即已站上很高的起点。

黄山的旅游开发始于民国时期。1934年，国民党元老许世英在南京发起成立黄山建设委员会，设黄山办事处。皖籍同人张治中、徐静

---

① 黄叶村（1911—1987），原名厚甫，学名成昆，芜湖县澛港镇人，汪友农恩师。

② 黎雄才（1910—2001），广东肇庆人，当代岭南画派卓有成就的代表人物之一。早年加入春睡画院，师从高剑父，1932年赴日本东京美术学校学画。其作品糅合了中国传统技法与日本画法，擅长巨幅山水画，精于花鸟草虫，画作气势浑厚，自具风貌，被称为"黎家山水"。黎雄才黄山写生作品，1959年由长江文艺出版社以《黄山写生集》出版。

仁与安徽省政府主席刘镇华等积极参与。次年，黄山建设委员会主任许世英与张治中、刘镇华等，于太平、歙县两县组织实地勘察，划定"东至太平谭家桥，西至太平栗溪坦，南至歙县汤口镇，北至太平甘棠镇"为黄山风景区，后报经民国中央政府行政院内政部核准，正式明文划定黄山风景区范围，并颁布了辖区图。民国二十五年（1936）改黄山办事处为黄山管理局筹备处。三十二年（1943）正式成立黄山管理局，隶属安徽省政府，内设总务、工程、农林等科。

1949年4月27日，当地新政权接管黄山，7月成立管理处，为科级建制。1952年1月，黄山管理处隶属于安徽省政府办公厅，内设秘书、园林、交际、基建等科和公安局。

1954年汪寄清调黄山工作后，目睹了黄山各项基础设施建设快速推进，如有计划地整修登山步道，开通逍遥亭至温泉公路，先后兴建观瀑楼、黄山宾馆、温泉游泳池、海门精舍（今艺海楼）等，这些都是在1956年前完成的。然而，他认为当时黄山的知名度与其天生丽质并不相称。徐霞客所谓黄山"观止"之言，只有亲临登览的旅客才能信服，但由于交通条件和宣传力度不够，当时黄山的旅客甚少。

1957年春天，汪寄清向领导反映："解放已八年了，还没有一本介绍黄山风景的文字图册，能否先编一本黄山导游的书？"这个设想，很快得到当时省人委副秘书长潘效安的赞同。汪寄清接受任务后，积极搜集有关材料，走访黄山的导游、药农和众多村民，他常和管理处的同事何悟深一道，踏勘黄山景点，记录第一手资料。

汪寄清历时两个多月完成黄山导游初稿。管理处及有关部门决定采用上海常来黄山旅游的摄影爱好者王君华、卢施福和王健等提供的照片，书名请当时安徽省委第一书记曾希圣题写。曾希圣原题"黄山公园"四字，后来将书稿呈江苏省委第一书记江渭清征求意见，江建议用"黄山"两字即可。

1957年6月，由安徽省政府拨专款5000元，《黄山》导游图书在上海印刷出版，署名安徽省黄山管理处编，第一版印了5000册。这是第一本黄山导游图书，图文并茂，对宣传黄山、提高黄山知名度起了很大作用。

此书出版时，正值暑假，汪友农前往黄山探望父亲。他看到父亲的办公桌上，摆着一本本书，写着寄赠者的名字，包括毛泽东、刘少奇、朱德等中央领导同志。他还记得，父亲得到了100元稿费。1961年，《黄山》导游图书再版过一次，在原来基础上增加了一些照片。

汪寄清在黄山管理处工作，接待、交往过众多党政要员和文化名流，尤其是书画名家。1956年夏，民盟中央主席、全国政协副主席沈钧儒到黄山休养，陪同他的是其子、中央美术学院教授沈叔羊。沈钧儒是当时来到黄山的最高级别领导人，已80岁高龄，黄山管理处特别重视。汪寄清特意去屯溪，花80元购买了两张近代山水画家黄宾虹的山水条屏，并派人去泾县采购特种净皮宣纸和笔墨，摆在黄山观瀑楼的贵宾馆会客厅，供来宾们绘画或留言。这样，观瀑楼会客厅实际成了书画室，成了书画家们切磋画技、泼墨挥毫的好地方。由于工作关系，汪寄清帮黄山管理处收藏了许多文化名人字画，汪友农从小就观赏这些大家作品，甚至有幸目睹大家风采。

1957年夏天，中南美专（广州美院前身）教授黎雄才带着学生前往黄山写生。黎雄才一行由黄山管理处接待，汪友农经父亲汪寄清介绍，认识了这位大画家。

黎雄才在黄山写生一个多月，汪友农一直不离左右，获益良多。他在《高处不胜寒》一文中写道："1957年8月黎先生来黄山写生一月余，我几乎每天都陪伴在他身旁，边看边听他讲，他写生与众不同，用毛笔蘸墨水直接在宣纸上对实景写生，一张画大概要两个小时完成。我一边看，一边自己写生，一个月下来集了不少画稿。"黎教授一一点评审改汪友农习作，在现场给中南美专学生讲评时，特地让学生们观摩。黎雄才离开黄山前，还将自己的画作赠送给汪友农做范本，并特地嘱咐汪寄清："这个孩子很有绘画天赋，一定要好好培养。"

黎雄才的肯定和鼓励，使汪友农得到极大鼓舞，给了他继续攀登艺术高峰的勇气。

在汪友农遗物中，有一幅精美的尺幅国画，是著名画家孙鸿①的赠品。这幅小品落款："一九五六年秋日写黄山五里桥，雪泥孙鸿。"并题诗：

山行叠磴步随高，五里桥头息我劳。

愿把烟云收笔底，缘溪游目踏松毛。

1957年下半年，南陵县举办第一届美术展览，汪友农将在黄山创作的水彩画《小步桥》和中国画《人字瀑旁高干疗养院》送展，均获得一等奖，在小小的县城引起了轰动。其中国画是汪友农早期山水画的代表，又名《黄山人字瀑》。人字瀑为黄山实景，古名"飞雨来"，位于温泉旁紫石、朱砂两峰之间，海拔660米，以一源二流、形似"人"字而得名；因背后就是天都峰，又称"天都瀑布"。

1958年，"大跃进"运动轰轰烈烈地展开，学校组织学生绘制巨幅宣传画。汪友农利用星期天外出写生，累积多幅作品，在学校举办了个人写生画展，这对一名初中生来说实属不易。

这一年，汪友农初中毕业。此前，学校曾将他的画作寄省教育

---

① 孙鸿（1889—1965），字杰生，号雪泥，江苏松江（今属上海市）人。1912年自创上海生生美术公司，编辑出版《世界》《笑画》《滑稽》等漫画刊物，1953年任上海图片出版社编辑部主任，1956年被聘为上海中国画院画师、上海文史馆员。孙鸿诗画兼擅，他饱览祖国名山大川，从大自然美景中汲取艺术精华，挥洒在诗画中。

厅，经审批后，同意他报考南京艺术学校。汪友农想读完高中再报考美术学院，但不承想，这一梦想终未实现。

1959年，汪友农的作品再获南陵中学第一届美展一等奖，随后选送至芜湖地区参加美展并获奖。

七、我放牛儿在云天

汪友农一生钟情于写作与绘画。相对于绘画，他的写作才能显露得稍迟，是在上中学之后。他的语文老师包括吕绍震、陈敬然、黄立钧等，都是南陵名师。1967年，毕业近十年之后，汪友农还将自己中学时代的作文——工整地抄写在笔记本上，并将老师的评语、分数剪贴其后，足可见态度之认真与虔诚。

上初一时，他写了一篇关于放牛的文章，写自己亲身经历和感受，颇得吕绍震老师赏识。文章结尾是一首自创诗歌："不看满山繁花艳，偏爱道旁嫩草鲜。小路盘到峰顶上，我放牛儿在云天。"

刚上初中的汪友农能文会诗，很受同学们羡慕，送他一个绰号——小李白。

汪友农的学生、同事、朋友郑希平后来解读这首诗："山峰顶上云雾中，牧童短笛时隐现，画面是多么美。但重要的是在画面的背后，我似乎看到少年时期汪老师的志向，他要攀登山顶，云天放牧；也似乎看到汪老师不屈、不挠、抗争、叛逆、咬定青山不放松的坚韧劲。"

2011年，汪友农创作了一幅六尺全开大画——《吾放牛儿上云天》，画中山巅高远巍峨，石耸壁立，树木苍劲葱郁，飞瀑流泉，淙淙作声。近处，牧童骑牛正跨过一座木桥，他的面前，山路盘旋而上，蜿蜒不绝……显然，这幅画完全是儿时诗意的延续，此时距他当年写诗已过半个世纪。

　　笔者在南陵采访，追寻汪友农先生旧踪，从他的桥头张故居到县城籍山镇，地势和缓，没有嶙峋的怪石，更没有巍峨的高山。南陵属典型的丘陵地区，与徽州一带的地貌完全不同。可见，汪友农儿时的诗和老年的画，出自浪漫主义的想象和艺术表现的夸张，而这想象的源头则可追溯至李白的诗作。在《一生痴迷诗与画》一文中，汪友农写道："南陵又是名副其实的诗乡，唐朝诗人李白、王维、杜牧和贾岛等咏颂南陵的诗词据考证就多达四百多篇，李白还曾三度携家寓居南陵。"他在自己保存的那张《南陵志稿》上端，还用钢笔标注："李白妻女住何湾顺冲。"

　　李白先后三次携家寓居南陵，第一次在开元二十八年（740）至天宝元年（742），主要活动于南陵寨山一带；第二次在天宝十三年（754），主要活动于隐静寺（今属繁昌区）和五松山一带；第三次在上元二年（761），主要活动于县城北街龙会桥附近。

　　历史上客居南陵诗者，李白当属第一人。民国徐乃昌主纂的《南陵县志》在人物志"流寓"中将其排列首位："唐李白（字太白，陇西人），游江东寓南陵题咏最多。今五松山、新酒坊皆其游乐之地。诗见艺文志。"

　　《南陵县志》对李白在南陵的游历与吟咏，考证极为详尽。李白诗中多次提及五松山。时人及前人均称五松山在铜陵（唐属南陵县）西北，《南陵县志》则认为五松山即在今繁昌区境（繁昌向隶南陵），且与新酒坊、龙堂精舍等旧址相距不远。《南陵县志·舆地》："五松山，雍正《县志》指为铜陵之五松、铜官，误。查旧府志，铜井西五里有古精舍，今访之十人，五松即繁之五峰。李白诗云：'征古绝遗老，因名五松山。'乃谪仙所名，其下为精舍，杯渡、朗公遗迹尚存。今有隐静寺，东数里为铜山，即旧铜官冶，山腰有井，前郡守有匾曰'涌珠'。太白新酒坊诗：'要须回舞袖，拂尽五松山。'坊距山十数里，彼此符合。繁邑向隶南陵，是五松属繁，非铜之五松也。按《舆地纪胜》云，在县铜坑西五六里。李白《答杜秀才五松山见赠》诗：'闻道金陵龙虎盘，还同谢朓望长安。千峰夹水向秋浦，五松名山当夏寒。'"

《南陵县志·舆地》又称："新酒坊，李白寓饮处，白凿井尚存。按：其地当在铜官山。《醉后绝句》云：'我爱铜官乐，千年未拟还。要须回舞袖，拂尽五松山。'""龙堂精舍，在五松山，李白《与南陵常赞府游五松山》诗有'龙堂若可憩，吾欲归精修'之句，旧注云铜井西五里有古精舍，即今隐静寺。"

《南陵县志·艺文志》收录李白咏南陵及与南陵有关的诗15首，诗题为：《与南陵常赞府游五松山》《纪南陵题五松山》《於五松山赠南陵常赞府》《五松山送殷淑》《书怀赠南陵常赞府》《送通禅师还南陵隐静寺》《别韦少府》《酬张卿夜宿南陵见赠》《游谢氏山亭》《答杜秀才五松山见赠》《寄韦南陵冰》《南陵别儿童入京》《宿五松山下荀媪家》《铜官山醉后绝句》《哭宣城善酿纪叟》。清王琦编注的《李太白全集》，另有李白咏南陵的诗作两首，诗题为《江夏赠韦南陵冰》《南陵五松山别荀七》。

汪友农晚年对李白诗作爱之弥深，他受李白诗境的影响挥毫泼墨。李白诗歌给了他艺术创作的灵感，也提供了逃避世俗社会、寻找心灵归宿的温馨港湾。

2012年，汪友农创作了《李白南陵行》山水人物长卷。巨松挺拔，杨柳依依，山径蜿蜒，溪水淙淙。绿树掩映之中，茅舍依稀可见，两位骑马的士绅，正越过板桥前行，一位书童肩负行囊跟随。这是汪友农想象中的李白行旅图，是李白诗境在他心目中的升华。在长卷中，他用行楷工整地抄录了李白的三首诗：《江夏赠韦南陵冰》《南陵别儿童入京》和《下泾县陵阳溪至涩滩》。

胡骄马惊沙尘起，胡雏饮马天津水。

君为张掖近酒泉，我窜三巴九千里。

天地再新法令宽，夜郎迁客带霜寒。

西忆故人不可见，东风吹梦到长安。

宁期此地忽相遇，惊喜茫如堕烟雾。

玉箫金管喧四筵，苦心不得申长句。

昨日绣衣倾绿樽，病如桃李竟何言？

昔骑天子大宛马，今乘款段诸侯门。

赖遇南平豁方寸，复兼夫子持清论。

有似山开万里云，四望青天解人闷。

人闷还心闷，苦辛长苦辛。

愁来饮酒二千石，寒灰重暖生阳春。

山公醉后能骑马，别是风流贤主人。

头陀云月多僧气，山水何曾称人意？

不然鸣笳按鼓戏沧流，呼取江南女儿歌棹讴。

我且为君槌碎黄鹤楼，君亦为吾倒却鹦鹉洲。

赤壁争雄如梦里，且须歌舞宽离忧。

下署："右为李白《江夏赠韦南陵冰》诗一首，壬辰初春，友农书于鹏城莲花山南麓。"

白酒新熟山中归，黄鸡啄黍秋正肥。

呼童烹鸡酌白酒，儿女嬉笑牵人衣。

高歌取醉欲自慰，起舞落日争光辉。

游说万乘苦不早，著鞭跨马涉远道。

会稽愚妇轻买臣，余亦辞家西入秦。

仰天大笑出门去，我辈岂是蓬蒿人。

下署："李白《南陵别儿童入京》诗一首，友农又及。"

> 涩滩鸣嘈嘈，两山足猿猱。
>
> 白波若卷雪，侧足不容舠。
>
> 渔子与舟人，撑折万张篙。

下署："李白《下泾县陵阳（南陵古都）溪至涩滩（南陵溪滩公社）》一首，友农再题。"

2016年10月，在"梦回新安"合肥展上，有了两幅《李白南陵行》，分别题作之一、之二。显然，李白在南陵的活动引起了他的极大兴趣，而且萦绕终生，挥之不去。早年，他受李白诗歌的影响吟咏作对，"小路盘到峰顶上，我放牛儿在云天"，虽然出自稚嫩牧童之口，但自然天成，充满情趣，与他后来孜孜以求的新体诗风格迥异。如果把这种旧体诗比作他的山水画，那么新体诗就好比他笔下的人物画，前者代表理想，后者代表现实。2017年4月5日，在北京中国美术馆"梦回新安——汪友农中国画艺术展"开幕式上，汪友农之子汪欣早深情地说："这是一位13岁的少年写的诗，这个曾被皖南秀丽山水浸润的少年，终其一生都是如此的清澈和浪漫，这个少年就是我的父亲。"

八、回乡务农

1958年"于南中初三毕业前夕"，汪友农在笔记本上有这样一段记录："很早就有这个打算：服从祖国分配，考不上学校，乐意地到农村去，到家乡去！我没有丝毫顾虑。在团组织的教育下，通过了政治课的学习，我的思想有了很大的进步，能够辨明大是大非，不但自己不说不利于社会主义的话，如听到了谁说，就马上给予指正。"

这一学期他担任班上的学习委员，还在学校《前进报》担任插画工作，同时兼任勤工俭学美工组组长。他认为这是学校和同学们对他的信任，感到很光荣，并认为工作愈多、愈忙，生活就愈有意义，这也是锻炼自己的好机会。后来学校又聘他为广播小组通讯员，他认为这是他的义务。在团支部分支会上，他保证要向《前进报》和广播小组投稿15篇以上，并按时完成任务。分支宣传委员程仰山同学本来负责《前进报》收稿工作，后来实在收不到稿件，便将这项工作交给了汪友农。汪友农愉快地接受了任务，他与支部书记积极沟通，经过支委和班干的带动，班级投稿的同学又多了起来。

在"大跃进"运动中有一项"除四害"任务，国家提出要在十年或更短的时间内消灭苍蝇、蚊子、老鼠和麻雀。许多同学成为"灭四害"模范，汪友农在分支会上保证迎头赶上，并上缴了一百多只老鼠和麻雀。在"大办钢铁制坩埚"任务中，学校办工厂，他担任联班车间主任。

他在劳动中并没有因为身体不舒服或有事而请假。有一次上山开荒，他因为腿痛，班主任同意他请假，但经过思想斗争，他最后还是去了。他挑不了肥，就背两把锄头到山上帮助整地。回来时腿肿得更厉害了，他心里却想："我这次总算胜利了。"他常常想要多为大家做一些工作。有一次劳动，学校要他留下编《前进报》。下午忽然下起雨来，此时他已完成编辑任务，赶快把班上所有的伞都找出来，向劳动的地方送去。他一心想着使插秧的同学们少淋一点雨，但由于地点不熟，心里又急，所以只顾跑，却走错了路。他跑了约十里路，等找到时天已黑了。同学们淋了雨，他心里很不舒服，但是老师和同学给了他莫大的安慰。

班上同学在劳动和思想上大都"跃进"了，可有些同学在阶段考试中成绩比上学期退步。他感到骄傲的是自己没有退步，上学期阶段考试均分85.3分，这学期均分86.4分，虽然成绩仍不理想，但已在原来基础上有所提高。

汪友农和同学们如全国人民一样以极大的热情投入"大跃进"运动中，但事与愿违，即使像南陵这样的鱼米之乡，也出现粮食供给严重紧张的情形。

1958年，汪友农顺利升入南陵中学高中。大概在这学期末，他看见高等学府正在向自己招手。他在《一生痴迷诗与画》一文中写道："学校保送五名学生上沈阳机械学院深造，贴出光荣榜，我排第一。父亲倍感欣慰，望子成龙的他将我的宗名'为乐'改为'有龙'。"

同学们纷纷向他表示祝贺，美术组同学柯日新的贺礼是任伯年①人物画《承天夜游》的印刷品，他在此画左上角题："有龙同学留念，一九五八年腊月廿四，日新于南中。"背面则是热情洋溢的长篇留言，以毛笔行书而成，下署"你的同学日新，一九五八年腊月"，并记"为有龙同学去沈阳学习机械而写"。仅录第一段即可见柯日新同学的少年激情："同伴呵，我红色的战友，你负着党的使命，以胜利而豪迈的步伐奔向祖国机械工业的中心——沈阳，你将从遥远的地方，带回红色的种子，播种在南陵故乡。让南中的机械工业进一步地提高和发展，为实现厂校合一的理想……为了这一切，去吧，同伴。"

《承天夜游》绘苏轼与友人夜游黄州（今湖北黄冈）承天寺，以挺直的古柏和秋叶、修竹点明环境，人物刻画笔法简练、富有神韵，立意和构图新颖且独具匠心。这一幅画，汪友农一直珍藏着，他后来的花鸟画画风明显受任伯年影响。

———————

① 任颐，字伯年，浙江山阴（今绍兴）人，儿时随父学画，14岁到上海扇庄当学徒，后以卖画为生。他的画题材广泛，人物、花鸟、山水无不精妙，用笔用墨丰富多变，构图新巧，被誉为"海派四杰"之首。

遗憾的是高校大门最终向汪友农关闭了，他被取消了保送上大学的机会。其中原因，可能是"大跃进"时汪友农因两幅配诗漫画，被学校列为批斗对象和被团内记过，更可能是父亲被打为"右倾分子"，关押在安徽庐江白湖农场劳教。

他后来屡屡提及此事，如在给朱永兴的信中写道："其实我在读高中时，曾被学校保送直接上大学，大红喜报都贴上了墙，全校五名，我在榜首。后因'反右倾'父亲遭殃，我受株连，失去深造的机会。"他在给合肥市教委《关于要求破格晋升高级讲师的报告》中也提及此事。

笔者见到一份汪友农高二上学期（1960年1月）的成绩表：政治常识79、语文91、代数60、三角61、物理62、化学78、历史80、外语79、体育86，评定等级为"甲"，评语为："能听党的话，积极参加各项政治运动，在宣传工作中表现很好，肯负责任。对集体尚关心，对工作能乐意接受并能完成。学习努力，爱好绘画。今后应从政治上多团结同学，支持班工作，充分发挥政治热情。"但1961年高中毕业时，其政治等级为丙，学期评语全是差评，唯一优点就是"愿意回乡务农"。这当然是迫不得已的选择。

汪友农晚年在文稿中还写过一段话："原本南陵师范不要我，全县只有两名出身地主家庭的学生未被录取，其中我是一个。"当时南陵师范学校招生，南陵中学高中毕业的学生很容易通过，只要经过简单培训即可分配当老师。最后没能上大学，是汪友农一生最大的遗憾之一，他后来的工作、职称和地位均因此受到很大影响。

遭遇如此重大打击，他难平心中愤懑，将父亲所取的名字"有龙"改成"友农"，决定回农村务农。汪氏有家训："诚实继世久，诗画传家长。"这也是他心中的志向，他画了一幅自画像，并配上自改后的家训："诚实继世久易，诗画传家长难。"横批："汪有龙以友农为乐。"

第二章 六十年代 艺术梦想

九、在粮食局工作前后

汪友农高中毕业后，无缘进高等院校深造，不得不回到农村。他虽说"愿意回乡务农"，但实际上不可能真正干农活，因为当时高中毕业生在农村凤毛麟角。1961年上半年，他回到家乡麻桥，在石峰曹村小学当代课教师。

参加工作以后，他仍然一心想报考美术院校，但安徽连续几年未有美术院校招生。自那时起，他一直坚持自学美术和文学，仍朝着自己的理想不懈奋斗。

大概当了一学期代课教师，他于1961年底进入南陵县粮食局工作。他在《一生痴迷诗与画》一文中说："高中毕业后我不得不回到农村。我的同学钟徽育在芜湖地区粮食局工作，他很同情我，介绍我到南陵县粮食局当协助员。"后来又说是"考取县粮食局，担任工会宣传工作"。细想这两种说法并不矛盾，可能经人介绍后还要参加考试，至于具体工作，可能既是协助员，又是工会宣传干事。据韩振清介绍，钟徽育在汪友农班上年龄最小，每受同学欺负，汪友农总是挺身而出保护他，他们成了最要好的朋友。粮食供应最紧张时，汪友农总是吃不饱，钟徽育个头小，食量也小，总是把自己的饭菜分给他一部分。

汪友农能写会画，到粮食局上班不久，便组织文艺演出队，自编、自导、自演文艺节目，包括诗歌朗诵、相声、小品、快板、短剧，还出墙报、画报等，很受同事们欢迎。

作为工会宣传干事，他工作十分努力，写了不少稿件投向《芜湖日报》，至少有两篇发表。一篇是《空粮袋中找宝》：南陵县城关粮油站保管员秦维舜，通过学习"一厘钱"精神，深深地感到为国家节约一点一滴财富的重要意义。于是在实际行动中，他主动地利用整理麻袋和面粉袋的机会，把空袋中粘的稻谷和面粉，细心地抖刷聚集起来。到五月底止，共整理麻袋9万多条，面粉袋6千条，抖刷出稻谷1200多斤，面粉120斤。另一篇是《淘花生果的故事》，写南陵县城关粮站站长、残废军人、共产党员刘和清节约生产的故事：城关粮站收购的花生果，有1万多斤含沙土较重，不能直接加工油脂，如果请人拣沙粒，需要支出费用400多元。刘和清提出用水淘的办法，有人认为这样会影响出油率。于是他决定先进行试验，自己挑了几十斤花生果赤着脚下河去淘，淘后及时晒干再交付加工。试验结果证明，这样不会影响出油率。试验成功后，刘和清带领站里职工利用休息时间淘晒花生果3100多斤，为国家节省费用120余元。

这两篇稿的见报时间分别为1963年7月7日和9月17日。

此前的5月12日，汪友农还在《芜湖日报》上发表过一篇小通讯，题为《雨夜灌秧水》，写麻桥公社永村大队桥头生产队社员王老爹半夜起床灌秧田水的故事：暴雨即将来临，如不赶紧把秧田水灌好，秧苗就会被冲坏。王老爹灌秧田水时，得到发春夫妇等人的帮助，发春和几名男社员跳进水中，合力拉开闸门，使王老爹成功灌好了秧田水。此篇文章可能也是汪友农在粮食局工作期间的作品。

尽管工作努力，但是汪友农在粮食局只干了一年时间，按照他填写的简历，为1961年12月至1962年12月。韩振清回忆，汪友农离开粮食局的时间应是1963年5月。

他在《一生痴迷诗与画》中说："很不幸，不久我被解雇了，开始在社会上闯荡。我担任过代课教师，学过漆工，画过玻璃匾，绘过门楼、床楣、灶头，还帮死者画过肖像……"那应该是一段很困苦的日子。

1963年下半年，汪友农在家乡龙山小学当代课教师。同年10月16日，他在日记本上有一段话"写在儿歌前面"："我整天生活在天真、活泼、伶俐、纯洁、可爱的孩子们之中，亲眼看到他们向上不断成长，作为一个人民教师（即使只当两个月代职教师也好）怎么不激动呢？为此，我常常想把这些宝贵的东西拾到自己的日记里，但是我的文学水平太差，心有余而力不足。如果能下定决心，排除万难，在不太远的将来，深信一定有所起色。"这是他的第二次任教经历，从这段话可见他对教师工作的热爱和他对文学的追求。其所作儿歌："儿童是祖国的花朵，鲜花香遍美丽的山河，我们教师是园丁，闻到的香味最早最多……"

1963年3月5日，《人民日报》《解放军报》等刊登了毛泽东的亲笔题词"向雷锋同志学习"。同年4月，《雷锋日记》由解放军文艺出版社出版发行，全国各地纷纷重印，仅辽宁人民出版社第一次即印20万册。3月7日，汪友农在笔记本里记录："对待同志要像春天般的温暖，对待工作要像夏天一样火热，对待个人主义要像秋风扫落叶一样，对待敌人要像严冬一样残酷无情。——雷锋"此话出自《雷锋日记》，汪友农笔记显系抄自报纸。

8月15日，汪友农写了一篇题为《到校第一天》的生活小故事，是以学雷锋为主题的千字故事。故事说："我"与同窗好友汪金辉"在寝室里同睡一张床，在教室里同坐一条凳，看书、散步差不多时时也在一起，大家都说我俩是一娘所生"，汪金辉要申请助学金，"我"是班委会成员，认为他家生活不太困难，应该把机会让给更困难的同学。汪金辉的申请没有通过，迁怒于"我"，同窗好友反目。

"我"想起老师教导，要好好帮助他改正缺点，在暑假里给他写了一封信，并寄去一本《雷锋日记》。开学第一天，汪金辉见到"我"时说："《雷锋日记》我读了几遍，雷锋同志的事迹深深地感动了我——我越看越感觉惭愧，越想心里越难过……"他呜咽地哭了，"我"也流下了高兴的泪水。

即使在最困苦的岁月，汪友农依然没有辍笔，依然敏感地捕捉着时代的信息，依然做着作家梦。他还写过一篇题为《爸爸的锄头》的千字文：爸爸的锄头是爷爷留下来的，民国廿三年大旱，稻田里干涸开裂，如同小孩子张着要吃奶的口，地主张阎王不准农民放汪冲湖的水，爷爷扛着这把锄头，带领村民硬性打开湖堤闸门，地主指派爪牙和打手把他打得遍体鳞伤，不治而亡。爸爸接过这把锄头，宁肯花钱整修，淬火加钢，几十年来舍不得丢手。如今爸爸要把锄头移交给即将初中毕业的"我"，希望我"为社会主义农村好好显显一代的身手"。爸爸的锄头如同雷锋手中的那把砍柴刀，具有象征意义。

十、困苦逆境中的爱情

汪友农在粮食局工作时间不长，却收获了丰硕的爱情成果——他与韩振清由相识到相爱，很快步入婚姻殿堂。

韩振清，1944年出生于南陵县烟墩镇杨家坡村。她的父亲韩允聪，祖籍安徽太和。韩振清说，父亲是有文化的人，教她汉语拼音字母，至今仍滚瓜烂熟。韩振清的母亲程桂兰是安徽肥东人，从小被施家领养当童养媳，成人后跟着担任政府公职的前夫施德柱来到南陵县城，育有两子，后来家庭发生变故，两人离异。1942年，38岁的程桂兰经人介绍与韩允聪结合，随后从县城移居烟墩杨家坡，婚后生下了韩振清。

韩振清自幼体质羸弱，虽不娇惯，却也被父母宠爱着。她十几岁时，经历了互助社和"大跃进"时期的"一平二调"（实行平均主义的供给制和食堂制；对生产队的劳力、财物无偿调拨）。母亲程桂兰虽然识字不多，但行为举止颇有大家闺秀风范，勤劳能干，善良爽直，是家里家外一把手，是能独当一面的女能人。韩振清读中学时，有一个周末回到家，发现爸爸、妈妈已经被调到公社畜牧场。那次"一平二调"，她家里原来存放的很粗的木材也被人搬走，家里空荡荡的什么也没有。她赶到畜牧场，见爸爸、妈妈住的小房只有一张床，一张凳子都没有，觉得十分心酸。

韩振清的堂兄韩振江，1929年参军，解放战争后期受命组建海军南海江防部队，出任虎门要塞副司令员。1951年，韩振江给叔父韩允聪寄来"革命军人证明书"："韩振江同志系一九二九年五月参加我军，现在虎门要塞司令部工作，其家属得按革命军人家属享受优待。"此证由海军司令员萧劲光签署，经南京部队及南陵县民政机关备案，韩振清一家的待遇稍有提高，韩允聪本人的生活问题也得到解决。程桂兰后来被其长子施帮文接到南陵县城关生活，并由农业户转为非农业户口，每月配备一定粮食。

韩振清的初小老师熊鉴堂学问深厚，教学认真，很受学生尊重。1997年4月，熊鉴堂致函韩振清，回忆那几年"朝夕相聚"的岁月："因我教学无能，亦可以说'滥竽充数'，贻误了您，但事已过往，只徒自责而已。而您能奋发求学，深造成材，令我钦佩也。"他又说："同时我又觉得当时学生甚多，像您这样仍然惦念着我的，是为数不多了……特别是我在南陵求助平反之际，您代我奔走呼号，已早篆五中。"可见韩振清不仅聪敏好学，而且忠厚善良，乐于助人。

韩振清身材娇小，形象甜美，秀外慧中，她到粮站上班，工作很快上手，待人接物也得心应手。她当时担任经管员，负责盖章核发粮油证，手上权力很大，但从未想过营私舞弊。二八佳人，窈窕淑女，韩振清引来倾慕的目光，当时追求者众，有在职干部，也有任在职教师的大专毕业生。县粮食局某领导有位内弟，刚刚退伍，该人热心从中牵线，但韩振清觉得对方文化不高，婉言谢绝。

她心目中已有一位白马王子，那便是为人踏实、才艺出众的汪友农。她与汪友农的小妹汪为秀（后改名汪星怡）是中学同学，汪友农经常去看望其妹，给韩振清留下了很好的印象。他母亲有时也去学校看望女儿，也给韩振清留下了慈祥和蔼的深刻印象。

汪友农进粮食局后，韩振清经常能看到他自编、自导、自演的文艺节目，经常能看到他主办的内容丰富、形式活泼的墙报。韩振清业余从事诗歌创作，共同的爱好使他们的关系更为密切。

一天，韩振清收到某位机关干部的一封信，自称爱慕思念几欲吐血。她让汪友农看了这封信，明确告诉他："我对你的情谊不会变。"让汪友农听了此话振作起来。他们用小拇指相勾大拇指相抵，誓言绝不反悔。韩振清说，他们通过这种方式表达了对爱情的渴望，也表达了两颗年轻的心对世俗社会的反抗。

不久，关心这对年轻人的基层领导及一些朋友催促他们快点结婚，婚事办了，别人也就没有想法了。汪友农与韩振清就这样匆匆办理了结婚登记。

据南陵民间风俗，婚礼有一套严格烦琐的仪式规程，包括：合婚、定婚、下聘、纳吉、过礼、同偕、过门。"既婚后，婿至妇家曰谢亲。三日女父母兄弟至婿家曰会亲。以针黹诸物馈女曰送三朝。新夫妇祭于祖庙或先垄曰新祭，即古庙之礼。"（《南陵县志·风俗·婚礼》）

汪友农与韩振清自由恋爱，已经不受"父母之命、媒妁之言"的束缚。1963年初春，在粮食局一间大会议室里，汪友农与韩振清举行了简朴而隆重的婚礼。这对新人郎才女貌，很受同事喜爱，粮食加工厂厂长和一批工友，以及汪友农的哥哥、姐夫等参加了婚礼。工友们送给新郎新娘热水瓶、脸盆、床单等贺礼，而新人则分发喜糖以为答谢。婚后他们回到桥头张老家住了两天，但没有摆设宴席。

韩振清与汪友农相伴终身，成为对方生活的帮手、心灵的伴侣和事业上的秘书。汪友农在《一生痴迷诗与画》一文中写道："此时遇到韩振清。她读书时成绩优异，是全年级唯一的优秀女学生，改革开放后经自学考试取得大专文凭，并陆续考取会计师、注册评估师等执业证书。她的择偶标准是本分、诚实、有才华，拒绝了好几个出身好的干部子弟，而不嫌弃我家庭成分不好且没有正式工作。我很感激她选择了当时正处在困苦逆境中的我，给了我极大的精神支撑。"

1963年12月31日，他们的女儿汪田霖出生。程桂兰帮忙照顾外孙女，但那一间房不够住，她仍住在自己租赁的房子里。

家庭生活是甜蜜的，也是艰难的。年仅19岁的韩振清承担了巨大的家务重担，汪友农最终也未进大学继续深造。据韩振清回忆，1964年初，汪友农在南陵中学的洪姓班主任已在安徽劳动大学任教。安徽劳动大学地址在宣城叶家湾，洪老师让汪友农进该校学习，并许诺他可毕业后留校任美术老师。但他已经结婚育女，家庭负担过重，无法再去读书了。韩振清说，那时候真叫难呐，幸好友农能挺住。

十一、在新华书店

汪友农结束家乡龙山小学的教职后，回到南陵县城，到新华书店工作。他在《一生痴迷诗与画》一文中说："当时，南陵新华书店急需搞橱窗宣传的人员，我经由中学老师介绍去做合同工。除书店宣传外，我还担任农村流动售书员，在乡下田头学校卖书，有空就写诗在《安徽日报》和《芜湖日报》刊登。"他在南陵师范学校做教学工作总结时又说："后县委纠偏。我不想回粮食局，要求当教师。南陵劳动局介绍我去县文教局，文教局人事科长知我有美术专长，动员我去新华书店当发行员兼美工。"

韩振清说，汪友农到新华书店工作后，她得以阅读很多中外名著，也打折购买过很多喜欢的书。汪友农一生挚爱诗歌，在新华书店工作的几年里，阅读量增加，诗兴更浓。他有一本抄满诗作的厚厚的笔记本，大部分作于这段时间。

汪友农受到家庭熏陶，有一些旧学根底，但生活在以新诗为潮流的时代，一生创作除少量旧体诗外，大多是新诗。

1959年12月5日，尚在读高一的汪友农写作了《春风满园话南中》一诗：

老师宿舍的楼上，
窗帘下透出温柔的灯光。
多少夜顺次流过，
这灯光却依然明亮。

它宛如一座灯塔，
屹立在夜的海洋。
星星比不过在发抖，
圆月比不过勾下了肩膀。

暴雨越打越红，
狂风越吹越亮。
你点燃学校学习高潮之火，
你照亮了学生的心房。

题记写道："黄立钧和董晓钟先生孜孜不倦的教学精神令人起敬！一日夜深睡醒来，看见他们窗口亮着灯光，回宿室躺在床上老是睡不着，心中激情澎湃，急就小诗一首。"

他在乡下田头学校卖书，或者在书店值夜班，一有空就读书、写诗、作画。他的诗歌曾在《安徽日报》和《芜湖日报》刊登，多与书和书店有关。1964年7月29日，他在《芜湖日报》发表了《山区售书员》一诗：

山高挡不住，
坡陡拦不了，
山区流动售书员，
肩挑书担云里跑。

把《林业知识》送到山村，
山腰苹果点头笑；
把《愚公移山》送到山区，
梯田水稻迎风摇……

路上突然遇暴雨，
她脱下衣服把书包，
红色书是无价宝，不能让它被淋潮！

她爱红色书，
她爱云雾道，
若问姑娘为什么，
《为人民服务》记得牢……

爱情与新婚生活给了他更多的诗意与灵感。对他而言，韩振清不仅是妻子，也是诗友。

1963年11月15日，韩振清在《芜湖日报》发表了《月儿明，星儿亮（外二首）》，此后，她与汪友农或合作或单独在《芜湖日报》发表《〈愚公移山〉揣胸前》等诗。他们创作的《丰收小景》《果园姑娘》《天天读毛选》《小铁匠》等诗，分别发表在《安徽日报》《芜湖日报》和《徽州报》等报刊。1964年6月，汪友农被《芜湖日报》评为积极通讯员（作者），这对他来说是莫大的荣誉。

成为《芜湖日报》惯熟的作者之后，他俩又继续向省报挺进。1964年4月20日，他们合写的《社员齐夸姐姐好》发表在《安徽日报》上。该版编辑部致函汪友农、韩振清："来稿已刊用在本报4月20日农村版，寄上剪报一份，欢迎来稿。"随后，他俩收到一张编号为61的"稿费通知单"，地址：南陵文庙后街38号，稿费：3元。这张单据一直保存着，可见当年并未领取。对经济并不宽裕的汪友农夫妇来说，3元钱当时可以派上许多用场，没有领取而保存着这张单据，或许是为了保存着一份荣耀和幸福。这是他们在省报上发表的第一篇作品，能在省报上发表作品者，已可被视为社会的骄子。

当时发表作品不易，不仅因为报纸版面紧缺及编者对题材及作品质量要求较高，还在于报纸对作者的身份把关严格。在省报发表第一篇作品后，他俩又寄去一首《送礼品》。1964年11月24日，《安徽日报》农村版编辑来信："《送礼品》一稿已收到。盼将你们的工作地点及工作职务写信告诉我们，以便今后常联系。为了慎重起见，请你们找有关单位写一证明信来。

编辑部来函，多为编辑手写。1966年5月27日，汪友农在《芜湖日报》发表《好似朝阳进屋来》时，收到一份编辑部铅印格式的信函："汪友农同志，你给本报投的稿子，已在5月27日第3版刊登了。现寄上一份剪报，请查收。并希经常来稿。"

从他笔记本中诗歌写作的附记和日期也可看出，他这段年月写作热情高涨。1965年2月3日，他在书店值夜班，凌晨3—4点写了一首诗《小钢针》；2月6日夜11时，写了《新苗——摘自一个公社老书记日记》；2月12日，又写了《桃花塘赞歌——积肥速写》。

他在笔记本上还写道："写诗是艰苦的劳动，在诗的花园里，如果不用心血来浇灌，就开不出鲜艳的花朵来。"

汪友农写于1959年的《春风满园话南中》虽然稍显稚嫩，但充满生活气息，具有其独特的幻想或经验，语言也十分流畅，至今读来仍朗朗上口。受时代影响，随着政治运动的深入，他诗作中的政治烙印越来越深刻。

十二、《哺育》问世前后

如果没有"《山区新华书店》风波"，汪友农或许会在诗歌创作的道路上走得更远。

1964年秋天，汪友农创作了一首题为《山区新华书店》的诗：

> 山区新华书店，
> 没有固定地点，
> 千山岩石当柜台，
> 万缕彩云作门面，
> 若问书店有多大，
> 请看那群峰起伏连绵。
>
> 山区新华书店，
> 没有固定地点，

《地质学》摆到钻探机边，

《嫁接法》送进果树园，

村上贫农年纪大，

新书搬到家任他选；

《愚公移山》人人读，

不信请看那山腰页页梯田……

山区新华书店，

没有固定地点，

若问地点在哪儿？

地点嘛在流动售书员双肩。

此诗颇具浪漫主义气息，虽然贴有时代标签，仍带有个人经验和切身体会，他自己也感到满意。趁去合肥探望父亲之机，他将此诗呈请著名词人丁宁①指正，丁宁读后给予充分肯定，并建议他投寄至国家级报刊发表。于是他把这首诗寄给《人民日报》，不料此事在南陵新华书店引起轩然大波。

《人民日报》文学艺术副刊部收到这首诗歌后，于10月6日致函南陵新华书店党支部负责人："本报收到读者汪友农寄来稿件一件，作者通讯处是'南陵新华书店'。根据来稿内容，是可以发表的；但我们对他情况不了解，请你们协助我们了解一下他的政治情况，以及目前政治上一般表现如何等。希望能尽快答复我们。复信上请注明这

---

① 丁宁（1902—1980），字怀枫，号昙影，又号还轩。出生于江苏镇江，两岁随任江南裕宁官银钱局经理的父亲迁居扬州，因此一直自称扬州人。先后师从扬州名士陈含光、程善之、戴筑尧等学习诗词，早年曾发表《昙影楼词》，后来与诗词名家龙榆生、夏承焘等相识，往来唱和。1941年起，在南京私立泽存书库、中央图书馆古籍部任编目员、特藏员，1949年后入华东人民革命大学学习，1953年被分配到安徽省图书馆工作。

封信后面的发文号码。"此函盖有《人民日报》文艺副刊部公章，发文号码：查（茂）字0239号，社址：北京王府井大街117号。

不料，南陵新华书店某负责人以汪友农家庭出身地主为由，阻止此诗在《人民日报》刊登。汪友农后来在纪念丁宁的文章中写道："《人民日报》来函政审，就是他以我家庭出身不好为由，阻止了我的诗歌刊登。我知道内情后，感到孤独无助、前途渺茫。我对丁宁老师说：'我不该出身于这个家庭，我再也不写诗了。'她听后，面对我家大声喊道：'老汪，快过来一下！'家父来到她家，她动情地说：'从今天起把老三（我在家男孩中排行第三）交给我，称呼我姥姥（姑姑）吧。'她当时送给我《郑板桥诗全集》、《王右丞集》、《施注苏诗》十二卷和一幅于立群手书。"

汪友农赌气说"我再也不写诗了"，说明此事对他的打击确实很大。从另一方面看，汪友农一生视诗与画是两大爱好，二者在他的心中有时融洽，有时矛盾，"我再也不写诗了"可能是他内心真实想法的流露。那段时间他又把兴趣转移到最为喜爱的绘画上。

1965年，汪友农创作了一幅中国画《哺育》，内容是山区妇女劳动间歇给孩子喂奶，还不忘读《共产党宣言》。孩子在怀中十分安静，妇女阅读非常专注，画面温馨而有时代气息。11月4日，芜湖专区文联收到此画后来函："友农同志：你所创作的《哺育》，希能在最近来芜加工，完成这一作品。我们已于昨天下午由电话通知南陵文教局，转知你们单位，给你三至五天的时间，前来芜专文联，将这一作品完成。"

这一信函，汪友农一直保存着，并注："此系省五老画家之一张贞一[①]同志亲笔。"张贞一时任芜湖专区文联专业画家，他看中此

①　张贞一（1905—1985），安徽阜阳人，早年毕业于上海新华艺术专科学校，历任安徽省立颍州国立茶洞师范、当涂师范、宣城师范学校教师，芜湖美术研究室教师，芜湖地区文化局创作员，作品有《上甘岭》《劳动果实》等。

画，以文联名义给汪友农写信，请他在自己家中住了一个星期，认真修改作品直到成稿。汪友农回忆："张贞一先生十分欣赏我，收我为入室弟子。"

此画得风气之先，当时的芜湖地委书记耿万青对其立意构思很感兴趣，指示芜湖铁画工艺厂加工成铁画，预作为礼品推出国门。芜湖铁画兴起于清代康熙年间，由铁工汤鹏与画家萧云从相互砥砺而成。据清代《芜湖县志》所录《铁画歌·序》载，芜湖人汤鹏"少为铁工，与画室为邻，日窥其泼墨势，画师叱之。鹏发愤，因煅铁为山水嶂，寒汀孤屿，生趣宛然"。汤鹏从国画中受到启迪而创造出铁画，自成一格，享誉四海，是中国工艺美术的一朵奇葩。

1965年，芜湖地区举办美术作品巡回展览，在南陵弋江镇展出时汪友农曾前往观看，他看到自己这幅四尺全开的国画《哺育》，与张贞一先生的一幅山水大画并立挂在展厅正前方，自豪感油然而生。

有趣的是，他在《一生痴迷诗与画》中，称此画中妇女所读为"毛选""老三篇"之《愚公移山》。而最早的《哺育》，妇女手捧《共产党宣言》。毛泽东的《为人民服务》《纪念白求恩》和《愚公移山》三篇文章写于战争年代，"文革"时被称为"老三篇"。

韩振清称，《哺育》成稿送芜湖铁画厂后再未取回，现存的这幅图很可能是初稿。意即初稿中的《共产党宣言》成稿时被改为《愚公移山》。1965年10月21日，汪友农与韩振清合作，在《芜湖日报》发表《〈愚公移山〉揣胸前》一诗：

> 《愚公移山》揣胸前，
> 赶牛扛犁登山巅，
> 梯田开到云上面。
> 云上面，
> 新愚公就是众社员。

此诗可以看作《哺育》的注脚。

但是《哺育》生不逢时，南陵新华书店对汪友农的画和诗开展批判，说他画的《哺育》有宣扬资本主义的思想倾向。同时他因向《人民日报》投寄《山区新华书店》一诗，也受到单位领导和同事围攻。耿万青等人泥菩萨过江，自然也无暇顾及一幅国画，《哺育》打制铁画的事也就不了了之了。

汪友农一直将《哺育》底稿保存在身边。历时半个世纪，屡经迁徙，此画边缘已经破损，但主体部分仍然完好。他将其重新装裱，并以草书大字题词："'文革'期间，张贞一见此作品，收吾为入室弟子。甲午丁丑月友农于莲花山畔。"

2016年，此画被收入《中国近现代名画家画集——汪友农》，是笔者所见汪友农最早的作品。2016年6月、10月，2017年4月，"梦回新安——汪友农中国画艺术展"分别在深圳关山月美术馆、合肥亚明艺术馆和北京中国美术馆举行，展出的《哺育》和创作于20世纪70年代的《重任在肩》《稻是队里的》，观众中年龄稍大者都说非常眼熟。这些观众都是美术爱好者甚至是业内名流，可见当年这几幅画作影响之大，甚至对很多人起到了美术启蒙的作用。《稻是队里的》被中国美术馆收藏。

十三、但愿一识黄叶村

1964年，汪友农在芜湖一家裱画店里第一次见到署名黄叶村的绘画，他的内心掀起巨大波澜。他回来后跟夫人韩振清提起，惊叹不已，连声说："了不得，画得好！"他很想见这个人，但不知是何许人，住在哪里。

1965年，汪友农因创作《哺育》被张贞一收为入室弟子。不久，芜湖地区美术作品巡回展在南陵弋江镇展出，展厅正前方并排挂着《哺育》和张贞一的大画，但汪友农参观画展时，却被一幅四尺三开的小立轴《春江水暖》深深吸引住了。这幅立轴画面很简单——两串飘荡的杨柳，下面藏着三只嬉戏的家鸭，题款"黄叶村写于镜湖草堂"。又是黄叶村！汪友农再也按捺不住求师若渴的心情，他得知张贞一老师与黄叶村相熟，请其转为介绍。张贞一高兴地写了介绍信。

黄叶村家住芜湖市新家巷。汪友农找了很多家，问了很多人，都不知有黄叶村其人。最后他发现一家门上贴着一副对联："一间破草屋，两个无用人。"顿时内心一震，直觉告诉他这就是黄叶村老师家了。他躬身进屋，果然见到了黄叶村，正在专注地练字。汪友农说明来意，并出示张贞一的介绍信。新家巷的房屋破旧低矮，可称贫民区，黄叶村的住处更为不堪。汪友农打量这间屋子，发现"眼前惨剧令人惊愕"：这间芦席篱笆墙草棚，只有8平方米左右，草棚没有窗户，外面下雨，里面漏水，阴暗潮湿，破烂不堪。而黄叶村一家六口就住在这间屋子里。

黄叶村边跟汪友农聊天边做自己的事。他练完大字又凑刀治印。印石是块极普通的石头。他将原印磨平后再刻。家里连饭桌都没有，就用一块约四平方尺的三合板架在方凳上当画案。汪友农后来听说那还是一位学生送的。

后来通过多年交往，汪友农才了解黄叶村屡遭坎坷，饱尝人间辛酸，一生清贫；才知道他为人耿直豪放，从不趋炎附势，从不随波逐流。2001年，汪友农编辑《黄叶村画选》时，曾在后记中对老师生平作详尽的交代。

黄叶村的父亲黄思进是位裱画师，写得一手好字，并擅长绘画人物、花卉。黄叶村从小耳濡目染，与书画结下不解之缘。他11岁站在凳子上为邻居写门联，12岁为芜湖十里长街店铺写招牌。

抗战时期，黄叶村在歙县芜关中学任历史和图画教员。该校校长汪崧祝的祖父汪宗沂[①] 是国学大师，黄宾虹曾两度投师其门下；兄长汪采白是与黄宾虹齐名的山水画家；父亲汪福熙[②] 早年任教于北洋大学，精通书法，四体皆能。经汪崧祝引荐，黄叶村投入汪福熙门下，每周六下午徒步20余里前去汪家。汪友农写道："汪家收藏历代名人书画和碑帖甚丰，黄叶村有幸饱览群珠，尤其是新安画派诸家真迹，使他大开眼界。徽州钟灵毓秀，青山绿水，丰富浓厚的文化艺术氛围为他后来步入艺术殿堂起到十分关键的作用。"黄叶村对书画金石均有精深造诣，水墨、青绿并能，工笔、写意兼擅，山水和墨竹功力为近现代所仅见，兼工花鸟，能诗善书，修养全面，与他这个时期的锻炼有很大关系。

黄叶村与南陵有缘。早在1945年9月，他受聘到南陵县中学任图画教员，留下很多传奇故事。抗战胜利后，联合国救济总署调物资救济难民，南陵县救济会负责人将救济包一一拆开，挑选好的食品、衣物留用，将差的发给民众。黄叶村得知后，画了12幅题为《救济会救人先救己》的漫画，张贴在大街上，围观群众无不称快。南陵中学领导克扣学生助学金，中饱私囊，黄叶村要求校长提高学生伙食标准不果，当即拿出当月工资为学生改善伙食，并向校方辞职，以示抗议。1948年，他见南陵中学校舍已成危房，要求校长拨款修缮，双方发生争执。校长为堵其嘴，发薪时额外递上一叠钱。黄叶村当即将票子向校长脸上砸去，斥道："我不要这不清不白的钱。有钱应盖校舍，为学生造福！"事后拂袖离开南中。

---

① 汪宗沂（1837—1906），字仲伊，汪泰安六世孙，早年曾任曾国藩、李鸿章幕僚，光绪六年（1880）进士，后辞官归隐，以教书、著书为业。其学生著名者有黄宾虹、许承尧、汪允宗等。

② 汪福熙（1860—1943），字吉修，曾任天津北洋大学堂文案官，与黄宾虹相交数十年。承乃父遗风，花甲之年息影家园，教育子孙，临池之兴，至老不衰。福熙有二子，一为新安画派著名画家汪采白，一为芜关中学校长汪崧祝。

1949年后，黄叶村重回南陵中学短暂任教。1950—1956年几经调动，曾在青阳师范、安庆四中、桐城中学、桐城师范、安庆师范等校任教。他更加刻苦钻研书画和篆刻艺术，课余时间创作了很多大幅山水、花鸟范画。他讲课生动，学生爱听，被公认为一流的美术教师。1957年，学校有优秀教师被打成"右派"，他因露出不满情绪而受到批斗，当年暑假后由安庆师范调怀宁师范任图画教员。1958年，他被划为"历史反革命"，受留校察看和降薪处分，每天在学校农场养猪放牛。他风雨无阻地在荒山放牛，身上生满疥疮，后又摔了一跤，造成左臂骨折。汪友农在后记中写道："黄叶村在遭受着常人难以忍受的精神和肉体折磨的情况下，仍用树枝不停地在地上练习字画。"

1962年，怀宁师范停办，黄叶村退职回到芜湖，住进新家巷那间茅草棚中。但他却自得其乐，戏称草棚为"镜湖草堂"，并贴上"一间破草屋，两个无用人"的对联。他就蛰居在这破草棚里潜心钻研中国金石书画艺术。"劝君莫弹食客铗，劝君莫叩富儿门。残羹冷炙有德色，不如著书黄叶村。"这是敦诚《寄怀曹雪芹》一诗的后四句，辛酸感人。黄叶村读后产生强烈共鸣，于是改名"黄叶村"。

黄叶村和老伴及其四个孩子，生活十分艰难。从1963年起，他每月在街道领取救济金14元，无异于杯水车薪。他开始在邮局门口代人写信，一封信收一毛钱，同时也代写对联，一副对联收两毛钱。老伴靠帮人洗衣服补贴家用。大女儿黄道玉1960年考上皖南大学化学系，而其所需读书费用，几乎全靠自己勤工俭学和朋友资助。两个小女儿再也无力培养，只能任其在街上拾荒。1965年，黄道玉与佘建中结婚，唯一的嫁妆就是黄叶村手书毛泽东诗句"金猴奋起千钧棒，玉宇澄清万里埃"。

诗画穷而后工。苦难出诗人，也出画家。苦难造就了黄叶村，相似的人生经历成为汪友农与黄叶村交往的情感基础。汪友农幸遇良师，但他拜师学艺的过程受那个时代的影响而一波三折。

十四、李清照式词人——丁宁

1959年，汪寄清从黄山管理处调省城合肥，在安徽省图书馆古籍部工作，从与自然打交道变为与古人打交道。他个性沉静内敛，颇有书生意气，相对于在黄山整天迎来送往，处理各种人际关系，更适合省图书馆的这份工作。他在此整理了大量古籍善本，对诗词、书画、碑帖也深有研究。汪友农寒暑假期往省城看望父亲，得以饱览书籍，遍观古代名画，也从师造化进入师古人的境界。正是这时候，汪友农认识了著名女词人丁宁。

汪寄清晚丁宁6年调入安徽省图书馆，年龄则小丁宁9岁，他尊称丁宁为"丁老"。由于志趣相投，又是隔壁邻居，他们很快由同事而成为朋友。他们住在逍遥津公园西侧原省图书馆古籍部前一排草屋平房中，后来这里建成楼房，即公园新村。大概在20世纪60年代初，汪寄清向汪友农介绍丁宁，要他拜师学习诗词。丁宁风趣地说："我们两家隔着芦席墙，大声说话彼此能听到，不拆墙也是一家人。"

汪友农在《逍遥津畔师恩重——追忆30年前我与词人丁宁老师的忘年之交》一文中写道："丁宁老师与外界很少交往。早年夏承焘和龙榆生对她的诗词就很推崇，赞她为李清照式词人。夏承焘曾向她索旧词稿，她却巧妙地写词谢绝了。安徽师范大学宛敏灏教授约她谈诗词，也被她婉言推辞。很多人找上门想拜她为师都被拒之门外，我当然也不敢提出要求做她的学生。"

汪友农还写道："我尊敬丁宁老师，因为她有高尚的人品和渊博的学问。解放初，她曾把扬州的房屋和家产全部捐献给扬州市图书馆。1953年春，她来到安徽省图书馆负责古籍部工作，她把单位当成自己的家，馆藏缺书她就把自己珍藏的古籍善本献出加以补充。库藏古籍善本约30万册，全装在她脑子里，谁来查阅资料，她都能熟练地从书架上取出，甚至能翻出读者需要的页面并帮助解释，赢得'活目录''活词典'的尊称。她孤身一人，全身心扑在工作上，视公家书胜过自己的生命。为了不让库房有老鼠啃书，她特地养了几只猫。"

丁宁养猫颇富传奇色彩。王开遂在《词人丁宁的〈自挽联〉》一文中说："先生爱猫，遐迩闻名，与来客（尤其是生客）闲话，'唯有狸奴作伴'几乎是必有的话题。需要指出：先生养猫，不无'慰我寂寥'之意，然而更为重要的目的却是'赖它勤护五车书'。先生早年曾经喂养过一只波斯猫，乖巧之极，后来不知怎地死去了。先生每一念及，总是不胜唏嘘。我将此事记在心上，很费了一番周折，弄来一只品相上乘的波斯猫，送给了先生。先生见到后，十分欣喜，立即给它取名为'小明'。——这当然是由于这猫的两只眼睛颜色不同，一浅黄，一淡绿，被识者称作'日月眼'的缘故。后来某次先生重病，疏于对猫儿的看顾，以致小明被人趁机盗走，先生为之不怡者多日。"

1978年冬天，丁宁还曾对来访的石楠讲起"大黄捕鱼"的故事：一天夜里，她正似睡非睡，突然感觉蚊帐在动。她拉亮灯，撩开帐门，大黄就蹲在床前，面前躺着一条足有一斤重的鲫鱼，它一只脚压着鱼身，鱼尾巴还在不停地拍打着地面。丁宁眼睛一下潮湿了，一把抱起大黄，把鱼放进一只木桶里用水养着。大黄从她怀里溜下来跑出去，那晚它一连捕回来三条鱼，竟然还知道把鱼放进桶里，不再来叫她。要知道，那正是困难时期，一条鱼就可以救活一条命，丁宁不敢独享，很多邻人都吃过大黄捕的鱼。

韩振清也向笔者提起过丁宁的猫。1978年春天，她送汪寄清去合肥，曾见过丁宁家有七八只猫。汪寄清借过丁宁家一张桌子，那本是她家猫吃食的地方，韩振清清洗这张桌子花了很长时间。

有一次丁宁生病，每天下午发高烧，十分痛苦。汪友农从父亲来信中得悉此事，当即赶去合肥探视，询问病情。丁宁定时发烧，医院未查出病因，汪友农通过观察，发现她肝火很旺，担心造血功能出了问题，建议她去医院检查肝功能。

果不出所料，丁宁通过检查发现肝肿大三指，是由其他病因引起的。汪友农告诉她不要吃药，药有副作用对肝不利。他向丁宁建议：一、精神要愉快，如有来人您不想见的就婉言谢绝，怒伤肝，千万不要发火。二、营养要保证，每天吃一个鸡蛋、二两瘦肉，喝点猪肝汤。三、不能整天待在阴湿的北边卧室，要多在朝南有阳光的客厅里活动，有空搓手甩脚。

汪友农回南陵后不过几天又返合肥，给她带去30斤粮票和2斤麻油，还有补血的红糖和大枣，要她少吃辛辣，控制油荤食品。丁宁虽未吃药，但一月余病就好多了。再见到汪友农，她伸出大拇指："老三你真神了！"

丁宁请汪友农代找一位帮工来照顾自己，他赶快回南陵张罗此事。不久丁宁来函叫停："友农同志：您好！前托代找帮工之事，现已作罢。请不必再带人来，千万！千万！"并称"我病已转好，请放心"。

此函写于1977年2月19日，大年初二。前一天汪友农专程赴合肥看望丁宁并向她拜年。

汪友农生前存有一份致丁宁函的底稿，写于1979年6月25日，他对丁宁的健康状况甚为关注："眼的白内障可退了？现在可请医生在看？"又说："筋骨痛可好了？毒梅雨季节来临了，要注意多保重！"

汪友农的中医医术，有家学渊源，也有自学成果。他曾在回忆文章中说："我祖父是老中医，留下很多手抄本医书，下放农村晚上无事干，我就翻着看看。"祖父留存下的医书多毁于"文革"，这批书他此前多有接触，受益匪浅。而他"下放农村"翻看的，是这批书中的幸存者。

十五、六十年代诗与画

《图书发行》报(《中国图书商报》的前身)1965年总第112页以《在革命化的道路上》为题发表了一组图片,右上报眼位置有五位青年正在阅览室学习,中间一位正是汪友农。其说明为:"读毛主席的书,听毛主席的话,照毛主席的指示办事,做毛主席的好学生。这是全店职工实现思想革命化和工作革命化的共同行动目标。右图:安徽南陵县店职工在学习毛主席的《实践论》。(芜湖日报鲍克摄)"

说明出自《雷锋日记》,只是将"好战士"改为"好学生"。此言那时已被全国人民所"遵行",在全国各个角落迅速升温。

1966年4月18日,汪友农在弋江区葛林公社桃园大队柯村生产队流动售书时,"看到每家都挂了主席语录牌,社员们一举一动都用毛主席的语录来严格要求自己,因此该队春耕生产出现了新的高潮"。他认为"这个办法很好,应大力推广",因此特地作了一首题为《我家挂起语录牌》的诗,寄给《芜湖日报》,前两段写道:

> 我家挂起语录牌,
> 好似红旗眼前摆,
> 指引爸爸干革命,
> 心里装着全世界。
> 生产队里当队长,
> 带领社员学大寨,
> 治山治水不怕苦,
> 风里去呀雨里来!
>
> 我家挂起语录牌,
> 好似朝阳进屋来,

照得妈妈眼更明，

门口望到千里外，

生产队里当保管，

红心永远把社爱，

谁动集体一根草，

如同割她肉两块。

《芜湖日报》5月27日发表此诗，改题为《好似朝阳进屋来》，可见编辑水平之高超。当时挂语录牌已成风尚，汪友农只是以诗歌的方式再现了这一场景。

6月1日，他写了《贫农最爱读"毛选"》，第一段为：

我们贫农社员，

最爱读"毛选"，

越读胸怀越宽，

越读目光越远；

脚踩家乡土地，

明白家乡连越南；

肩挑世界革命，

重担也在两肩。

此诗刊登于7月15日《芜湖日报》。

6月8日，他又写《刀山我敢上》，诗中写道：

为了保卫我们党中央，

为了保卫我们伟大领袖毛主席，

刀山我们敢上，

火海我们敢下！

此诗为"'文化大革命'学习文件后急就"。

1966年5月4日，汪友农被共青团南陵县直属机关委员会评为"五好青年"。所谓"五好"是指：政治思想好、集体劳动好、刻苦学习好、团结互助好、勤俭节约好。10月25日，他写了《决心为革命爬一辈子山》一诗：

> 我是山区售书员，
> 最爱挑那大书担，
> 问我为啥爱书担？
> 书担里全部装"毛选"。

> 我是流动售书员，
> 最爱爬那大高山，
> 问我为啥爱爬山？
> 山里人渴望学"毛选"。

> 我是流动售书员，
> 发行"毛选"学"毛选"，
> 立下愚公移山志，
> 决心为革命爬一辈子高山。

他在题记中写道："团南陵县直单位把我评为'五好青年'，当我接到'喜报'，感到万分惭愧，因我平时的确没有取得成绩，这里向党表示决心！"

今天回过头来看，汪友农作为"革命青年"，不可能"兼济天下"，也不可能"独善其身"，但他没有放弃自己钟爱的中国传统绘画。

1966年秋天，汪友农创作了花鸟中国画《拟徐崇嗣笔法》，题款"岁在丙午秋日南陵汪友农写"。时隔半个世纪，此画被收入《中国近现代名家画集——汪友农》中，且置于图版之首。这是笔者所见汪友农最早的一幅花鸟画，画面上岩石下有几丛茁壮的春兰，岩石缝隙伸出一株挺拔的老梅迎风怒放，一只孔雀独立虬枝，顾影自怜。徐崇嗣为徐熙之孙，北宋画家，擅画草虫、禽鱼、蔬果、花木及蚕茧等，创造没骨画法，不用墨笔，直以彩色图之。此法原为南朝梁张僧繇所创，唐朝杨昇用以画山水，徐崇嗣则用以画花卉，是没骨花卉创始者。此法经清代恽寿平和任伯年后更趋成熟。此画表明汪友农对传统的回顾和探寻从未停止过。

1966年，汪友农还创作了一幅中国画《护林》。从题材可见，是一幅时代气息较浓的作品，曾得到芜湖画院第一任院长刘文田的高度赞赏。1967年，汪友农创作了《读书垂钓图》等中国画，他仍在新与旧、传统与当下之间探索着。

十六、到农村接受"再教育"

1967年元旦，汪友农买了新笔记本作为自己的新年礼物，他工工整整地抄录中学时代的20篇作文，又抄录吕绍震、黄立钧、陈敬然老师的评语及所打分数。

其另一册笔记本则抄录大量名人名言，甚至整篇抄录名家的诗作或散文，这是他锤炼语言的方式。他有时掩不住跃跃欲试的创作冲动，比如在刘三姐（电影作品中的人物）"路不行草多，胸不挺背驼"一句后，写一句"快刀切不开水，长枪打不通天"，署"汪友农"。

时隔半个世纪，汪友农在《一生痴迷诗与画》一文中说："生产队长分配我一把七斤大锄，我每天忍着胃痛上山挖地种丹皮。爱人对我不离不弃，走了七十多里地来探望我。在我们劳动不远处有一棵夫妻树，每次路过都触景生悲。想起有孕在身的爱人挺着大肚子为我上调托朋友找同学，四处奔波，她在风雪中蹒跚的背影至今还印在我脑海中……在我们结婚50周年之际，我凭记忆将此夫妻树画下来并写了一首诗，以示纪念。"

这幅《夫妻树》作于2013年，是他晚年为老伴所作的山水画，画中相依的两棵翠松下相偎着一对恋人。此画曾在深圳关山月美术馆、合肥亚明艺术馆和北京中国美术馆展出。那首诗，他在长篇题跋中曾提及："1969年，我下放南陵何湾公社横山岭生产队，曾被邻社丫山丫末角生产队邀请绘制《毛主席去安源》油画像，休息时为该队队长躺在病床上的母亲画了一张像，队里赠我一套四卷《毛选》，另发贰拾元钱，让我回队记工分。队长还领我参观西山石林，当年景区还未开发，没有路，队长带刀、绳和拐杖，领我沿途爬壁攀崖，披荆斩棘……近半个世纪了，一切如昨天。今特绘此图，并赋诗一首：人观牡丹想洛阳，今绘此画颂老伴。丫山丹皮西山石，双喜引吾回故乡。"

所谓丹皮就是草本牡丹根皮。南陵丫山地处丘陵，土地肥沃，土壤砂质，气候寒润，且有机质含量高，适宜牡丹花生长，素被称"牡丹之乡"。每年清明前后，漫山遍野的牡丹竞相怒放，争奇斗艳，引得蜂飞蝶绕，游人如织。丫山的西山、龙山、铁山更是牡丹花的海洋。草本牡丹属毛茛科多年生落叶灌木，茎高0.8米左右。其根皮经过加工即为丹皮，是一种名贵的中药材，与白芍、菊花、茯苓并称"安徽四大名药"。南陵丫山大面积种植的草本牡丹，观赏价值与经济价值并重。

汪友农接着写道："下放期间白天上山种丹皮，夜里偷读唐诗宋词。我曾去何湾顺冲寻找当年李白和其女儿居住的地方，并写诗一首：日月轮回几座峰，何湾顺冲来寻踪；惊喜李白吟诗处，毅然矗立五棵松。"

相传李白第一次来南陵是在天宝元年（742），将一儿一女安顿在何湾寨山。不久应唐玄宗征召，于是写下千古名篇《南陵别儿童入京》：

> 白酒新熟山中归，黄鸡啄黍秋正肥。
>
> 呼童烹鸡酌白酒，儿女嬉笑牵人衣。
>
> 高歌取醉欲自慰，起舞落日争光辉。
>
> 游说万乘苦不早，著鞭跨马涉远道。
>
> 会稽愚妇轻买臣，余亦辞家西入秦。
>
> 仰天大笑出门去，我辈岂是蓬蒿人。

《南陵县志》于诗题下注："开元丙寅寨山中，有宣州刺史骆知祥刻石山中。"

朱买臣之妻前倨而后恭，据说李白续娶的刘氏亦对其轻慢嘲讽。汪友农寻访李白遗迹，当然对他这段经历和心路历程有所了解。令他欣慰的是，妻子韩振清对自己不离不弃，敬爱有加，在李白吟诗处，可以想见他心中激情荡漾。

汪友农能诗会画，是南陵县不可多得的人才。二十多年前，他在南陵县第一届美术展览上以一幅国画、一幅水彩画夺得桂冠，此时他的才能更为各个机关单位所倚重，因此下放农村"接受再教育"的时间并不长。

早在1949年10月7日、9日，中共中央即发出《关于悬挂领袖像的规定》及补充规定：在党的机关可以挂马克思、恩格斯、列宁、斯大林和毛泽东像，在政府机关、群众团体及会场可以挂孙中山和毛泽东像，在中苏友好协会会堂可以挂毛泽东、孙中山、列宁、斯大林像，在解放军机关和会场可以挂毛泽东和朱德像。规定同时强调：在一切公共场所悬挂的领袖像及悬挂的方式，均应经过检查，不得粗制滥造，并不得不合格式地随便悬挂。

1970年6月22日，南陵县革命委员会四反办公室致函葛林公社及柏林大队革委会："你社队汪友农同志为我处筹办'一打三反战果展览'已达一月之久，该同志工作认真负责，干劲大，热情高。特此鉴定。"韩振清说，汪友农当初下放何湾，后来改为原籍麻桥，麻桥无事可做，又转往柏林大队任代课教师。

1970年7月28日，南陵县革命委员会下乡上山办公室致函麻桥公社革命委员会："你社下乡青年汪友农自6月25日至7月15日参加第二次下乡上山'积代会'筹备工作，工资按每天壹元已付，特此证明。"

此项工作无非也是绘画像、写标语之类，他接受"下乡上山"任务距上次"一打三反"只有三天，可见受重视的程度。2016年，笔者为写汪友农传记赴南陵采访，驱车经过中山公园时，汪友农的侄孙汪开治说："三爷爷当年在这里也画过领袖画像。"

十七、拜黄叶村为师

1968年，汪友农去芜湖出差，在二街一家裱画店再次见到黄叶村的画，包括《月竹图》和几幅青绿山水，按捺不住求师若渴的心情，再次登门拜访，直言欲拜黄叶村为师。黄叶村谦逊地说："张贞一比我强。"但张贞一老师只画花鸟，汪友农想学山水画。黄叶村又推辞道："皖南大学的王石岑画得好，他是人民大会堂《迎客松》铁画的起稿者。"《迎客松》铁画完成于1959年，曾摆放在人民大会堂安徽厅前，曾受到周恩来总理高度赞誉。黄叶村津津乐道同行之好，却只字不说自己。

黄叶村最后说："在世界文明古国中，我们是民族文化从未中断的国度。金石书画艺术非常难学，如写意国画，点线极为深奥。点线的好坏，从某种意义上决定画的生命长短。点线基础不牢，意境无从谈起，我是'十年点，廿年线，卅年未见意境面'。如今很苦恼，我暂时不能再当人家老师了，开始当小学生，拜古人为师，学画由清上追元宋，书法学晋唐和北魏，金石学秦汉、石鼓和瓦当。"

汪友农与黄叶村第二次见面，拜师的愿望仍未实现。

1969年春天，汪友农专程去芜湖拜访黄叶村，带了一叠黄山写生稿请他指点。

未料，黄叶村看了画稿后说："重自然，重复自然不自然。"他听到这句批评，感觉茅塞顿开，眼前豁然开朗！随即说："您这一句话击中我的习作要害，该句可配成对联？"大家都在反对传统，黄叶村却在传统中拼命汲取养分，于是汪友农对道："少传统，少学传统是传统。"黄叶村听了笑起来。

黄叶村接着说："学中国写意画，字写不好不行，当然文学素养差也不行。现在有的小青年，文化课学不好，改行向我学画，我怎么能收他为学生？看来你文学功底还不错。"说完从枕头下面取出一幅《朱砂晴竹图》递给他，汪友农打开一看，高兴异常！这幅精心之作，上题跋，介绍画竹经验："写竹先要学习书法，它的竿叶皆是写字，但古今画竹者都喜用墨，只宋人苏东坡常以砂（朱）画竹。吾写竹最爱用墨，今偶用砂（朱）写竹还是第一次试作，希鉴赏者多题（提）缺点，以求改进之，竹痴练习。"

黄叶村以首幅朱砂试作竹画相赠，汪友农感觉意义不同一般，又请其补题落款："友农同志属正，叶村再款。"并出资托其顺便在芜湖工艺厂装裱。

那一次芜湖之行，汪友农心中特别舒畅，虽然没有仪式，但他感觉已入黄叶村门墙。

正是那一年，黄叶村独子黄道强因痔疮开刀感染，他花掉自己全部500元退职金，仍未能挽救孩子的生命。汪友农前去探望，他对着儿子遗像喃喃自语："这个讨债鬼，为什么不让我去呢？"白发人送黑发人，那种悲伤实在让人难以接受，汪友农看不过去，就将他接到自己麻桥乡下的家中小住。

韩振清因此第一次见到黄叶村，她在回忆文章中说："时隔不久，友农邀请黄叶村老师来我家做客，那是我第一次见到黄老。记得他画了一幅山水画，还题了款。黄老和蔼可亲而性格又非常刚毅，开口说话总是带着笑容，在家里吃饭时总是喊这个喊那个，说：'吃菜呀！'还喜欢逗乐子，不时哈哈大笑。那时他的生活已十分困苦，用友农的话说，'实际上沦为乞丐，在皖南各地流浪'，但从他脸上看不到愁容，没有什么困苦能击倒他，即使遭到冷落白眼也视若不见。我想，正是因为他寄情于书画之中而心无旁骛。"

汪友农在《黄叶村艺术生平简介》中写道："碰巧家父也被造反派扣上'反革命'的帽子，遣送来这里。乡亲们待家父特好，城市的'革命'硝烟在这里一点也闻不到。黄先生赞这里是世外桃源，写生了很多铅笔、水彩和油画画稿。"

2016年秋，笔者前往麻桥乡桥头张村采访。只见绿树掩映，荷塘清幽，百年老屋汪家大宅虽已显破败，但可以想见近半个世纪前气派傲人。

黄叶村在桥头张留下许多画稿，其中有一幅山水画《黄山梦笔生花》，题记："黄山梦笔生花，此景乃安徽名胜，余三十年前曾游此境，今偶来南陵，回忆写为友农小弟留念。姑溪黄叶村并识，六九年十月。"另一幅《万松林》题记："时一九六九年十二月冬至前五日，友农小弟纪念。叶村于南陵写万松林。"前者收入《梦笔生花——黄叶村研究文集》，后者收入《中国近现代名家画集——黄叶村》。

黄叶村作《黄山梦笔生花》时，汪寄清尚未回乡，作《万松林》时，汪寄清刚回乡不久。汪友农回忆："我的老师——画家黄叶村去乡下看望他，他俩一见如故，成了知交。家父对我说：'你老师书画水平非等闲之辈，以我个人看他不仅在安徽，全国也不多见，你要好好向他学习。'他还常感叹：'如今千里马有，但伯乐少啊！'"汪寄清与黄叶村同年出生，同样命运坎坷，汪寄清不善绘事，但喜好作诗，因此两人一见如故，遂成知交。

汪友农后来在《高处不胜寒》一文中感慨："老师人穷志不短，尤其是在逆境中求生存的顽强意志让我永难忘怀，至今仍不断地激励着我！""他一有空就练字、作画、制印，几方石章刻了磨，磨了又刻。我知道他这么做不是为了追逐什么名利，只是想借此来排遣多年压抑在心中的苦闷罢了。他家门上的对联'一间破草屋，两个无用人'，应该是他内心情感的真实注脚了。"

汪友农父子给黄叶村精神上很大慰藉，在物质上也给予很多帮助。汪友农说："老师喜欢制印，我把自己的印石全部送给了他。那时我经济条件也不好，平时是用磨光的灰砖练字，画画就用3分、 5分钱一张的毛边纸或皮纸，有时把一角钱一张的图画纸刷上白粉代替宣纸作画，而把仅有的宣纸节省下来送给老师。记得有一次，我送几支新毛笔给他，他说他习惯用旧笔作画，等用旧了成秃头再给他。"

汪友农平时省吃俭用，买来纸笔和印石舍不得用，拿来送给老师，足可见其内心之虔诚。关于宣纸还有一个传奇故事，韩振清说："一位亲戚在公路边上捡到一大捆宣纸，可能是从拉货的卡车上跌落，因为知道汪友农画画，就将纸扛来，汪友农按稍低的宣纸市价买下，自己舍不得用，大部分送给了黄叶村。"

汪友农和黄叶村的交往不断增多，两人谊兼师友，情同父子，结下不解之缘。

第三章　担任教职　走南闯北

十八、任教南陵师范学校

1970年底，南陵县革委会分管人事的领导给汪友农特批了上调指标，拟分配到铁路部门从事宣传工作。皖赣铁路正在筹建，铁路部门在地方招工，汪友农后来回忆说："1970年招工时，我被分配在铁路上，当时许多青年都羡慕我的工种，工资高。还有县粮食局、铁厂等单位领导也出面找县招办点名要我。"但他又说："我自幼爱好美术，上初中就立志当一名美术教员。"因此当南陵师范需要老师时，他毅然选择了南陵师范。

正值南陵师范恢复招生，芜湖地区军代表要来校视察，原来一位美术人员画了一幅《毛主席在北戴河》的巨幅像，五官画歪了。于是学校紧急找到汪友农帮助修改，他连夜赶工，顺利完成巨幅画像。

南陵师范校领导知道汪友农准备调至铁路部门，恳请招工办将他留在南师，也有一层感恩的含义。在此之前，南陵师范招收一批高中生进行培训，汪友农也曾报名，但政审时和另一位同学因出身不好而被拒之门外。现在时来运转，他成为一名光荣的人民教师，事后回忆仍然感到庆幸："若要当教师，每月只有22元，我毅然同人对调，当上了教师，实现了多年的愿望。"

汪友农选择当教师，还受到黄叶村的影响："黄老的作品上常印上'老园丁'这枚章。他一生热爱教育，在招工时，有铁路、工厂指标，他却动员我当教师。"

到南陵师范任教后，汪友农仍然承担着大量绘制领袖画像的任务。1971年8月16日，南陵县人民武装部致函南陵师范革命委员会，对汪友农到武装部绘制画像表示感谢："正值纪念八一建军节之际，你校出于对子弟兵的关怀和爱戴，派出了汪友农老师帮我部绘画毛主席巨幅画像，书写毛主席语录，对此，我们表示感谢！汪老师敬绘画像，起早贪黑，不怕烈日酷暑，汗水浃背，忘我工作，把热爱毛主席的心情倾注于绘画中，短短几日，给我们留下了深刻的印象。再次表示向你们学习！"

南陵师范创始于1952年6月，原名泾南繁初级师范，校址在县城东门刘家祠堂，顾名思义，是为泾县、南陵、繁昌三县而设。1956年改名南陵初级师范，1957年迁至十字街南，1958年更名南陵师范学校。同时在刘家祠堂原址复办南陵初级中学。

笔者于2016年秋前往南陵采访，在十字街，南陵师范原校址所见已是籍山中心小学校园。20世纪初，高校扩大招生，农村城镇化进程加快，国内中等师范学校纷纷停办或合并，有着近50年历史的南陵师范学校也位于此列。汪开治告诉笔者，南陵师范学校停办后，于2012年经过改造，变为籍山中心小学校园，面貌焕然一新，依旧书声琅琅。汪开治说，原先南陵师范校园面积大于如今的籍山中心小学，现在校园外面的一排平房，汪友农初入师范任教时曾经居住于此；现在大门左侧操场旁边的教工宿舍楼，当年新建成时，汪友农一家是最早的入住者。

籍山中心小学与南陵师范学校曾有渊源。此地旧时是南陵夫子庙所在地，晚清南陵蚕桑职业学校曾设于此。1922年，王惠贞女士创办国民女子小学，是南陵最早的正规女子学校。1925年，在校学生达

300余人，在芜湖、宣城一带影响很大，地方政府颇为重视，更名为"女子高小"，校址也迁往原蚕桑学校。1933年，女子高小改办男女兼收，更名为籍山小学。1922年和1936年，分别创办南陵师范讲习所，籍山小学也附设短期师资培训班，培训农村小学教师100余人。1937年抗日战争全面爆发，籍山小学被迫停办。

南陵师范于"文革"开始后停办，1970年复办。汪友农属于复办后的第一批老师，所教的美术课与其他课程一样，首先面临着教材奇缺的情况："我校图书室自1970年重新开办后，教材资料一无所有，1981年前主要靠我们自己搜集。我们将平时搜集起来的资料，认真筛选，做到博中求精，精中求新。"

1975年冬天，刚刚毕业的小项从宣城敬亭中学来信，还谈到汪友农等人选编教材的事："你们着手创办的美术教材之料，是否有眉目？念念，并盼望心切，望你们早日成功。"他还写道："短暂的两年南师生活结束，但学校的一切都给我留下了深刻的印象，特别是您，在我的记忆中，可称是印象最深的一位良师益友。"王柏槐是南陵师范复办后的第一届学生，他接受笔者采访时回忆在南陵师范学习的情况，称受汪友农老师影响喜欢上美术，绘画成为他一生的喜爱，他毕业后长期与汪友农保持联系。

汪友农在《南师教学总结》中也说："学生不学习，我不忍让他们白白地浪费时间，引导大家画画。当时全校掀起画画热，一班、五班画风最盛，晚自习时把桌子围起来，都在画画。那年县文化馆举办全县美展，我校作品占一大半。"

汪友农选编教材，求精的指导思想是"大胆删减，不搞陈式，注意实效"。如一年级制速成班，他侧重实用美术，也安排几节中国画画法课，几节课内容只要求学生仿好一张花卉。

这张画由一枝梅、一丛竹和一块石组成，画时略讲一点国画知识，主要提示梅的出枝和竹叶穿插切忌的几点。他认为，速成班学生年龄较大，社会经验丰富，理解能力强，独立仿成一张完整的画挂在墙上，便会产生学理论的强烈欲望，那时不要老师讲，也会自觉地钻研起来。如果单纯搞知识输入，离开学校知识将全部还给老师。而学生如能真正画好这张画，就能触类旁通，画一懂十，不仅花卉能画，简单的山水也能画。山水画主要是由山和树组成，一块石阴阳相背能画好，多块石垒在一起，不就成大山了吗？山水画中树最见功力，梅枝能画好，树枝当然不在话下。人说画花难画叶，竹叶重叠处理最易看出毛病，如能画得疏密相间，错落有致，牡丹、月季等花都将迎刃而解。

其求新的做法是"熟悉对象，根据需要灵活多变"。1980年他给幼师班上课，按教学计划是讲剪纸课。头天晚自习，他去班上了解情况，那时长春电影制片厂拍摄的《丹凤朝阳》刚刚上映，剧中有一幅临摹国画的苏州刺绣《丹凤朝阳》。同学们纷纷围上来问那幅刺绣的情况，从言谈中，他发现女生们都非常羡慕。第二天上课时，他把原定的剪蝴蝶花改为剪"丹凤朝阳"。这一内容难度大，但学生感兴趣，大家都乐意去剪。

还有一次，他教学生画人物头像，开始按书本内容备课，把人物头像特征用"国、田、由、甲、目"等字表示，并仿画几个头像，让学生跟着仿，可是学生普遍反映不会画。下一堂讲人像外形特征，他把内容换成著名电影演员李仁堂、韩非、陈强、程之等的一笔漫画肖像，他一口气在黑板上画了他们的肖像，课堂爆发出热烈的掌声。由于学生好奇，课堂思维十分活跃，没有人再说画不好。大家不仅上课画，下课后，许多人还主动跑到黑板上来画。

1983年暑假，在总结南陵师范教学工作时，汪友农用"倾心、精心、醉心、潜心"四个词表明自己对教育事业的赤心。他写道："我立志任美术教师，十几年曾三次谢绝调动改行，很多同事为我惋惜。1980年工调时学校根据我的工作表现和生活状况，一致通过三榜定案给我加一级工资。后来地局个别领导劝我谦让，理由是我属连升三级，并多次下指示，要求学校领导做广大教师工作。工作未做通，后来硬性把我换掉了。事后我不仅未闹情绪，反而全身心地投入教学工作中去，整天泡在学生中间，直至病倒在讲台上，后来做了阑尾穿孔开刀大手术。"

汪友农很少写日记，但1983年10月8日写了一则"教师日记"："秋雾濛濛（蒙蒙）。这一周上课效果不佳，学生兴趣不浓。每一堂下来我有一种内疚、不安之感！今天三（3）班最后一堂课，我没有按课上了。我根据第七课'写生与变化'的内容，指出重点，讲解了难点，带领同学欣赏课本后面彩图26，并用其中第二幅——青瓷莲花托碗为例，讲解古人构思创作过程。我在黑板上画了一幅荷塘花鸟画，有意画出了荷花上有叶、莲蓬，然后按课本上要求变化（简化、浓缩、夸张），组合安排成一莲花托碗。学生看后不仅啧啧称赞，而且争先恐后地跟着我学画，课后学生作业普遍水平大大提高。"

1984—1985年度教学工作中，汪友农成绩优异，被南陵师范学校评为优秀教师。1985年暑假，韩振清在写给汪友农父母的信中，还特别提到"他被评为优秀教师"，"人也过胖了"。

十九、创作《重任在肩》

他在《一生痴迷诗与画》一文中说："闯荡多年，积累了丰富的生活阅历和人生体验，在工作稳定之后，我的创作翻开了一个全新的篇章。其中代表作首推1972年创作的中国画《重任在肩》。这幅作品力避当时简单直白的说教形式，用与众不同的表现方法寻找诗情画意。在那样的年代，极少有人运用清丽、抒情的形象来表现口号式的主题。我以扁担和垫肩为道具，描绘一幅母亲送儿下乡，把牵挂缝在一针一线里的场景。"

《重任在肩》画面中有两个人物：主人公是一位青年，左手紧握一条扁担，提笔写下"立志务农"四个字，笔还握在右手；母亲坐在床边凳子上，以赞许的目光注视刚刚写完字的儿子，一手拿着针线，怀中摆着正在缝制的垫肩，表达了无限的母爱。屋内陈设简陋，母亲身边单人床上摆放着打好的背包、书包和一摞书籍。临窗一张书桌，窗外红梅怒放。墙上有一幅金训华搏击洪水的招贴画："毛主席的红卫兵——向革命青年的榜样金训华同志学习"。金训华是上海下放到黑龙江农村的知识青年，1969年8月因在洪水中抢救物资牺牲，是那个年代的标志性人物。

韩振清向笔者介绍，汪友农创作《重任在肩》十分艰辛，笔墨运用之外，他更为场景和细节的构造苦思冥想，通宵达旦。他用自己的被子捆扎成背包，而母亲的原型是他的岳母程桂兰。韩振清说，他在何湾横山岭村有很多熟人，本来想到农村去找一位老大娘做模特。但仔细一想不对，下乡务农的青年应该是城里人，于是就请岳母给自己当模特。韩振清说，如此艰辛的艺术创作无法言表，她只能从背后给他以支持，做力所能及的服务工作。

此画也受到黄叶村的支持与鼓励。汪友农任教南陵师范以后常请黄叶村前来讲课，黄叶村来南陵就住在他家，《重任在肩》窗口后面那一怒放的梅花，正是黄叶村补画的。汪友农在《高处不胜寒》一文中说："1971年我创作的国画人物《重任在肩》后由安徽人民出版社印成年画发行，初稿画面背景中的梅花就是老师补画的。"

他在《一生痴迷诗与画》中说此画作于1972年，而在《高处不胜寒》中说作于1971年。此画应是作于1971年，定稿于1972年。

《重任在肩》刊载于1972年5月19日《安徽日报》，并参加当年省美展，作为年画又于当年10月由安徽人民出版社出版，在全国范围内发行（定价0.11元）。收入安徽人民出版社1972年《图书目录》、1972年《全国总书目》、1973年第2期《全国新书目》。

《重任在肩》又名《立志务农》，1973年8月6日，《人民日报》刊发新华社电讯《南陵县群众业余文艺创作取得可喜成绩》，称该县"各级党组织以批修整风为纲，发动工农群众积极开展业余文艺创作活动"，仅1972年以来，共创作各类文艺作品2600多件，"安徽省人民出版社还单独出版了这个县业余作者写的短篇小说集《青弋江畔》、国画《立志务农》"。

1973年10月，芜湖地区革命委员会文化教育局主办美术展览会，招贴海报上即印着这幅《重任在肩》。

汪友农当年苦心孤诣创作此画以求艺术突破，力图创新，不与别人雷同，而"力避当时简单直白的说教形式，用与众不同的表现方法寻找诗情画意"。他在另一篇文章中曾说："'文革'美术普遍存在'红、光、亮'，主题先行、概念化、公式化的问题，在这样的时代大潮中，我苦心寻觅美的浪花。"薛永年后来评论："汪友农绘画创作，早期以人物画为主，关注现实生活，努力反映时代，先后创作的中国画有《重任在肩》（又名《立志务农》）、《护林》、《稻是队里的》和《迎春》。画法风格是水墨写实的路子，写实造型，水墨味道，善于挖掘人物的内心感情，充满浓郁的生活情趣。"这是对《重任在肩》的中肯评价。

《重任在肩》影响深远，遍及全国。1976年8月，汪友农往北京农展馆布置安徽省"农业学大寨"展览前，他的同事金学明致函中央美术学院刘勃舒说："我在信中向你介绍的汪友农同志，就是《重任在肩》的作者。"著名词人丁宁看了此画很高兴，请汪友农为自己的诗词配山水画，并即兴朗诵自己词作《望江南·多少忆》。著名画家、南京师范学院（今南京师范大学）教授杨建侯①看了此画，也称赞其"构思精绝，实不多见"。

《重任在肩》发表后，省出版局非常重视，除决定将此画出版成年画外，还派政工科长黄静等两人来南陵协商，想调他去省出版局工作。汪友农真心喜欢教师职业，思虑再三后还是婉拒了。他在《南师教学总结》中说："当时我思想曾有波动，因为调出搞专职美术，对专业有利，然而权衡之下，当了多年教师，在摸索教学规律方面尝到了甜头，不忍离去。"

二十、农村体育运动会剪影

汪友农在《一生痴迷诗与画》一文中说："1973年，全国农村体育运动会在南陵奎湖公社召开，我被抽调从事大会宣传工作。被鱼米之乡的景色所感动，夜间写了一组《体育花开鱼米乡》组诗。"

奎湖公社地处南陵县北部，南距县城约30公里，而北距芜湖市区仅17公里，境内奎潭湖碧波万顷，是芜湖地区最大的淡水湖泊。根据新华社当年的报道，奎湖是南陵县、安徽省，乃至全国农村体育运动的一面旗帜。

1966年，南陵县的农村体育与民兵训练相结合，主要进行队列操练、跑步、投弹、武装泅渡等活动。1970年后，南陵县奎湖公社掀起群众性体育热潮。皖南大学体育系一位毕业生到奎湖公社初级中学

---

① 杨建侯（1910—1993），号荷叶村人，江苏无锡人。1927年入无锡美术专科学校，1930年进南京国立中央大学教育学院艺术系，为徐悲鸿入室弟子。先后任教于广西省立艺术专科学校、金陵大学、南京大学、南京师范大学等校。1950年创作工笔重彩国画《群雁来归》，1954年创作油画《家庭访问》，1957年创作油画《南京解放》，另有油画作品《铁工》《太平天国云梯战》，国画《春满人间》等。

支教，和几位下放知识青年带动部分青年农民自发修建篮球场，农闲时玩球自娱。随后呈燎原之势，篮球运动在此渐渐盛行。奎湖公社党委高度重视，从外地请来专业人员辅导，建立公社、大队、生产队体育领导组，积极发展其他项目，以下放知识青年、中学体育教师为骨干，培训篮球、乒乓球裁判50多名和体育骨干数百名，因地制宜、因陋就简地广泛地开展农民体育活动。

县领导通过考察奎湖农民体育发展形势，研究制定了新措施：一是加强学校体育建设，中小学坚持"两课（两节体育课）两操（早操与课间操）一锻炼（每日1小时课外体育活动）"制度，并创办业余体校，培养后备力量，提高运动水平。1975年国家体委经测试发现，该地区学生体能优于同等地区学生（为省体校输送3名学生）。二是培养民兵中的体育骨干，发挥模范作用。民兵体质与思想兼优，是活动的组织者和场上核心力量，影响带动了一片。三是丰富活动项目，篮球运动得到普及，群众有顺口溜："在村头，会前会后甩几球，早早晚晚练几球，逢年过节赛赛球，男女老幼都看球。"此外尚有武术、拔河、举重、抵棍、游泳、负重竞走等30多个项目。四是增修场地，改善设施。到1976年，全公社共有篮球场88个、乒乓球桌88张、沙坑40多个。他们还对参赛者与获得名次者进行补助，精神鼓励与物质奖励并举。

1972年11月11日，全国农村体育工作座谈会在芜湖召开，随后，29个省、市、自治区代表到奎湖现场参观；1973年11月，奎湖公社农民篮球队参加省农民篮球比赛获第一名；1975年9月，奎湖公社被授予全国"群众体育先进基层单位"光荣称号，《人民日报》《中国体育报》《光明日报》《安徽日报》作了大量报道。

汪友农为宣传奎湖地区的农村体育运动也作出了一份贡献。

他被抽调为全国农村体育运动会做宣传工作，通过深入观察，同时被鱼米之乡的景色所感动，写作《体育花开鱼米乡》组诗，副

题为"1973年全国农村体育运动会剪影"，其中最为得意之作是
《拔河》：

> 拉网的手腕硬，
> 背纤的脚跟稳，
> 裁判哨令像螺号，
> 霎时，绳子拉成棍。
> 这边喊"加油！加油！"
> 那边叫"拽紧！拽紧！"
> 如风推巨浪，
> 似浪摇船身。
> 姑娘一旁捏紧网梭，
> 大爷暗地攥住鱼叉柄。
> 一根标志红线上，
> 悬着所有社员的心。
> 友谊——激情，
> 毅力——决心，
> 全交织在绳上，
> 拧成一股劲。
> 拔啊，拔啊！
> 是捕鱼拉着满网银；
> 拔啊，拔啊！
> 是背纤拖着满船金……

　　时过40多年，笔者2016年秋天前往南陵采访，汪友农的学生兼
同事郑希平依然能完整地背出这首诗。郑希平说，"霎时，绳子拉
成棍"这句诗形象生动，给他留下了深刻的印象。

此诗原载1973年4月1日《安徽日报》，后收入《江山多娇——安徽诗歌选》（安徽人民出版社1973年版，副题"南陵县奎湖公社农民体育活动速写之二"）。《体育花开鱼米乡》组诗还有另外两首，《练球》和《新式"跑道"》，也是汪友农所作。

《练球》：

晨雾笼住柳，
球场人声稠。
嘭！嘭！嘭！
引来大娘到村口。
"我当是小伙子，
原来是群毛丫头。"
"丫头又怎的？
哪样落过后！"
小辫子一甩晨雾退，
打过小球绣地球，
不信，请看——
柳枝上挂着一排银锄头。

《新式"跑道"》：

跑道——渠埂，
既宽又平；
两旁庄稼镶金边，
中间车辙刻花纹。
渠水如骏马，

骏马似人群，

洪流不断

万马奔腾！

稻香浸肺腑，

露珠湿衣襟。

新式"跑道"无终点哟，

脚步永不停！

因为这一组诗，特别是《拔河》，汪友农又与丁宁有了一段令人难忘的交往。

汪友农某次乘到合肥出差之机前往拜访丁宁，正遇上她卧病在床。丁宁拿出自己年轻时在学校读书时的团体照，让汪友农辨认哪个是她。汪友农找出其中一个胖女孩，但不敢认定。丁宁爽快地说："那个胖子就是我，当年我与同学一起比赛拔河，我站哪一边，哪一边就会赢。"

汪友农想起自己的诗，忘记了父亲的叮嘱，脱口而出："最近全国农村体育运动会在我们南陵县奎湖公社召开，我被抽去搞大会宣传，那盛产鱼米的水乡景色，激发了我的创作欲，空闲时曾写了一首《拔河》小诗。"听说汪友农又有新作，丁宁忙说："你念给我听听。"汪友农念过诗后，丁宁靠在床头闭目沉思。过了好一会儿，睁开眼，用浓重的扬州口音叹息道："老三，你很聪明！我看过你发表和出版的一些画，与画相比较，我更爱你写的诗。"

二十一、授鱼不如授渔

汪友农的学生骆先恩记得老师经常说："师长长思，授鱼授渔。"笔者理解，此话应是：师长应该长思，授鱼不如授渔，意为老师应该经常思考，教给学生知识不如教给他们获取知识的路径。汪友农喜欢以同音字联字叠句或作回文自娱，骆先恩回忆，他常说社会太复杂，曾自作回文句："青叶竹藏竹叶青"，并打算画出来警示世人。

授鱼不如授渔，这是汪友农教学思想的一个闪光点。

郑希平1975年进南陵师范学习，是汪友农的学生，1977年毕业留校在体艺组任体育老师，又与汪友农同事10年并成为好友。他接受笔者采访，回忆第一次听汪友农上课的情景。那是一堂美术示范导引课，欣赏作品，激发学生对美术的兴趣，从而热爱美术学习绘画。汪友农拿出自己的很多作品，包括作为年画出版的《重任在肩》。郑希平下放农村5年，作为"工农兵"中专生进入南陵师范学习，他感到吃惊——自己的老师竟是大画家。介绍完自己的作品，汪友农说："其实画画很简单，只要会拉线条就行。"接着又拿出一幅画，说："这幅画的作者就是前几年的学生，他本来是一个木匠，到了师范以后才开始学画。他的画到英国参展过，他的线条一拉就拉到英国去了。"全班同学更加吃惊，汪友农又问："你们想见这个人吗？此人远在天边近在眼前。"同学自然想见。汪友农对后排一个人说："刘老师，请站起来。"刘老师站起来鞠了一个躬，汪友农介绍："刘昌仕两年前入校读书，现在已经留校当老师了。"教室里响起热烈的掌声。这一堂课后，同学们心里都痒酥酥的，个个都想学画。郑希平后来虽然没有走上绘画道路，但对这一堂课终生难忘，向笔者描述当时情景，感觉身临其境。

郑希平说，汪友农讲课润物无声，生动形象，自然而然地让学生对美术产生兴趣。1977年留校后，体艺组同事教学交流，他又听过汪友农的一堂课，讲美术字造型。汪友农说："美术字要讲究重心问题，你们都是从农村出来的，有没有割过稻子？"学生们回答："割过。"汪友农又问："那你们会不会扎稻草把？"有些同学回答："会扎。"他在黑板上画了一个稻草把，说："扎得好的稻草把扔出去就能站起来，因为重心稳；扎得不好就站不稳，因为重心不稳。"又在黑板上两笔一勾，稻草把变成了美术字的"人"。复杂的美术字体重心问题，他用大家都熟悉的事物讲活了，同学们兴趣盎然，郑希平对他更加佩服，两人从此成了无话不谈的朋友。郑希平说，复杂的问题在他口中就变简单了，呆板的东西到他手里就变鲜活了，他精彩的教学吸引一批又一批学生潜心学画。他在课堂上说过，美术在生活中的应用无处不在，比如一个漂亮的女孩，可惜颈子稍短，如果穿圆领衫就显得更短，那怎么办呢？他在黑板上画了一个女孩，把圆领衫改成鸡心领，视觉效果有了很大改变，女孩显得更加漂亮。他再次赢得满堂掌声。

骆先恩说："学生都爱听汪老师的课，殊不知汪老师课前做了大量准备工作，查阅了大量资料。"有一次，骆先恩有幸看到汪友农的备课笔记，全用毛笔小楷书写，图文并茂。他觉得，翻看老师备课笔记如同翻阅一本精美图书，真是一种美的享受。

汪友农在《南师教学总结》中说："尤其在备课方面我花了大量时间，我备课十分注意教学效果，因此在教的过程中，不断修改、充实、完善自己的备课笔记。如：我备美术字教学课，开始把搜集的各种美术字写法，汇总罗列成一、二、三、四几条要点，进行讲解，发现学生记不住，经几推教案，后来把美术字写法编成三字经口诀，这样顺口、押韵，讲解时学生很容易接受。"

他认为，备课是纸上操作，没有好的教法，往往事倍功半。为此他不断努力摸索教学规律，总结教学方法，千方百计让学生热爱美术。学生进校前大都未学过美术，他将平时在报刊上看到的有关阐述美术重要性的文章收集起来，及时穿插用到教学中去。

他非常注意讲课与绘画时间的分配比率，讲课一般不超过十分钟，尽量挤出时间让学生自己画画，做到精讲多练。他原先上课，板画要20分钟，后来带学生到小学实习，学生板画时间更长，小学生在下面要等大半堂课。因此深感缩短板画时间的重要性，回校后苦练板画速度。平时多半在桌上画，板画是竖起来画，而且用粉笔、铅笔比用彩墨、水粉的难度大，他知难而上，经过一段时间努力，做到堂上板画一般不超过五分钟，有时一两分钟就完成，这样一节课给每个学生节约十多分钟。他算了一笔账，五六十名学生加起来就是几个小时。

他注意讲话要通俗明了，生动有趣，紧紧扣住人心。他教写美术字时，不仅把要领变成顺口溜，还把选写的字用拟人手法进行教学，这样吸引学生注意力，还能加深印象。教人物头像，当讲到如何注意整体，抓住人物特征时，他穿插了一些知名人物的一笔漫画头像，学生认出画的对象十分高兴。有人说一辈子也忘不掉汪老师讲的课，毕业的学生来信说，虽然多年未见，但老师讲课的情景却历历在目。为了扩大知识面，增强趣味，讲人体写生课，他穿插鲁迅谈衣着美的内容；讲色彩时，又附加介绍"颜色奇异功能"。

1978年，他举办过一次公开教学。一位老师评讲说："以前听说汪老师图画课讲得不错，未料今天就教学生写几个字也那样生动有趣，课堂效果那么好，真不简单！"

为使学生消除畏难情绪，他在板画时尽量设法简化复杂的图案。如，给学生画二方连续纹样时，有意不让大家看复杂图案，先问同学们会不会画直线，他说："只要能画直线，就能担保会画许多纹样。"接着板画各种直线组成的图案，如，一根粗直线加一根细直线就是一种纹样，把上面直线再用黑板擦按一定距离分割成段，又变成新的图案。并说："还可以把根根相等的直线竖放、斜放、交叉放，只要放得有规律就很美。"然后再问大家会不会画圈，不会画，可用圆规、墨水瓶盖和笔套辅助，同样能画很多纹样。接着，分别用单圈、双圈、三个圈组成图案，还有用五个圈组成梅花等。最后用曲线表演波纹，再将波纹变幻成藤花，这样循序渐进，不断变新，学生乐于接受，课堂气氛很活跃。

他把消除学生畏难情绪与培养学生从整体到局部的作画法紧密结合起来。如，绘红旗，开始不让学生画迎风招展的红旗，不然会被红旗上的动感曲线弄得无从下笔，眼花缭乱，忘记整体。因此他首先请学生放心，说只要会画平行四边形就准能画好红旗。而教学生画天安门也采取这种方法。先打招呼，说天安门同红旗一样好画，只要大家有画长方形和三角形的基本功就行。先在黑板上画一个长的长方形，上面加两个短长方形，上面是楼的粗轮廓，下面是红墙的粗轮廓。然后用三角形补屋角和城墙斜边，天安门的大轮廓就出来了。画好这些后，再把彩灯、礼花、红旗画上，学生仍然感到有点难，但天安门也能基本画好。

汪友农对待教学与对待绘画艺术一样，永不满足，他平时上课注意听取学生反映，学生不想听课他也不强求，更不轻易批评，主要从自身找原因。从选编教材到教法，他都认真推敲，如有不妥，立即调整修改。初夏的一天，汪友农上写美术字课，有两个学生打瞌睡，他在写美术字时，把一排字中的一个故意写横，同学们明白用意后哄堂大笑，那两个打瞌睡的学生被笑声惊醒。这时他诚恳地笑着说："可能他们昨夜没睡好，不怪他们，责任在我身上，我把字写坏了。如果我课上得好，他们是舍不得睡觉的。"骆先恩说，那一堂课，汪老师风趣幽默，也让学生见识了他的真诚大度。

有一位学生酷爱文学，对美术一点不感兴趣，上美术课时偷偷写诗。汪友农看到后，没有当堂阻止，课后找他谈心，推心置腹地说："我也爱写几句打油诗，一旦写起来比画画还要着迷。我出版的两张画，画技很差，主要沾构思的光，这与自己爱好诗文有关系。画中有诗，诗中也有画，诗画一家。从唐代王维的诗作和清朝曹雪芹的《红楼梦》中都能看出，他们对绘事很精通。"那位学生居然从此迷上绘画，毕业前参加了学校美展。

画如其人，画家首先应有端正的人品，这是中国传统绘画艺术的基本要求。汪友农的学生方和宝说："老师教育我们，画画先要学做人，'人正则画正'，为人正派，为人真诚，才能避免落入俗套，提升画作的品位……"

二十二、听黄叶村讲课

韩振清在回忆文章中说："黄老来我们家毫不拘谨，谈笑风生，友农与他切磋技艺，经常通宵达旦。""黄叶村被友农崇拜，我一定不能怠慢他。我家大门对着学校操场，来往过路的很远都看得清楚，一旦看见黄老来了，友农和我都会热情上前迎接。"

黄叶村住在汪友农家，偶尔也会裹着笔出门，说要到哪家去画点画子。他经常给人画画，画张花鸟人家就会管他一餐饭。然而有一天，不到午饭时他就回来了，说在一位画友家画完画子，对方脸色很不好看，显然没有留饭的意思。于是韩振清张罗着给他弄饭。她说："在那个年代，平常老百姓家日子都不好过，多一口人吃饭都有点为难。然而我觉得友农崇拜黄叶村一定有崇拜的理由，受他的影响，我也略懂画，也能看出画子的好坏。"

黄叶村生活艰难，汪友农请他来南陵师范讲课，也有让他挣点讲课费补贴家用的意思。汪友农在《高处不胜寒》一文中说："1970年底至1986年底，我在南陵师范任美术教师，常去芜湖接老师来校讲课，我请老师给我校学生上课，一节课两元钱。为了照顾他的身体，我请学校教务处将几个班级的美术课调到一起，请他在大教室讲课，有时一堂课能挣8元讲课费。"黄叶村在街道领的救济金每月只有14元。

有一次，黄叶村上午讲完课，中午有人来求画未休息，下午接着讲课。上到最后一堂课时，突感头晕，面色苍白，额上沁出大颗冷汗。汪友农忙上前扶他去休息，他却摇手轻声说："不要紧，停一会儿就好了，我要讲完这一课。"老人接过热毛巾擦去脸上汗水，又继续讲下去，直到下课铃响才离开教室。这堂课他留下了"勤学苦练"四个大字和一幅《雨竹图》，画面竹丛中几根春笋特别苗壮。汪友农说："这带病画的作品，深深地埋藏着黄老师对下一代的殷切期望！"

黄叶村给南陵师范学生上课，汪友农随堂听课，受益匪浅。他说："我随堂听他的课越多，越感到他知识渊博。"

黄叶村在南陵师范课堂上要求学生既要"练手"，更要"炼心"，"心上无渣滓，笔下有明神"。

谈到"守旧"与"创新"时，他说："'循道而不贰，则天不能祸。'当然，学前人不能老跟在前人后面走，要争取超过前人，如果你的作品真超过了前人，这就是创新。"谈到传统与造化的关系，他认为学画者要辩证地思考问题，传统与造化不能分割，好的传统重造化，重造化就是我们的优良传统，就是"云淡雨香诗世界，水流花放画根源"的寓意。

谈到反传统，他说："这是不懂艺术规律的幼稚口号。重视传统者未必都能成功，但成功者必先重视传统。当然，对传统的东西也不要盲目生搬硬套。"并告诫学生说："学宋防僵，学元防脏，学明防荒，学清防框。'道可道，非常道'嘛。"由此四句，可知黄叶村对宋、元、明、清绘画传统了然于胸，所谓"学宋防僵"，是指学宋人丘壑精整，必须注意笔法灵魂，层次分明，否则徒具其表而成"僵尸"；"学元防脏"是指学元人丰富的笔墨技巧时，应于笔路能否干净、笔笔能否交代清楚上下功夫；"学明防荒"，是指明人虽诸法皆备，但常有荒疏之笔，学者功力不够而不自省，则易入窘境；"学清防框"是指清人多囿于古人笔墨，构图程式化，后学者应跳出其陈陈相因的"死框"。

黄叶村讲课重视理论联系实际，特别强调实践。他常对学生说：

"不是人磨墨，而是墨磨人。"他重视以书入画，示范时提肘悬腕，笔势圆转，笔气呼应，中侧兼用，左右逢源，八面出锋。他记忆力极好，一部中国画史全装在脑中，对历代名画的内容、章法和用笔用墨了如指掌，前人各种皴法能随手画出。如演示《静静的西陵峡》时，他用了斧劈、折带、披麻和云头等多种皴法，组合得天衣无缝。他推崇董源、黄公望、石谿和黄宾虹等人的用线，但在他的作品中，又找不到前人线条的影子。

黄叶村注重观察生活，不凭空臆造，其作品多是默记于心有感而发的创造。古人云"外师造化，中得心源"。所谓师造化，并不是简单的对照摹写，而是讲究"心识目记"，即苏东坡所言"胸有成竹"。画山川就要遍览名山大川才能做到胸有丘壑，画丛林就要深入热带雨林才能做到胸有丛林。黄叶村1969年在桥头张为汪友农绘《黄山梦笔生花》，回忆自己30年前在黄山所见，笔下的"梦笔生花"仍给人以神似之感；他1985年绘《巍峨的夔门》，也是回忆赴四川讲学途中所见，峭壁兀立，帆影点点，云蒸霞蔚，气象万千，真令人有身临其境之感。

画《巍峨的夔门》是在汪友农家，当时的南陵县委宣传部部长程志生和文化馆美术干事邢见等人都在场。韩振清回忆："画毕上墙，他们看完都不声不响地走了。老人很失落，拿下画子准备揉掉，友农赶忙阻止，说："不用揉，能改。"汪友农当时说："我知道他们的欣赏习惯，一定认为设色太浓艳，画面俗气了。我感觉这张画很好改，只要将画面墨色加重点，让墨管住色就俗气全无。"根据汪友农的建议，黄叶村改了整整一上午，程、邢再来看这张画时齐声叫好。汪友农旁观者清，黄叶村一点就明，修改完此画并题记："此景乃一九八二年九月赴川讲学于三峡所见，友农弟参考并纪念，叶村古稀年。"此画后收入《中国近现代名家画集——黄叶村》。

骆先恩也讲了一个汪友农改画的故事。黄叶村住汪友农家，某日早饭后兴致很高，称要用一种新方法创作山水。只见他把宣纸揉皱，摊开在桌面上作画，结果画得很不理想，随手把画稿扔进废纸篓里。汪友农珍惜黄叶村笔墨，把画稿捡起并留下来。他把画挂在墙上，足足看了一个多月，反复琢磨后开始动手改画：先用淡墨把画面近景渲染几遍，使原来鲜艳的色彩变得沉稳；左正方感觉闭塞，便在半山腰画一山洞，加一条石阶山路；左上方远景墨色太重无法改，干脆裁去，重新画远景。这样画面推开，便有气象万千之感。这幅画便是《远眺采石矶》，在中国美术馆展出时，沈鹏赞为他喜爱的创新山水。

黄叶村的指点加上自己刻苦努力，汪友农的绘画技艺进步很快。黄叶村也经常让他给自己的画提意见。他把汪友农当作学生、朋友，甚至儿子。

解放军总参装甲兵政治部主任王健吾仰慕黄叶村的墨竹，托芜湖画院领导求其墨宝未果，又辗转找到南陵县人大常委会主任徐新义，徐新义请汪友农陪其上芜湖登门拜访。黄叶村家里宾客满座，求画者甚多，汪友农偕徐新义进屋后，黄老说："我儿子回来了，我有事要和他商量。"客人们先后离开，黄老关上门，拿出一沓画，一张张地要汪友农提意见。徐新义感到惊讶：这位名扬京华的大画家，还要向无名小辈求教？黄叶村说："别看友农年轻，他的艺术修养很深。"汪友农后来感慨："是的，外人哪里了解我与老师之间深厚的师生情谊呢？"那一次，黄叶村身体虚弱，正在安徽师范大学读书的汪友农长女汪田霖也在黄家，她在旁边研墨、铺纸，黄叶村挥笔泼墨，完成了王健吾的重托。

黄叶村把汪友农当儿子，也称韩振清为儿子，可能出于《仪礼》"夫妇一体也"。韩振清说："有一次，我出差去芜湖，正在路上行走时，一辆轿车停在我面前，只见黄老下车向我喊：儿子，你来啦？到家里吃饭，你黄妈妈和妹妹在家，我到一家工会写几幅字就回来，你一定要来哦。在他眼里，我和友农一样，都是他儿子。"

南陵有位木工出身的绘画爱好者，叫胡国林，用好酒好菜招待黄叶村，并请汪友农陪同，席间提出要拜黄叶村为师，黄叶村指着汪友农说："你跟着他学就可以了。"可见他对汪友农十分赏识。

二十三、转益多师

杜甫绝句有云："别裁伪体亲风雅，转益多师是汝师。"多多继承，才能有所创新。诗歌创作如此，绘画艺术亦然。

1988年底，黄叶村遗作在北京中国美术馆展出时，汪友农向赖少其[①]介绍黄叶村的师承："老师在世时跟我讲了很多这方面内容。老师祖籍当涂县。他对姑孰画派萧云从十分崇拜。早年老师在邓石如家乡怀宁师范任教，篆刻和隶书受到邓的影响。中年在徽州曾拜汪采白之父汪福熙为师学习书法。汪福熙父亲是国学大师。黄宾虹曾两度投师门下。黄宾虹和汪福熙书法十分正宗、神似。林散之也师出此门。"

汪友农长女汪田霖受父亲熏陶也走上了绘画艺术道路，对父亲的艺术风格领悟深刻，她说父亲善于学、勤于思、勇于变。"善于学"即是师承，"勤于思"是在艺术实践基础上思考，"勇于变"则是在师承和思考的基础上形成自己的艺术风格。

老师与徽州汪氏有渊源，林散之师出此门，汪友农因此对散之老人十分仰慕，艺术上也受到影响和启发。父亲汪寄清的挚友潘

---

① 赖少其（1915—2000），广东普宁人。早年入读广州市立美术学校西画系，致力于木刻创作。抗日战争时期参加新四军。1941年在"皖南事变"中被捕，关押在上饶集中营，后越狱逃往苏北解放区。1959年2月，从上海调至安徽，任中共安徽省委宣传部副部长兼省文联主席、党组书记、省政协副主席、美协主席等职。一生与安徽关系密切，在此工作生活达26年之久，直至1986年调回广州安度晚年。

效安早年与林散之有过交集。汪友农在《一生痴迷诗与画》一文中说："土改时，潘（效安）发现当时在安徽和县的林散之有才华，曾极力予以保护。"

汪友农的笔记本上摘抄了这样一段话："传说我国晋代大书法家王羲之为了练习写字，曾经把家里十八缸水都蘸完了，所谓'临池学书，池水为墨'。可见，要掌握业务技术不是一蹴而就、轻而易举的事，秘诀就是勤学苦练，就是有一股子攻坚克难的闯劲和一种镍而不舍的钻劲。"接下来还有一句："读书真事业，磨墨静功夫——林散之。"这是林散之勉励学生的一副对联。

林散之32岁师从黄宾虹，其书魂由唐入魏，由魏入汉，隶真行草，取各派所长。60岁始专攻草书，以王羲之为宗，以释怀素为体，兼学王觉斯、董其昌、祝允明。他将绘画墨法用于书法，瘦劲圆涩，璀璨华滋，偏正相依，飘逸天成，开创了草书艺术新天地。1972年，中日书法交流选拔，林散之一举成名，日本碑学大家青山杉雨称赞"草圣遗法在此翁"。

汪友农曾工整地抄录林散之的《论书绝句十二首》，并加"编者按"："林散之先生，乌江人，受业于近代山水大家黄宾虹。一生苦心于诗，书有日课，画为常课，诗、书、画三者并工。其书法艺术，不仅风行国内，且驰誉东洋。这里选辑的《论书绝句十二首》，是林先生用诗的形式论述书法艺术以及他攻书的部分心得体会。"

林散之自称其诗书画以诗为首，用力最勤。《江上诗存》一册四卷为晚年印刊，线装，毛边纸，以行书自题笺，只印百册；1975年南京市教育进修学院铅印，增诗数十首。"论诗绝句"出自《江上诗存》。

20世纪70年代，汪友农曾与沈力等人前往南京拜见林散之。1984年10月初，第六届全国美术作品展览会期间，汪友农前往参观，又与学生骆先恩一道拜访了林散之。林先生当时已是86岁高龄，骆先恩回忆："当时他家里还有人求字，他对我们还客气，跟汪老师讲话，也不多。汪老师带了柳公权的碑帖，林看了，称是宋拓本。"

当时大概还谈到了桐城派，林散之用铅笔在一张纸上写了几行字："是桐城名家，姓姚名鼐，与方苞同时人，乾隆翰林，世人称为'方、姚'。《古文辞类纂》是姚选编的，为学文者重要作品。"笔者在汪友农的遗物中见到这方小纸片，虽然是用铅笔书写，但遒劲有力，足见大家风采。

骆先恩回忆，拜访过林散之后，他们又去拜访南京师范大学教授杨建侯，杨外出未遇。然后他们又前往张正吟先生处，受到热情接待。骆先恩说："张老师正在家中指导学生，好像是海外归来的学生。我们去，他把画子丢下。汪老师与他谈第六届全国美展的情况，认为中国画画得像照片一样逼真，不可取。即使工笔画也不能如此。张老师同意汪老师的看法。"

汪友农与金陵三位画家杨建侯、赵良翰、张正吟，特别是与杨建侯教授的交往，是一段艺坛佳话，尤其值得一提。

汪友农与杨建侯相识于1976年春天，他们因汪友农国画作品《稻是队里的》而结缘。当年在南陵，杨建侯留下其南京寓所住址，一再叮嘱汪友农一定要去南京找他。汪友农在笔记本上记下几位画家的地址：杨建侯，南京妙耳山56号；赵良翰，光华路云台地三号；张正吟，三条巷六合里9号。

杨建侯等回南京后，寄来一幅他们三人合作的《风雪梅竹图》，汪友农常挂于家中，伫立观赏，视若拱璧。

1976年寒假，汪友农前往南京，首次登门拜访杨建侯教授。那时他住在妙耳山56号一幢两层别墅的二楼，一见面大声喊出汪友农的名字，非常热情。他拿出自己的画作让汪欣赏，其中那幅1950年的丈二巨幅《群雁来归》，气势恢宏令人震撼！还有一批铅笔和钢笔素描写生，功底极深，那多姿的古柏令人难以忘怀。汪友农又登门拜访赵良翰和张正吟，请他们指导花鸟画。然后向杨建侯辞行，不忍心过多打搅，杨却坚持挽留汪在家中吃饭，并说："我还有很多话未跟你谈呢！"随后亲自上菜场买菜，其夫人下厨，招待汪友农。饭桌上，他指着一条大鱼风趣地笑道："人家一条鱼几角钱，我这条5元呀！"原来，他付给卖鱼的5元钱，忘了找钱就匆匆离开。汪友农觉得，杨建侯不仅是艺术前辈，更像是慈祥的父亲……

1978年6月初，汪友农和刘昌仕再次前往南京拜访杨建侯教授，并带上《稻是队里的》新画稿请他指正。杨建侯进一步肯定修改稿，认为"它应该载入国画人物画史册"。

晚年汪友农仍然感念杨建侯指导和陪伴他的那段岁月。他在《〈稻是队里的〉创作始末——与杨建侯教授交往二三事》一文中写道："今天，当我以残烛之年于《稻是队里的》的画前回顾往事，杨建侯教授——他的笑言，他的睿智，让孤独求索中的我却并不孤独，仿佛他就在我的身边。"

二十四、师生情谊

2016年秋，笔者在韩振清的陪同下赴南陵采访，受到汪友农在南陵师范时期一批学生的热情接待。他们是郑希平、骆先恩、徐成平、叶冰、董辉、方和宝。郑希平与方和宝分别从泾县和繁昌赶来。从他们的口述中，笔者更深入地了解到汪友农的教学和创作经历，更真切地感受到他们之间融洽而亲密的师生情谊。

骆先恩1978年初中毕业后考入南陵师范，是师范恢复招生后的第一届学生。他上刘昌仕老师的美术课对绘画产生了兴趣，又由刘昌仕推荐跟汪友农学习中国画。1981年，骆先恩毕业后被分配到南陵一所偏远的小学任教，汪友农认为他有艺术天分，一直与他保持联系。

1984年，在汪友农的大力引荐下，骆先恩调回南陵师范任美术老师。这是他人生和事业的重要转折。南陵师范虽是中专，但在南陵人的心目中，就是最高学府。三十多年后大家议论此事，都认为汪老师在南师德高望重，他的意见校长很重视。

骆先恩调回南师后，几乎与汪友农如影随形。他们在一起切磋画艺，讨论读书心得和教学体会，每天一起散步。骆先恩说："我体质很弱，看书作画时间长一点就受不了。汪老师对我说，要加强锻炼，增大肺活量。他自己坚持经常打篮球，在球场上生龙活虎。每天晚饭后我俩都会到野外散步，无所不谈，直到夜幕降临才回来。"

汪友农虽然瘦弱，但个头高，是篮球场上一员健将。郑希平也喜欢打篮球，与汪友农有时是队友，有时是对手，他说，别看汪老师戴着眼镜，身材不健壮，但他防守起来毫不示弱，进攻也很犀利。

骆先恩还讲到一次吃西瓜的故事——1986年暑假，天气非常热，师母从合肥回来，汪老师买了一个大西瓜，特地到宿舍跟他分享。骆先恩说，整个夏天，汪老师就买了这一次西瓜……

骆先恩讲到这里泣不成声，无法继续下去。他在纸上写道："那个西瓜红瓤、黑籽，很甜很甜，我到今天还记得……"

汪友农到合肥工作后，给骆先恩写信抱怨画画时间少了，称这是"最苦的事"。他接着说："另一苦恼的是没有同人讨论画子，每每我就想起您，想起我们在一起的两年……"他到华山旅游，再次想起骆先恩，给他写信："骆起！千万不能'落'在乡下，不能不'起'来呵，要'奋起'才对！生活是本书，要自己写。""骆起"这个名字是汪老师帮他取的，这段话饱含了对他的殷切期望。

方和宝1982年考入南陵师范，也是汪友农的得意门生。他说，汪老师为人真诚，视生如子，倾心教育。那时他最大的爱好就是画画，除了上课，大部分时间都待在老师的画室里，星期六和星期天几乎都在那儿。汪老师特别注重传统，从传统中汲取精华，让他多临习古人作品。他照着画谱临了不少古人的山水和花鸟画，汪老师逐一批改。汪老师常常为学生示范，曾临写齐白石的虾，并录画语："凡画动物欲不似，画家本来不能为，欲似又不能免俗，此画难处。"那幅画，方和宝至今珍藏着。

作为专业美术教师，汪友农希望有艺术天分的学生能进一步深造，而不是像自己因为客观情况错过机会。1985年暑假，他动员女儿汪田霖、儿子汪欣早等为南陵师范的美术爱好者进行素描等专业培训，徐成平、唐全明等经过培训，得以进入高等艺术殿堂。他们向笔者讲述此事时，自称是"黄埔一期"学员，而戏称汪欣早为"校长"。

汪友农曾在履历表中将"辅导学生深造"作为教学成果，从1971年1月至1986年底，在其辅导下，共有5人考取安徽师范大学艺术系，2人考取阜阳师范学院艺术系，20多人考取淮北煤炭师范学院、安徽省教育学院、安徽机电学院、巢湖师专等院校。

1985年寒假，又有一期绘画兴趣小组，大概算作"黄埔二期"，叶永芳是其中一员，她回忆："汪老师教学最亮丽的风采是调动学生的积极性，给我们展示的作品我们认为是名画，他却淡淡地说是他学生画的，让我们肃然起敬，兴趣盎然。我从1985年寒假开始参加南师绘画兴趣小组，那时真是奔着将来要当画家的。1985年寒假我们兴趣小组画素描居然把南陵城关店里的2B铅笔用光了。过年回家我想办法买2B铅笔，到芜湖也没买到，就坐火车去了南京，晚上在火车站蹲了一夜……1986年6月底毕业后我也没有回家，留在学校画画，可见那时我们绘画的热情。那时我们的绘画水平在汪老师看来考大学是没有问题的，我们也很信心满满，尽管后来因生活所迫，选学了英语专业（考美术不能带薪）。我非常感谢汪老师的谆谆教导，也汲取了他的教学方法的精华。我在教英语的过程中也首先调动学生的兴趣，兴趣是最好的老师，我也因此教出许多出色的学生。这一切都感谢汪老师。"

叶永芳保存着老师的三幅作品。一幅写意雄狮图，题款"永芳画友玩。乙丑年冬友农写"。一幅写意雄鹰图，题款"鹏程万里，永芳存。乙丑年冬友农喜挥"。另有一幅写意山水图，题款"永芳画友留念。友农"。

方和宝很有艺术天赋，可惜没能继续深造。他在回忆文章中写道："临近毕业，同学们都在为自己的工作奔忙。一次，老师问我，毕业后到哪里工作。我说应该回到自己老家（当时的政策，中等学校学生得回到原户籍所在地乡村任教）。老师脸上显出惋惜的神色。不多久，老师又说：'能留在南陵县城要好些，我看看能不能给你想点办法'……"汪友农当时已经在考虑调离南陵，但心里仍然想着学生。方和宝梦想留在县城，更想跟着老师多学点东西。可是，那时家里唯一的经济来源就是几亩地，父亲身体不好，三个妹妹还在读书，父亲盼着他回到家乡工作，能以工资补贴家用，早晚还可帮着干点农活。他别无选择，为了家庭只能舍弃自己的前途。他把这个想法跟老师说了，汪友农表示赞同他的想法。

方和宝回到家乡初中教书，汪友农写信鼓励他不要气馁，不要被生活压垮，继续练字画画；还特别叮嘱："你喜欢画竹子，画竹子就是写字。"

骆先恩说："许多学生毕业后仍和汪老师保持联系，在他指导下自学绘画。记得我每到周末便拿着习作向他请教。他事情再多也没有厌烦的神情，总是耐心讲解，还常常动笔示范。"骆先恩的国画作品《江南春》《荷塘月色》等在《美术报》上发表，汪友农看见了，立即打电话鼓励，期望他有更大的进步。

方和宝在繁昌家乡任教，经常利用周末带着作品，骑自行车长途跋涉赶回南陵师范，向老师请教。他说："老师一如既往，总是悉心指教，教我正确的理解和画法，还拿出自己收藏的名家书画，给我欣赏。讲绘画作品，从构图到层次，从用墨到留白，从风格到意蕴；欣赏书法作品，谈用笔，谈结构，谈章法，甚至用印章，等等，让我忘怀一切。他也沉浸在浓厚的艺术享受之中，不禁手舞足蹈起来，好似自己在挥舞画笔泼墨作画般！"

那段时间韩振清已经调合肥工作。方和宝说："当我们从艺术的空间走出来时，往往是过了饭点，我们赶紧拿着瓷缸一起奔向学校食堂。老师的饭食很简单，几两米饭加几角钱的菜，可是总给我多打些饭和菜。走在学校的林荫道上，我们边吃边聊，谈学习，谈绘画，老师还关心地问到我的家人。""就这样，从宿舍到食堂，从食堂到宿舍，我无法记清有多少次长谈，只记得老师那瘦削而慈祥的面容！只记得他那简朴而利落的装束！只记得他那实在却深含哲理的话语！"

得知笔者到南陵采访，方和宝下课以后专程从繁昌赶来，到达时夜色已深，我们便在下榻的旅馆聊天。他一边讲述和汪老师交往的故事，一边展示老师生前赠送他的画作。一幅是他提到的仿齐白石的画虾，作于1985年（乙丑）夏天；一幅山水画，没有落款；一幅《白菜萝卜》图，题款"和宝画友存，友农写于合肥逍遥津畔"。他还带来自己国画作品《露影》的剪报，此作是在汪友农指导下完成的，1985年获得安徽省首届师范学校学生绘画作品比赛一等奖，发表在同年8月25日《文化周报》上。骆先恩回忆："1985年，安徽省中等师范学校学生书画比赛，汪老师精心辅导后，选出5幅学生作品送到省里，经评委会评选全部获奖，并在《文化周报》上发表。"方和宝展示的这些作品，已经把他与老师的情谊展现得淋漓尽致。

骆先恩说："学生找他求画，他从不拒绝，而一些领导找他，他未必能满足。1985年夏天，他为每位毕业的学生画了一幅花鸟，一直画到天亮，兴致很高，不知疲倦。"

叶冰一直尊称汪友农为师父，他说，师父画画真是到了超凡脱俗的境地。他也是在汪友农鼓舞下喜欢上绘画的，现在每年带高考班，大批学生考取美术院校，他本人也一直坚持业余创作。

汪友农在总结南师教学工作时说："平时我乐意为学生服务，今年（1982）民师毕业班我约为二百人赠了画。开学完不成，就利用寒暑假休息时间来画。我给学生赠画的目的是希望他们走出学校不要丢掉画笔，永远忠诚于党的教育事业，为培养新后代奋斗终生。"

他不仅乐意为学生服务，还很注意向同行甚至向学生学习。他在教学总结中写道："在练习基本功时，我注意向同行学习，向自己的教育对象学习，尤其向青年美术教师刘昌仕老师学习，并与其密切合作。如：互相听课，指出优缺点，有时他备好课喊我先去试教，我也请他替我上课，这样共同研究、商讨技艺，取长补短，一道前进。"

二十五、教学创作相得益彰

汪友农热爱绘画艺术，更热爱教学事业。他说："辛辛苦苦千句话，不如当堂表演一张画。"言传不如身教，他对此深有体会。他早期的优秀绘画作品，都是艺术创作与教学实践相结合的产物。

骆先恩说："汪老师是一个纯粹的人，他认为教师这个职业是崇高的，他喜欢这个职业，他有几次改行的机会都放弃了。他觉得跟学生在一起单纯快乐。"他对笔者回忆："汪老师热爱生活，有高度的社会责任感。他每天看新闻，关注社会，对社会生活有敏锐的洞察力，善于从生活中挖掘有价值有意义的创作素材，提炼加工成感染力很强的艺术作品，如《稻是队里的》《迎春》《小球迷》等。我回南师任教后，经常跟汪老师到外面散步，看到一些景色，他指出应该怎么处理，就能变成一张漂亮的画子。经过他的讲解，我收获很大。"

方和宝也说："汪老师教导我们，不仅要有敏锐的观察力，更要有敏锐的'嗅觉'，能感受到时代的气息。老师用创作实践教育学生，引导学生。"徐成平还举了一个例子，20世纪80年代初，南陵县城几乎见不到电视机，但是汪老师的画作中已经出现电视天线。

汪友农十分重视写生教学，他说："再好的艺术作品，在大自然面前都是灰色的。"他常常带领学生到校外写生，指导如何取景、构图，并现场示范。他边画边讲："皖南风光秀丽，处处入画，你们毕业后去农村小学教书，可对周边景物写生，养成写生的习惯，乐趣多多。"学生们边听边看画，兴趣盎然，学得轻松愉快。

他带领1979届学生下去实习，要求他们搞些儿童题材的画，学生反映见到的都是些调皮的孩子，画不好。后来收到一些画孩子学习场面的画子，感觉深度不够，如何用形象化的画面表现儿童为"四化"学习，确是一件很难的事。他因此创作了木刻《小球迷》：一个小球迷坐在一只足球上，面对一个大地球仪，看着中国，看着珠穆朗玛峰，意味着攀登科学高峰。并用此画的创作构思全过程备了一堂课，谈如何深入生活、观察人物、搜集素材搞创作。

这种联系实际的讲课方法收到奇效。课后，学生们画了很多生活气息浓厚、思想性很强的画。李晓玉的画作是这样的：一个学生在屋内读书，把弹弓和扑克牌抛到窗外，妈妈扫地发现后站在窗外十分欣慰。汪友农说："打倒'四人帮'后，一切都开始复好，人们怎不发自内心喜悦？他的画的确及时表达当时人们的心声。"《小球迷》更是如此。

《小球迷》于1979年9月16日在《安徽日报》发表。版画家师松龄[1]看到后致函汪友农，提出善意批评，他认为汪友农有国画基础，搞木刻则会分散精力。汪友农给赖少其的信中称曾拜师松龄为师，给赖晓峰的信中又称："我七十年代初学画国画人物。赖老当时正领导师松龄、陶天月等创作巨幅版画。我当时很爱赖老书法，

---

[1] 师松龄（1933—2008），山西永济人。原为部队画家，兼擅国画、版画。1958年转业到安徽省美术界。从1959年与赖少其合作《淮北变江南》至1979年创作《大别山下》，一系列巨幅版画被誉为"新徽派版画"开山扛鼎之作。

师松龄、张志等同志均多次将我引荐给赖老。"可见他与师松龄交往颇深。

《小球迷》发表前，曾在巢湖经过省美协及巢湖地区有关领导审查。1979年7月26日，安徽省美协专业画家周昭坎来函称，巢湖军区政委、地委副书记时吉欣看了这幅《小球迷》非常喜欢，希望复制一张送他，画寄巢县革委会招待所东楼张志收。周昭坎叮嘱汪友农保证质量，推敲落款，比如"时政委正之"之类。此事只是一个小插曲，可以说明木刻《小球迷》在当时的影响。

汪友农认为，教书本身就是一种献身行为。他的兴趣是画国画人物，但为了教学需要，还得兼顾其他艺术种类，只有砥砺自己，抛开名利。

为了教学需要，多年来他还干了许多"可惜"的事。比如，光练实用美术字、黑板画就花去大量时间。他写美术字能写正字、反字和倒字。写反字，是为了剪出后正面看不见笔迹。写倒字，目的是方便课堂指导，不移动作业簿一眼就能看出学生写字时的毛病。改时也不用动本子，倒改给学生看。而这些，都是靠时间和耐力练出来的。

汪友农的艺术创作获得了业内及社会的认可，1979年12月19日，经芜湖市美协推荐，中国美术家协会安徽分会批准他成为会员。该会于1960年成立，后更名为安徽省美术家协会，赖少其、鲍加、章飚先后任主席。该会致函南陵师范学校，"希望对于会员今后的创作与活动多予支持"，附有入会申请表，希望交本人填写。根据此表，汪友农主要作品有：中国画《重任在肩》，1972年5月19日《安徽日报》发表，省出版局出版并参加省美展；中国画《稻是队里的》，1975年12月18日《安徽日报》发表，1976年第6期《安徽文艺》封面；中国画《为人民服务》，1972年参加省美展；木刻《小球迷》，1979年9月16日《安徽日报》发表。参加芜湖地区美展的尚有：《女队长》《人民勤务员》《送书下乡》《哺育》《上夜校》《老队长》等。

二十六、"稻是队里的"

1974年南师学生下乡割稻，汪友农布置大家画一些贫下中农爱惜粮食的画稿。在改学生画稿时，他看到大部分构思平淡，大同小异，都是报刊上常出现的拾稻穗场面。"当时画坛神气十足，花鸟全是些'丰收'，人物一个模式'高大全'。针对这一现象，我决心别开生面，不落常套，亲自画一张给大家看看。经半个多月的日夜苦攻，创作了人物和花鸟有机结合的《稻是队里的》一幅中国画。学生看后普遍反映很新鲜。后来我这幅画不仅参加了省美展，《安徽日报》和《安徽文艺》也分别刊用了。"

《稻是队里的》创作于1974年，问世颇经历了一番周折。他在另一篇文章中写道："我个人觉得这张画的内容不错，想把它递送省城参加美展，可是县文化馆审查没通过。1975年我再次恳求送展，画送到地区文联时，被到此办事的安徽省少儿出版社总编陈永镇看到。他很感兴趣，说他们的刊物《红小兵》要选用。就这样《稻是队里的》幸运地被送到省城合肥，省属八个地区代表评选组贴出八张红五星，一致推荐其参加省博物馆工农兵美术作品展览。接着，《安徽日报》刊登此画并发表评论文章大加赞赏，《安徽文艺》还作为封面刊登。"

安徽省"工农兵美术作品展览"于1975年9月在省博物馆举行。《安徽日报》评论："《稻是队里的》是这次画展中引人注目、深受好评的一幅优秀作品。这幅画画面动人，主题鲜明，形象亲切，艺术处理巧妙，具有强烈的艺术感染力。"

同年12月18日，《稻是队里的》在《安徽日报》刊登。20日，该报美术组来函："你的作品《稻是队里的》在本报刊登，现寄上《红楼梦研究资料》一本、报纸一份。由于报纸纸张质量差，所以印刷效果不好，不知你们县里发的是不是也是这种纸印刷的报纸。有种较黄的报纸印刷的质量就好一些。最近有什么新作？特别是农业学大寨方面的作品，我们很需要，望今后给我们来稿以支持。"《红楼梦研究资料》一本可能就是代替稿酬了。

此画当时引起巨大反响，从汪友农学生来信中可见一斑：

12月18日，学生黄学农来信说："今天在《安徽日报》文艺版上又见到您的杰作，您看我是多么高兴啊！因此尽管工作时间比较紧，仍抽时间向您贺喜。愿您今后有更多的作品问世。看到《稻是队里的》，我是感到分外亲切、很自然。这不仅是新颖的构思感动人，而且促使我回忆起了那幸福的年代……"

12月20日，学生韩国才来信说："前日上午，上完第二节课，我刚迈进办公室，只听见一片滔滔不绝的赞许声：'这幅画，构思多好哇！''你们看，这小鬼多有神啊！'……走近一看，很多教师围着一张邮递员刚送来的报纸，正在指指点点地评论。我顺着他们的手指一望，好一张熟悉画面展现在我眼帘。这时我情不自禁地说：'《稻是队里的》，这不是我的老师画的吗？'此刻我心情异常激动，恨不得插翅飞到您的身边，向您祝贺。祝贺您成功创作了这幅优秀作品，祝贺您的作品获得了广大工农兵的一致好评……"

当时安徽省委宣传部部长杨效春很喜欢《稻是队里的》，对省群艺馆张志说想收藏此画；省委宣传部副部长、省文联主席赖少其看了此画也非常高兴，邀请汪友农到他家做客，并赠送几幅墨宝。

1976年3月27日，安徽省革命委员会出版发行局致函南陵县革命委员会政工组："你县师范学校汪友农同志创作的国画《稻是队里的》，我们拟作年画发稿，但这幅画需要作者在原来作品的基础上加以修改。请你们大力支持，准予汪友农同志来合肥加工提高。时间一月左右。"汪友农在多篇回忆文章中提到，他当时考虑到教学任务，没有向学校请创作假。可能因此，此画失去参加全国美展的机会，后来又被天津泥人张模仿构思，创作了泥塑作品《颗粒归公》。

1976年春天，南京师范学院（今南京师范大学）杨建侯教授率金陵画家赵良翰、张正吟到黄山采风，路过南陵时参观了县文化馆美术作品展览。他在《稻是队里的》前停下，十分赞赏此画并询问作者是谁。陪同的县领导把汪友农介绍给他，并说："他1972年创作的反映知青上山下乡题材的作品《重任在肩》，安徽人民出版社当作年画出版，《人民日报》文章也曾提到过他的画作。"杨建侯说："我来安徽还未看到题材这么好的作品，这可是国家级水平啊！《人民日报》发表文章赞赏你们果然名不虚传啊！"他接着说："你这幅作品在艺术上可以再提高一步。小姑娘要画得更甜美，鹅要画得水墨淋漓，要把地面的拖拉机轮胎印去掉，你是受西洋画影响，中国画可以不画背景。"汪友农茅塞顿开，觉得"轮胎印"真是击中作品要害。接着杨建侯用探讨的口气说："芭蕉扇可不可以不要？这样更突出一支稻穗。"汪友农解释："扇子是放鹅孩子用来引导鹅只吃路边草，不准吃田里稻的重要工具。不过我也可以通过墨色技法来淡化扇子、烘托稻穗。"杨建侯大笑，说："看来你放过鹅，真正的艺术来源于生活啊！"

这一年寒假，汪友农前往南京，首次登门拜访杨建侯，在妙耳山56号寓所，再次听取修改意见。回到南陵反复修改，杨教授对完美作品的期待点燃了他艺无止境的火苗。熬了无数通宵之后，这幅作品终于修改完成。

1978年6月初，汪友农带上新画稿，和刘昌仕再次前往南京拜访杨建侯，期待这份呕心沥血的修改能得到他的肯定。杨教授仔细观看画稿后说："太好了，修改后的人物更甜美可爱，有着浓郁的生活情趣啊。"又补充说，"周昌谷的《两个羊羔》有'情'，你的《稻是队里的》则多一份'趣'；方增先的《粒粒皆辛苦》赞老农爱惜麦子，你的《稻是队里的》表现稚童爱惜集体稻子，立意更为奇巧。它应该载入国画人物画史册啊！"对这些评价，汪友农感动，而又高兴。

当时，新华社发表了《颗粒归公》的图片。刘昌仕看到了，认为虽是泥塑作品，与水墨国画有明显视觉区别，但立意与《稻是队里的》十分相似，其中重要的元素——娇小的稚童、伸长颈项的大鹅、高举的稻穗甚至稚童的姿态、稚童与大鹅之间的比例，皆无二致。泥塑《颗粒归公》作品讲述一位佤族少年跟几只鹅"打架"的故事。1979年，该作品选入人民教育出版社小学二年级语文课本。汪友农震惊之余不禁有些愤怒。杨建侯安慰他说："或者它们有太多的相似，但是它们终究还是不同的。你的小姑娘带着甜美的童真是如此真实，他的小男孩有着愤怒的成熟是那样符合潮流；或者在这个年代后者更流行，而突破时代局限、彰显人性光辉的前者将会更为不朽！"短短几句话，犹如醍醐灌顶，浇灭了汪友农所有的委屈和愤怒。他觉得，自己毕生追求的正是不朽和生命中无处不在的"真善美"，他为此感到庆幸。

但汪友农始终认为，《稻是队里的》1975年公开发表，泥塑作品《颗粒归公》作于1978年！此事对他影响太大，1990年4月，他在写给张振声的信中，仍提及此事：

1974年我创作的《稻是队里的》，1975年参加省美展，并引起安徽画坛注目。几家报刊先后刊登，并有评介文章。未料1978年天津一位叫杨志忠的同志雕塑了一尊《颗粒归公》，与我的画基本一样，在北京展览后，国家一级报刊多处登载，现被小学课本长期选用。很多同行为我抱不平。但我对此看得很淡漠。我知道我当时基本功还不行，不过我觉得这幅画是我下放农村时的真情实感的流露。杨的作品有两处略有不同。一是将两根稻穗改成一包稻（现再版改成一篮稻），其实加的稻越多，越是在贬低大人，使人联想大人收割时的马虎。尤其是小孩被改成怒目相视，更使艺术感染力锐减。"文革"期间我和我老师非常反感当时泛滥成灾的

"高大全"艺术。老师并一再叮嘱我搞创作时竭尽全力回避之。我在搞这幅创作过程中，开始也曾用凶狠的目光，后来觉得无情趣，为了追求艺术的真、善，我苦思冥想，呕心沥血花了半年时间观察无数儿童，画了大量速写，数易其稿，最后把凶相改掉。南京师院杨建侯当年见到我的画作非常赏识，并主动邀我去他家，后来他得知人家用雕塑方法学我的画时，对我说："你那幅作品构思精绝，任何人也抄袭不了。"我老师后来叫我改画山水，并很寄厚望，临终留下遗言：你能画山水，一定要追下去……

1994年，他在给贾永林的信中再提此事，并希望将《稻是队里的》收入中等师范学校美术课本中。他那时正在为参评高级职称而努力，在信中也流露出焦虑的情绪。

二十七、筹办农业展览

汪友农在《高处不胜寒》一文中谈到时任安徽画院负责人王涛："大约在1973年，省美协在巢湖半汤举办美术班时我们在一起画过画。"鲍加在汪友农中国画艺术创作研讨会上回忆，他与汪友农的交往始于1972年，那是因为《重任在肩》在安徽公开发行。他说："那时我负责中国美术家协会安徽分会的工作，汪友农的国画功底深厚，基础扎实，1973年，中国美术家协会安徽分会在巢湖半汤举办美术培训班，我们自然就请他参加了。汪友农小我6岁，但记忆中他年轻时已经取得了很高的艺术成就，特别是人物中国画的创作。"他认为汪友农的三幅作品《哺育》《重任在肩》和《稻是队里的》永远难以抹去，特别是后者。画面中那个小女孩的动作非常经典，在安徽美术史上留下了浓墨重彩的一笔。

汪友农曾作过一首小诗，表扬省第一招待所的吕秀英积极学习雷锋，热情服务旅客的事迹，诗的结尾是："所作平凡事，平凡不普通。学习好榜样，榜样力无穷。献上一支歌，'小吕学雷锋'。"后署"省农展南陵筹展室，1972年5月31日"，那时他曾被抽调参加筹备农业展览。据韩振清回忆，那几年，他经常被抽调参加美术创作，也经常参加各类培训班。

他曾多次参加全省范围美术活动。1976年被芜湖地区抽调，作为工作人员筹备安徽省农业学大寨展览。

在"农业学大寨"的声浪中，全国各地纷纷树立自己的农村典型，萧县郭庄成为安徽的典型，口号是"远学大寨近学郭庄，誓将萧县变昔阳"。安徽是农业大省，郭庄成为全省焦点，前后9次召开"安徽省农业学大寨会议"，并举办多届全省文艺会演、教育会议和第四次全国青年篮球赛。

不仅如此，郭庄1971年还成立了展览馆。创办展览馆，除实物、图片和文字外，还需要绘画作品。安徽省组织了数十人的办展班子，调集全省设计、摄影、书法、绘画最强力量投入其中，汪友农就这样被抽调。他来自芜湖地区，来自省会合肥的有董伯信、张泉、裘忱耀、赖少其、师松龄、陶天月、林之跃、李宏勋、郑伊农，来自宿县地区的则有李百忍、王少石、郭大华、谢谢、陈行知、岳乐、高传业、蔡世明、纪明、苏继梦、孔庆福等人。

郭庄展览馆面积近千平方米，馆名由李百忍题写。正厅中间是张泉大型油画《前进中的郭庄人民》，右边是赖少其、师松龄、林之跃、陶天月合作的大幅套色木刻《淮北人民学大寨》，左边是郑伊农大幅国画《萧县新貌》。共有6个展厅，展出作品包括中国画、版画、年画、雕塑、粉画、油画、摄影图片等。第四展厅播放安徽幻灯制片厂制作的一套八幅幻灯片。另外尚有以郭庄为背景创作的《一朵盛开在淮北平原上的大寨之花》连环画，后由安徽美术出版社出版发行。

郭庄也是安徽对外展示的窗口，在北京农业展览馆和广州中国进出口商品交易会都有专项展位。

1976年8月，汪友农曾往北京农展馆，布置安徽省"农业学大寨"展览。7月30日，他的同事金学明给中央美术学院刘勃舒写介绍信说："我在信中向你介绍的汪友农同志，就是《重任在肩》的作者。他这次来北京布置'农业学大寨'展览。他很想见见你。我也托他代我向你问候。"刘勃舒是徐悲鸿弟子，1955年毕业于中央美术学院研究生班，历任中央美院国画系副主任、副院长，中国画研究院常务副院长，中国美术家协会副主席等职。

1976年10月，汪友农偕南陵县文化馆馆长前往广州参加广交会。广交会全称中国进出口商品交易会，创办于1957年，每年春秋两季在广州举办，是中国历史最长、层次最高、规模最大、商品种类最全的综合性国际贸易盛会，从未中断。

汪友农参加广州秋交会时，中国的政治形势出现转变。他在广州感受到阴霾渐散、晴空万里的气象。10月初，第40届广交会开幕前，打倒"四人帮"的消息传来。经贸部迅速指示在广交会会场清理"四人帮"照片。经贸部领导和军代表还带着十几个交易团的工作人员和广交会职工，顺着东方宾馆、越秀山、环市路，绕着广交会游行，参加者近2000人，持续约一小时，并呼喊"打倒四人帮"的口号。

那是令人难忘的一届广交会。从汪友农笔记本上零乱的记录中，可见他在广州的行踪。"9日上午看广交会，中午抗英碑。"

除参观越秀公园内四方炮台遗址外，他还前往东莞虎门，参观虎门炮台。他对一尊重6000司马斤的大炮产生了兴趣，此炮上有"关天培监制"字样，由中国人自主制造，而四方炮台遗址的城防大炮则是从欧洲所购。

汪友农妻子的堂兄韩振江曾任虎门海军司令，他参观炮台时，韩振江已调往福建。

他还参观了广州起义烈士陵园。1927年12月11日，张太雷及叶挺、叶剑英、苏兆征等领导发动广州起义，崔镛健等150多名朝鲜人和苏联驻广州领事馆人员也参加了起义。1954年广州市政府在此兴建大型陵园，大门石壁上刻有周恩来题写的"广州起义烈士陵园"，墓冢正面石碑上则刻有朱德题书"广州公社烈士之墓"。陵园内有为纪念朝鲜和苏联烈士而建造的"中苏人民血谊亭"和"中朝人民血谊亭"，叶剑英题"中朝两国人民的战斗友谊万古长青"，曾任广东省长的陈郁题"中苏两国人民的战斗友谊万古长青"。

当时唐山大地震发生未久，广州文化公园举办有地震知识展览，汪友农参观后，在笔记本上记录了两个日期：1966年3月8日河北邢台地区地震，1976年7月28日河北唐山丰南大地震。并记录了我国历史上破坏性地震统计：6级以上624次，7—8级99次，8级17次。

他最感兴趣的可能还是位于越秀山的广州博物馆。广州博物馆原址又称镇海楼，1929年2月11日正式对外开放，收藏有关广州及岭南历史的文物，举办陈列展览，所藏书画作品亦甚丰富。镇海楼俗称五层楼，始建于明朝洪武十三年（1380），有六百多年历史，是广州著名的古建筑之一，被誉为"五岭以南第一楼"。

如今看来，当年的农业学大寨、安徽学郭庄之类的树典型、立标兵活动，让汪友农为此奔波一年时间，对教学和艺术创作自然会有影响，但从另一方面看，参观筹备展览活动，结识大量同行师友，开阔了眼界，未尝不是一种收获。所以郭因称他是"走南闯北的人"。

回到南陵后，"揭批四人帮"运动已经展开。他满怀激情仍想以诗歌表达自己的喜悦心情，曾写过题为《一代新人挽巨澜》的新诗，其中有"填峡谷——踏漩涡，移山峦——斩浪头，参加社里批'四害'，跳进风浪口"，"一代新人挽巨澜，不到港口誓不休"等句，难尽脱"文革"体窠臼，几经改动不满意，所以只存了一份草稿。

第四章 投身艺术 渐入佳境

二十八、阴霾渐散

汪友农的父亲汪寄清曾下放南陵农村长达十年。所幸，家乡父老对他百般保护和关照。

1978年3月7日，汪友农从县人事局朋友处得知父亲要上调合肥的消息，马上转告二哥汪建农。同一天，汪寄清本人也从公社干部口中得知消息。他在日记中写道："下午公社干部检查农业生产、春季备耕工作，经过油厂时，徐部长见面就说，'汪老你要远走高飞了，你的调令下来了，等吴书记回来通知你'。吴德明干事也说，'等两天你到公社转介绍信吧'。建农回来说，'人事局小万同志已告诉友农了'。海洋晚间回来也告诉我这个消息。"可见汪寄清与家乡干部间的关系较为融洽。他上调合肥对汪家来说是一个特大喜讯，所以大家奔走相告。

3月8日、9日，汪寄清仍在麻桥油厂上班，直到12日才去公社开介绍信。18日，他从麻桥来到县城，在汪友农家住下，韩振清赶忙为父亲购买前往合肥的汽车票。汪友农工作忙，无法脱身，就由她送父亲返合肥上班。他们19日一早出发，在芜湖住了一夜，20日下午到达合肥，先到省文化局报到。韩振清因在广播系统工作，常到省城出差，住省广播局招待所。此次他们住的也是省广播局招待所，直到汪寄清到省图书馆报到上班，韩振清又帮他打扫房间，铺好床铺。

那个年月，调动工作十分不易，汪寄清虽是落实政策的干部，办理户口、粮油关系及煤票、肉票等各种票证仍非常麻烦，韩振清回南陵后，他都要亲力亲为。有时他也会请丁宁代办。

到省图书馆后，汪寄清一如既往地投入工作之中，请看他的工作笔记：

> 1978年12月13日，巢县图书馆有一位同志送来一册《廿一史约编》要我们鉴定。当时要他留下来，等我们研究。第二天，我把普通库存里同样的书共五部全拿出核对，版本似乎相同，但在其中一部书后发现有后记，有跋，在后记、跋中有对明末崇祯怀念（的文字）。这样我们又查阅禁毁书目，果然列入禁毁书目。既然是禁毁书目，乾隆后当不会再版。根据以上理由：一、可以初步认定是康熙版本，二、既是列入禁毁书目，我们初步认定，可以作为善本收录。

《廿一史约编》，清郑元庆著述。郑元庆字子余，一字芷畦，浙江归安（今湖州）人，生于清顺治十七年（1660），约卒于雍正八年（1730）后不久。一生贫穷，四方奔走，混迹幕府。《廿一史约编》清初多有梓行，因"内《女直传》。语有关碍"被列为禁书。通过这则笔记，我们可以大约了解汪寄清对安徽省图书馆及安徽省古籍整理工作的贡献。

丁宁后来境况要好于汪寄清。据吴昭谦《丁宁传》："1976年，她75岁时，被聘为安徽省文史馆馆员。1977年，她被特邀为省政协第四届委员会委员。1978年，安徽省图书馆学会成立，丁宁当选为副主任。"

1979年3月，黄叶村在赖少其举荐下，被芜湖市文联吸收为专业画家，月发30元生活费。1979年10月，被安徽省文史馆聘为馆员，月发70元生活费。1980年2月，安徽省美术家协会在省博物馆举办"五老"画展，黄叶村十余幅墨竹首次与合肥观众见面，被誉为"江南一枝竹"。同年，他当选为芜湖市政协委员，才住上一室一厨的房子。他写了"大家好"三个大字，高兴地贴在门上。

黄叶村对"落实政策"似乎并未放在心上，他更关心别人的事。1977年，淮北工艺美术厂派人专程来芜湖，请他往淮北作画两个月。8月20日，他写信给汪友农说："友农弟：上次你来我家时，计划到你们县里去一趟，顺便看看张秘书和金秘书，不料淮北突然来人接我到他们这里来，情面难却，只得随他们走了。在此地大约须二个月住，秋凉一定回芜，再到你们这里来看望，希原谅。近来你一家好吧？工作顺利吧？一切都在念中。""我在淮北一切都很好，找画的人太多，所以推迟到现在才写信给你。沈力现在怎样？请代向他家问好。"

刘渤的父亲刘汉杰1972年被调芜湖军分区担任政委，对黄叶村的画和人品很看重。刘渤母亲当时也在芜湖地委组织部工作。2016年秋天，刘渤在合肥接受笔者采访时说，汪友农曾找到他，想通过他父亲为黄叶村落实政策，解决生活、工作等问题。刘渤称，他曾将汪友农一份手写的材料转交父亲。

刘汉杰看了材料后说，黄叶村落实政策的问题，他曾考虑过。芜湖军分区对黄叶村很照顾，赖少其也说黄叶村画得不错。刘汉杰说："过去我们对黄叶村的情况了解有限，现在有了汪友农写的材料，应当差不多了，但作为一件事来办，还要落在实处才好。最近约黄叶村到家里来坐坐，谈谈家常，也可从侧面核实一下汪友农的材料。"

刘汉杰说，汪友农的文字功底很好，黄叶村能有这样的学生，真是一件幸事。

二十九、急公好义

汪友农有乃祖乃父遗风，耿直任侠，乐于助人。在南陵，受其帮助过的学生、"知青"、同事，甚至素不相识者甚多。

1968年底，毛泽东发出"知识青年到农村去，接受贫下中农再教育，很有必要"的"最新指示"，全国掀起"知识青年上山下乡运动"，数以百万计的城市青年或自愿或被迫奔赴农村，客观上缓解了就业压力。1973年，情况略有松动，有关政策规定：独生子女、革命烈士子女、革命伤残军人子女可以回城，多子女但没有在父母身边的，有一个子女可以回城。直到1978年，政策大转向，大批下放青年回到阔别已久的城市。下放到南陵的知青，得到过汪友农帮助的，有江菊娟、汪安康、张培知等人。

1976年8月1日，安徽省群众艺术馆的张志致函汪友农，托其为江永定妹妹招工之事帮忙。江永定是安徽省文工团演员，他的妹妹江菊娟是1968届高中毕业生，下放南陵省九连公社西七大队8年，当时已经28岁。江永定父母年迈，母亲长期卧床不起，没有子女在身边照顾。张志希望通过汪友农的努力，让江菊娟能在当年获得招工机会。"此事是要经过一番人事上的努力，你和诸友在南陵，均是享有盛誉者，人地两熟，我想你们总会有办法。"江永定持此函专程赴南陵，找汪友农帮忙。

经过汪友农一番奔波游说，此事终于有了眉目。大概于当年11月中旬，他在合肥与张志、江永定见面。11月17日，江永定来函称："经张志介绍，我们得以相识，虽是初交，但对您已不觉生疏，甚至成莫逆之交了。我敬仰您的为人，秉性忠厚、诚挚，鄙弃世俗，并颇富恻隐之心。我也是从不趋炎附势的人，故与您一见如故。"关于妹妹上调的事，他认定："成败关键全在于您，看来其他人只能起到辅助作用（但请您与他们联系，激发出他们最大的能量）。"

28日，张志再致函汪友农："合肥一别又逾数日，前拜托为永定同志妹妹江菊娟上调事，现喜获良机：汪菊娟同志已由大队推荐上报公社。"江永定持此函星夜赶往南陵，张志说："此事具体进行中，深望你能做好落实工作，也深信借助你的威信和影响，一定能实现菊娟同志的愿望。"

1977年3月28日，李瑛致函汪友农，希望他照顾自己的学生汪安康。李瑛原是芜湖师范附小美术老师，后调往芜湖八中任教，他是省内著名油画家，早在1953年芜湖市文联成立美术部时，郑震任部长，他任副部长。汪友农与芜湖市文联常有联系，他有一次在芜湖北门与李瑛相遇，次日曾登门拜访。李瑛在信中写道："当时因未料及你能来访，故未等候，而蒙不弃，你次日光临，未得畅叙，实感歉仄。"他随后说："汪安康同学跟我学画二年，已有石膏、素描、人像速写基础，从现在起要求他进行创作实践，经过草图练习，实有培养前途。"汪安康中学毕业后下放南陵，李瑛请汪友农"多加指导"："南陵美术创作及美术活动等，烦请诸方代为引荐，培养青年是我们教师之责任，请鼎力为之，是为至盼。"

汪友农与汪安康取得联系，给予生活、工作及艺术创作上的关照。当年7月，他再次拜访李瑛，并进行了较深入的艺术交流。李瑛在7月24日的信中说："此次光临敝处，诸般不周，甚感歉仄。所定那张画，待天气稍凉再画，我看你对山水很感兴趣，因此，也决定另外为你画张山水，待汪安康回来时，由他带上。"他谈及南陵县准备举办美术学习班一事，李瑛说："如有可能，深盼能在近期内将汪安康调至县里做好参加学习班的准备事项，或为学习班的筹备工作尽片瓦之劳。请便中与有关同志研究，切盼能早日抽调至县里，在你直接辅导下从事创作实践，乃深感荣幸之事，请诸般代为操劳。"汪安康的父亲汪丹文是芜湖八中书记、南陵县委组织部部长陈世银的老战友。"在抽调过程中，如万一遇有不能解决的困难而需要组织部协助，可去县委组织部找陈部长，请其协助解决。""总之，请诸方奔走，而在近日把汪安康调至县里为学习班或是为其他任务服务，是为切盼！"此信后面附有汪安康地址：南陵县何湾公社合村大队宏一生产队。

张培知是上海知青，1972年下放南陵县农村，在返城过程中也得到过汪友农的帮助。1977年6月8日，她的哥哥张培础来函说："培知是我最小的妹妹，已在贵县插队有五年多了。她人较老实，尽管劳动生产很卖力，现在大队的中心小学教书也很认真，同事们对她也很好，但还是没有能得到上调的机会。今后望你在此方面多多照顾。"

张培础早年毕业于上海美术专科学校中国画系，后曾任上海大学美术学院教授、上海中国画院兼职画师。他在信中写道："我也是在学习中的业余作者，各方面还有待努力。今托我妹带上最近出版的《中国画人物写生》一册，其中我也画了一幅，也可谓最差的一幅了，多多指正。"

张培础的弟弟张培成也是画家，曾就读于中央美术学院和上海大学美术学院中国画系，后为上海中国画院创作研究室副主任。1977年8月28日，他也写信给汪友农，同时送他一幅中国画小品。他在信中说："原来今年大学要招生的，现在因为邓小平同志认为在前几年的招生制度上修修补补不行，所以大约要明年二三月份招，这也许你已知道。到那时也就得靠你帮帮忙了。培知人情世故不大懂的，所以至今还未上调，这更得靠你汪老师多多关心了，我想汪老师一定会尽力的。"1977年恢复高考一事，直到10月21日，国内各大媒体才公布正式消息：本年度的高考一个月后在全国范围内进行。

汪友农乐于助人，很少考虑自己的事；他为人侠义，人脉广，一旦有事求人，也会得到热心帮助。1993年1月，汪友农致函南陵县领导沈为建，请其关照侄儿汪海洋的调动问题："今来信有一事相求，南陵文化局姚远牧同志想调我侄子汪海洋去局里工作，在您力所能及的情况下，请准予为感。"

汪海洋原来在家发乡（原麻桥）文化站工作，曾受到国家文化部（今文化和旅游部）及人事部（今人力资源和社会保障部）表彰，是省级劳模，当年春节前被县文化局抽调到局里工作。按理调动不成问题，但当时面临机构改革，县直机关人员精简，人事调动暂时冻结。3月17日，沈为建回信："海洋只能以抽调的形式临时过渡，以后怎么办，看情况再说。海洋与我比较熟悉，我对他亦很敬佩，能关心的，尽量给予关照，请放心。"10月1日，汪友农在信中又说："我的侄子工作能力不一定很强，但他能团结同志，为人忠实，待人诚恳，今后不会给您丢面子。我已同他讲了，一定要努力搞好工作，来报答组织上的关怀培养。"

次年6月11日，沈为建回信："海洋现在一切很好！由于我的工作太忙，对他的关照是不够的。"沈为建原任县委组织部部长，此时已任县委副书记。6月14日，他在信中又说："海洋的事，已经办好，请放心。"

三十、心系《还轩词》

1980年9月15日，丁宁仙逝，汪友农非常难过。他在《逍遥津畔师恩重》一文中写道："她一生孤傲无旁，饱尝人间艰辛。这么一位秉性刚正、磊落轩昂的爱国词人，难道就这么悄然地离开这个世界？"

汪友农感念丁宁师恩，觉得她诗词创作成就如此之高，而没有正式出版的词集，与其艺术成就不相匹配，因此一直试图为其出版铅印词集。

早在1974年，汪友农看望丁宁时，谈话中即提到《还轩词》的价值及重印问题。丁宁笑着说："我的词百年后能传下四五首就可以了。"汪友农说："怎么就四五首呢？您太谦虚了。"丁宁："苏东坡大量诗词，好的也不超过10首呀！"

1982年8月23日，汪友农致函施蛰存[①]，谈出版《还轩词》事。信中仍称丁宁为"姥姥"（皖南方言姑姑）。其函如下（有删节）：

施老师：

您好！

我叫汪友农，现任南陵师范美术教师，已故安徽省图书馆丁宁同志是我姥姥。她离开人世间两周年迫近了，姥姥临终留一遗言，晚辈我未能力办，深感不安！

她生前曾一再叮嘱我，若印她的《还轩词》，一定要把您写的跋放到里面。记得当时接到您写的跋，她激动不已，多次令我朗诵，她每次听后喜泪盈眶，欢悦之情难以言表。她说您是她千载难逢的唯一知音。

去年《新华文摘》转载了我省《艺谭》介绍我姥姥丁宁的文章，今年《诗刊》开始陆续刊登她的词。我省出版局答应将她的词集正式出版，为此特请您在百忙中将原跋用毛笔再书写一张。我想等出版她的词集时力争把您的墨宝影印出来放上面，以实现她的遗愿。能另赐晚辈墨宝一帧，更是不胜感激！求宝心切，失礼之处，敬请长辈原谅，翘首盼复！祝您健康！

汪友农敬启。

---

① 施蛰存（1905—2003），原名德普，以字行。浙江杭州人，华东师范大学教授、作家、翻译家、教育家，博学多才，在古典文学和金石碑帖研究方面亦有极高造诣。

8月30日，施蛰存复函（有删节）：

友农同志：

惠书及纸均收到。

我昔年偶然见到丁宁同志的词，十分佩服，故抄存一册并系以小跋，不意丁宁同志深有知己之感，这是出于她多年寂寞无人了解之故，她的情绪是可以理解的，可惜我和她终未获一晤，实为憾事。

我不工书法，跋文可以写奉，但不能用大纸写，俟天气稍凉，当仍用小纸抄录一份寄上。至于你要的拙书，恐怕我不敢献丑，也只好随便写一小笺，留作纪念。

《还轩词》能铅印，甚好，但不知能否用旧式直行排印？

先此奉复。大约九月底可以将跋文抄件寄奉，近日不及动笔也。此颂大安！

施蛰存顿首。

汪友农在《逍遥津畔师恩重》一文中说："我给施蛰存先生去了一封信，谈我要给丁宁老师铅印《还轩词》一书之事，施老回信说《还轩词》能铅印甚好，建议我竖行排印。"

1985年8月，安徽文艺出版社正式出版《还轩词》，可能因为远在南陵，又忙于教学与绘画事业，汪友农并未参与此书出版事宜，但仍乐观其成。他说："书印出后很快被抢购一空。"他的朋友、画家韦君琳购得两本，以其一相赠，以回报当年获赠安徽省图书馆古籍部油印本《还轩词》之谊。韦君琳在赠书上留言："友农兄曾割爱相赠词人丁宁大作油印本，颇为兴奋。今吾得此书两册，特复赠于友农，仅作情意，愚弟君琳于沍。"

安徽文艺版《还轩词》为铅印横排，并未按施蛰存设想的旧式直行排印，且有部分错漏。汪寄清认真校读此版《还轩词》后，在笔记本上详细记录"吴万平同志笺注的《还轩词》上的错别字"：第5面第3行第2字"同"字；第12面第4行原为"蝶衣零落"，改为"打窗落叶"；第39面第2行"茌"字；第43页第8行"昭"字；第48面第6行"糁"字（粞）；第75面第2行"忧"字；第110面第15行"廛"字；第133面第1行"楊"字；第141面后记第1行"斐"字；第81面"薦#"注释；第133面"燕#"注释。

汪友农对此版《还轩词》也不满意，一直念念不忘有机会再版此书，放大开本，增补遗漏的好诗词，并遵循施蛰存建议，采用竖行排印。1980、1981年两版油印《还轩词》均由张恺帆题签。1994年3月19日，汪友农曾致函全国政协副主席赵朴初，请他给《还轩词》题签并作序。可惜此愿并未得偿。

汪友农还关注着与《还轩词》有密切关系的另一位老人——华东师范大学教授周子美，虽然他无法再为此事尽力。周子美于1998年去世，享年103岁。汪友农曾摘录同年8月23日《新民晚报》的一篇报道："周子美教授现年103岁，仍健在，仍居住在师范大学校园，老伴已于七年前去世。他有四子一女，但他未和子孙同居。"

据刘渤回忆，大概在2001年，汪友农曾跟他深入交谈过《还轩词》的再版问题。他说，丁宁的油印词集，有很多诗词没有印上，他父亲在世时就想好好再出一次《还轩词》，对油印本进行修正。刘渤问，第一本诗集为什么不完全？汪友农说，第一，当时父亲收集的有限；第二，政治气氛不允许；第三，也有丁宁本人的原因。丁宁生活在江南，与朋友交流的诗词，有许多散落在外地。汪友农说，黄叶村画册出版后，他还有一件事，就是出版《还轩词》。

2003年，在广德太极洞，汪友农再次与刘渤谈到丁宁及《还轩词》。他说："功夫在画外。我要学习练习的东西太多，我老师的书要出。丁宁的书要出。"他认为，应当全面写一下丁宁和她的诗词，但他时时觉得底气不足，写这样的书他只能当个助手，要对历史有个交代，要对得起自己、对得起丁宁才行。

2009年，汪友农在《珍藏在心中的最美画卷》一文中，再次回顾《还轩词》的出版经过。

三十一、不放画笔的人

1983年10月9日，星期天，汪友农在日记中写道：

> 我不是讲师，住房面积超过了，今天要让房。我在自己被"囚禁"的一捆画中偶尔发现一张有修改希望的画，心中很是高兴，把几天来为了住房的苦恼的愁云冲跑了……我这个人画画，往往是一幅画成了很高兴，挂了两天就不满意了，然后打入冷宫，有的则被囚禁起来，枪决的则多作了废的。半辈多的人了，没有一幅自己称心的东西，叫人不安啊……我不死心，不愿罢休……我说我是一个死不放画笔的人，永远不会满足自己作品的人，到死后也不会满足的人。其实一个真正的艺术家，他满足是暂时的，不满足才是绝对的。

从这则日记中可以看出，住房对他来说并不是问题，他也不太将此事放在心中，绘画艺术才是他真正难以割舍的。"死不放画笔的人"是他对一生艺术追求的形象概括。

大概在1983年底，南陵师范学校讲师楼落成，汪友农分得一套新房，居住条件有了很大改善，作画也更为方便。黄叶村来南师讲课，住在他家，也在他家中作画。郑希平回忆，有一次黄叶村作画，他在一旁研墨。黄叶村边画边与汪友农切磋画艺。骆先恩的一段回忆，也可视作对汪友农艺术精神和人格魅力的诠释：

> 汪老师在教学之余心无旁骛，醉心于诗书画，用生命诠释艺术，用水墨追寻理想。他很少和社会上的人交往，业余时间全用在书画上。记得1985年事业单位加工资，大家都很关注。这也是人之常情，那时经济条件都不怎么好。但汪老师能超然物外，好像没有发生这件事一样，天天照样工作、画画，很平静。和我谈诗论画，照样天天晚饭后轻松快乐地和我一起到野外散步。他对我说："心底无私天地宽。只有淡泊名利方能专心书画研究。"他特别佩服陈子庄、黄秋园、黄叶村等在逆境中取得成就的画家，尤其佩服他们的人格力量。曾有人找他画商业画，请他搞设计，那样经济收入会很高，但他拒绝了。

南陵师范校园里有一座小灰楼，坐北朝南。在二楼靠东面顶头有一间小屋，是汪友农的办公室兼工作室。毕业30年后，方和宝对这间小屋记忆犹新："那间小屋子不过十几平米，设施极其简陋。正中间是一张大方桌，上面铺着灰色毛毡。说是桌子，其实是一块长约2米，宽有1米余的木板，下面用架子支起，桌子一端摆满笔墨纸砚等作画工具。屋子东面墙根立着一顶橱柜，里面放着教学用书、学生绘画作品和文房用品等。西边墙上挂着几幅老师的画稿，常常墨色未干老师又拿下来接着修改……"

方和宝特别提到一个没有盖子的硬纸板箱，在屋子靠北窗台下，装着汪老师的画稿——被丢弃的画稿，多被揉成一团一团的。他当时好奇，有一次在里面翻找，竟然发现一张仕女图册页，他认为非常好。人物已具雏形，背景点染尚未完成，那画中女子衣褶明晰，线条圆润流畅，30年后仍未忘怀。他不知道汪老师为何要丢弃它，也不敢问，直到后来在课堂上汪老师让大家欣赏达·芬奇的《蒙娜丽莎》，才大胆猜想——是人物眼神和面部表情没有画到自己希望的程度。这个硬纸板箱里的画，大概就是汪友农所称被"囚禁"，甚至被"枪决"的作品。

他对自己的作品永不满足，对自己笔下人物近乎苛刻的要求给学生们留下了深刻的印象。其实何止是人物画，他转攻山水后，对自己笔下的山水也持同样标准。方和宝记得，汪老师在创作《三峡》时的情景——初稿挂上墙壁，笔迹未干便又取下皴染点画，复又贴上墙壁观察审视，旋即又拿下放回桌上，再次勾画点染，如此反复多次……方和宝说，只见画上"墨色层层叠加，岩壁愈发坚实厚重，显出宏伟险峻之势；留白之处愈加飘逸，峰峦之间烟雾缥缈，透出一股灵气。一带水色，风高浪急中一帆隐现，还有那岸上的小屋和微微泛红的灯光……"

灰楼上的那间小工作室，还兼作学校美术活动室，由一间教室隔出三分之一而成，后来他把这间小工作室腾出给骆先恩作宿舍，自己则搬回家中在卧室里作画。骆先恩说："他的房子很小，只有放床的那一面墙靠近窗户，看画效果好。为了看画，他每天早早搬走被褥，把床拆掉，再挂画欣赏、琢磨，晚上睡觉前再把床复原，天天如此，一直到他1986年底离开南师。"骆先恩说："我看了觉得太麻烦，他说习惯了就好了。这件事对我触动很大，同时也感到汪老师爱画爱得多深啊。他已经和画融为一体，他对艺术的追求精神是常人做不到的。"

1993年，汪友农曾赠送同乡沈为建两幅山水画。他在信中写道："我明白目前的画根本不能示人，等两年可能要画得好一点。到时我再送给您两幅，把今天的换下来撕掉。"

三十二、看美展与办讲座

1984年10月1日，第六届全国美展在北京、南京、沈阳、成都、杭州、上海、西安、广州、长沙等九大城市同时举行，共展出作品3700多件，分15个画种，盛况空前。此后各展区优秀作品集中到北京展出，并增加"港澳台特邀展"。

美展开幕当天，汪友农与南陵县文化馆美术干部邢见，还有学生骆先恩一起去南京观展。展览场面之宏大，内容之丰富令人感叹。骆先恩刚从乡下小学调到南陵师范当美术老师，此行对他是一次难得的艺术大餐。时隔30多年，他向笔者描述南京之行，仍有历历在目之感。

第六届美展的中国画基本代表了20世纪80年代中期创作面貌，全国有影响力的画家几乎悉数参展，创作主导思想也是前一时期艺术观念的延伸，社会题材占绝对优势，而一些探索性新作也据有一席之地。此届美展授予老画家叶浅予、关山月、刘海粟、朱屺瞻、李可染、吴作人、钱松喦、蒋兆和荣誉奖，授予香港画家刘国松、杨善深、赵少昂及澳门画家崔德祺特别奖，表彰他们对当代中国画的贡献。此届美展中国画中人物画蔚为大观，花鸟、山水则略显单薄。获金银铜奖的作品47件，人物画达28件之多，其中金奖两件作品都是人物画；山水画有12件作品获奖。此届美展年轻作者辈出，国画作者有四分之一年龄不到30岁。

汪友农、骆先恩此行专程拜访过林散之、张正吟等人，随后又去南京博物院看古代名画。骆先恩还记得一个场景：徐渭的《杂花图卷》，宽尺余，长约两米，放置柜中，是该院镇馆之宝，有画家派头很足，裁好宣纸对照此卷临摹。汪友农告诉骆先恩，这样摹没有用，徐渭《杂花图卷》是写意画，关键要掌握它的精神。

汪友农通过参观全国各大博物馆、美术馆，欣赏传统艺术精品和当代名人画作，受到艺术熏陶，意境大开，对他的创作也有很大影响。中国历史上除皇室贵胄外，绘画几乎都由私人收藏，家族传承，一般秘不示人。汪友农老师黄叶村在成长时期，有幸拜观汪福熙家藏新安画派优秀作品，艺术境界大为精进。他自己接受熏陶的同时，也希望学生能有机会多看画展，进一步了解传统，热爱绘画。骆先恩回忆："汪老师每到一处博物馆、美术馆，若有好的画展肯定要看，新华书店也是必去的，看到一本好的画册便爱不释手，不买下来脚步迈不动。"

方和宝还记得1985年汪老师带着他们七八个学生去芜湖看画展的情景。他说："虽然画展的名称早已忘记，但是老师为我们耐心讲解，指导我们作批判赏析的细节还历历在目。"方和宝的家乡繁昌县与南陵一样，同属芜湖市辖，那一次随老师看画展，居然是他第一次到芜湖。他回忆："20世纪80年代初，芜湖还存有许多古建筑。看完画展，老师带领我们走街串巷，我们紧随其后，已经记不清是哪条街哪条巷，只记得老师指点着街巷两旁古老的陈设，高耸的门楼，古铜色的匾额，精美的砖雕，镂空的窗花……"触类旁通，将古建筑与中国传统的绘画融为一体，可能是汪友农教学与绘画创作的又一特色。

汪友农善于从经典中国画作品及同时代优秀画家作品中汲取营养，这种学习方法自然也影响了学生。2016年秋，"梦回新安——汪友农中国画艺术展"在合肥亚明艺术馆开幕，参观者络绎不绝，摩肩接踵，其中很多都是汪友农的学生。骆先恩说："我看了汪老师这次画展，很震撼，敬佩之情更深了，他的成功与他的为人和性格有关。"徐成平说："我去合肥参加汪老师遗作展，被汪老师的精神感动。去世前三年是老师的创作高峰期，画了不少六尺大画，笔墨精到，风格老辣。画大幅很累，不说是一位七十多岁的老人，就是年轻人也难以坚持。"

办讲座是汪友农的又一课外教学方式。他在南陵师范共举办过七八次讲座，除本人主讲之外，还请省内外著名画家和高等院校美术教授来讲。当时国内高校学术交流尚不发达，汪友农在南陵师范能有此魄力实属不易。有两个学生请假回家未能听到某星期天的讲座，回校后听其他学生介绍画家边讲边表演的情景，后悔莫及。一位说几夜睡不着觉，另一位说这是终身一大憾事。从这些平常的言语中可见，讲座在学生中所起的作用很大，汪友农本人也受益匪浅。

他请来的画家和专家，除黄叶村外，还有省内国画名家萧龙士①、卓然②、赵萌③，江苏画家杨建侯、赵良翰、张正吟等。他请这些人，有时是私人花钱招待，比如黄叶村，每次来南陵吃住都在他家。

1984年4月13日，政协南陵县委员会通知南陵师范，经第一届常务委员会第十九次协商会议通过，汪友农为中国人民政治协商会议南陵县第二届委员会委员。此后他又担任第三届县政协委员，参政议政。1986年5月13日，南陵县政协三届三次会议召开时，全部115名委员共分为8组，汪友农被分在第7组。这一荣誉，得自他在南陵师

---

① 萧龙士（1889—1990）原名品一，字翰云，斋名墨趣斋，安徽萧县人。早年毕业于上海美术专科学校，与李可染、李苦禅、许麟庐等艺术名家情逾手足。书画风格上承扬州八怪、吴昌硕、齐白石，下启江淮大写意画派。绘画以花鸟为主，擅竹、梅、菊、松、兰草、荷花、牡丹、雁来红等，融南吴北齐画风于一体，技艺精湛，画风儒雅酣畅，质朴淳厚。先后任中国美术家协会安徽分会名誉主席、安徽省书画院名誉院长等职。1975年，萧龙士应邀来南陵师范学校举办讲座，并进行书画辅导。

② 卓然，安徽萧县人，出生于1924年，堂号啸歌楼。1953年毕业于南京师范学院（今南京师范大学）美术系，师从陈之佛、傅抱石、杨建侯等人。能画油画、版画，更擅长中国画，题材包括狮子、老虎、人物、山水、花鸟，兼擅狂草书法、金石篆刻。

③ 赵萌，1950年出生于安徽无为，1974年毕业于安徽师范大学艺术系，1985年进修于上海大学美术学院雕塑系。安徽师范大学美术学院教授。赵萌年轻有为，汪友农对他十分尊敬。他的长女汪田霖、儿子汪欣早就读于安徽师范大学艺术系时，都曾受教于赵萌。

范的出色教学成果和在绘画艺术领域的卓越建树。

三十三、办画展

汪友农在《“爱好”是最好的老师》一文中说："我们还利用课外这个阵地，尽量做到让学生生活在画的海洋里，陶醉在美的环境之中。十几年来，我们共举办了十三次大型美展，小型展览不计其数。一般学校举办展览前先要号召在班级搞小型美展。还根据需要曾举办过各种类型展览，如：课后曾举办过'作品交流展览''校园风光美展'；利用寒暑假组织'我可爱的家乡美展'；发现学生对美术迷信，我们举办初学'第一张画展'；根据女生对画画不感兴趣，我们还举办过'女生画展'等。每次展览结束都要发纪念品，对优秀作品给予奖励。我们曾组织两届美展优胜者代表去南京、合肥参观全国美展，回校后召开大会传达观后感。这一系列措施，大大激发了学生画画的热情，起到在课堂上无法起到的作用。"

骆先恩回忆："每年举办大型学生美展，经常举办优秀美术作业展，为学生提供展示交流平台，得到校领导高度评价，引来社会上许多群众前来观看，成为学校一道亮丽的风景线。汪老师亲自创作国画作品作奖品，并题'南陵师范学校美展优胜纪念'，盖上'而今迈步从头越'印章，美展优胜者如获至宝，受到极大鼓舞。"

方和宝说："至今还记得，在学校图书馆大厅里为我们班级（三年级2班）举办了画展。我是美术课代表，从筹备到展出，老师忙里忙外，布置展厅，亲自装裱、悬挂学生作品等等。老师还特意作了一幅画，画的是梅花，苍劲古拙的干，曲折而充满生机的枝，朵朵梅花傲雪绽放。这幅画我一直珍藏着。"

方和宝还记得，汪友农曾在小灰楼一楼小教室里为三年级的5个同学举办"五人画展"，在同学中反响强烈。

1980年秋天，汪友农在南陵师范举办了一场别开生面的齐白石作品临摹展。当时国家招生制度刚刚恢复，南师学生大多来自农村，文化课成绩都很好，而艺体方面几乎一无所知，知道国画大师齐白石、黄宾虹名字的学生都很少。面对这种状况，汪老师想："师范生是未来的教师，是培养人的人，不懂美术怎么行？"于是利用休息时间精心临摹60多幅齐白石代表作品，并自己装裱，选择一个周六下午，在学校操场举办"齐白石绘画专题讲座"。骆先恩回忆："那天，操场四周悬挂着汪老师临摹的齐白石作品，皆酷似真迹。除学生外，听众尚有学校领导和部分教职员工，气氛热烈。汪老师先介绍齐白石生平和艺术风格，再逐一分析他的虾、蟹、鸽子、不倒翁等代表作品的思想性和笔墨。讲座结束，全场爆发出雷鸣般的掌声。这场讲座使渴求知识的学生感受到绘画的魅力，萌发想学绘画的愿望。"

对此，汪友农本人也有记述："1980年，我校招收的学生一般年龄较大，对画好画信心不足。针对这一情况，我们特地举办了一个齐白石画欣赏讲座，着重介绍这位自学成才的绘画大师。讲座在学校大操场举行，讲台后方挂着绘制的齐白石大幅画像，贴出大幅画卅余张，组织全校学生听讲座。学校领导和教职员工绝大部分也主动前来听课。讲座之后，画画之火很快又在校内熊熊燃烧起来。"

1986年5月16日，南陵师范举办师生画展，共展出学生画111幅、老师画30幅、名家画33幅。汪友农为画展撰写前言："美育作为人生最高理想追求，将越来越被人们自觉接受。马克思曾预言，到了共产主义，每个人都将成为艺术家。我校几乎每年要举办一次大型书画展，就是想朝这方面作些努力。以往我们只组织学生参加，今年这次展览教职工也拿起了画笔，南师书画之鹰从此插上了双翼，这是一只雏鸟，我们深信以后将会长成矫健的雄鹰，愿她将来搏击长空！借此机会，我们还展出了学校珍藏的卅几幅名家字画，意在给光临的同志们多增点美的享受，这就是我们最大的愿望了。"

三年级学生丁爱莲的写意画《花猫图》用笔大胆，叶永芳的《葡萄》设色高雅，彭捷的《鸡》很有新意，二年级学生蔡垚的《纳凉》构思新颖……这一幅幅书画，有表达对过去岁月的甜蜜回忆，有寄托对未来生活的幸福憧憬，凝聚了全体师生对美的追求和向往。时任县委书记曹忠山、副书记奚振、县长敬元康、人大常委会主任徐新义、政协主席俞柏青、人大常委会副主任李杰、县委宣传部部长许锦达等参观画展并留言。前任校长程志生参观画展后有感而发，即兴赋诗一首：

> 东风著意百花开，叶茂香浓蝶自来。
> 落墨随心成艺境，挥毫应手见高怀。
> 今日梓楠同受范，他年桃李广培材。
> 荆关堂奥齐登日，与君携手上春台。

两位外地画家专门来看画展，留言抒怀："长恨春归无觅处，不知转入此中来。"

在办各式各样学生画展的同时，汪友农还借鉴自己学习美术的经验，重视墙报和板报的作用："我校除每个教室上有上课黑板外，在教室后面、室外走廊上以及公共场所置有固定大黑板四十块。这些黑板内容由各班负责定期更新。我们教实用美术时，特地注意辅导各班美术骨干，好将板报办得更好一些，让学生耳濡目染。"

除了学生画展，他还积极创造条件举办大型名家画展，其中包括两次黄叶村画展。南陵师范学生画展影响已经波及南陵县，而举办黄叶村画展，影响达到皖南地区，甚至远至省城合肥。这两次画展的经验，也为他后来在合肥和北京举办黄叶村画展奠定了基础。

他在《高处不胜寒》一文中写道："1984年4月和1985年5月，我两次为他在南陵县举办画展。南陵县文化馆搞美术的邢见想邀请我老师同他办联展，却被拒绝，后来邢也邀请我参加，老师就高兴地同意了。"

筹划联展事宜，始于1983年底。12月16日，黄叶村复函："来信收到。郝的两张画及一副对联都作好。关于联展可以，就是望南陵文化馆来人将我的作品拿去，在沈力（处）裱起来。近来你的工作、大小人都好吧？常在挂念中。叫他们赶快来人要紧。此致近好！向邢见问好。"

方和宝回忆举办黄叶村画展情形："初春时节，春寒料峭，可是新落成的学校综合楼一楼春意盎然，一楼的大厅里展出了黄叶村老先生近百幅作品，有很多大尺幅的精品。"汪友农介绍，黄叶村此次展出的许多作品都是第一次公诸于世。为举办这次画展，他还特别邀请时任安徽省文联主席的赖少其和著名书法家武中奇题写展幅。展览期间，又特地从芜湖邀请黄叶村莅临现场，举办讲座。方和宝说："黄叶村先生虽然已经74岁，但是精神矍铄，他为我们作了一场精彩的让人振奋的报告，并现场为我们挥毫作画。后来听人说，这些安排都是汪友农老师个人的行为，所有费用都是老师自掏腰包。老师为了艺术，为了学生，牺牲得太多太多了！"

1984年3月，由芜湖市总工会及南陵、青阳、繁昌、芜湖四县总工会举办职工美术书法摄影展览，汪友农国画《黄山烟云》入选参展。

黄叶村、邢见、汪友农绘画联展于1984年4月举行。4月12日，汪友农致函黄叶村（按：韩振清代写），汇报画展筹备情况："您、邢见和我三人展，现已筹备好，定于4月17日上午开幕。""为了这个展览，邢见吃了不少苦，不仅自己赶画、装裱，还要到处奔波，近两周来，光去合肥往返两趟。我们邀请省美协郑伊农、《安徽日报》郑若泉、《画刊》陶天月、群艺馆邵灶友、《安徽文化报》金谷等同志一并来陵作指导。为了提高展览水平，想在您处再借若干幅撑撑门面。15号派车去接您来，特来信先告。因工作较忙，见面再谈。"

多家媒体刊发画展消息，其中有介绍："汪友农是南师美术教师，中国美术家协会安徽分会会员。从小酷爱绘画，16岁读中学时，就荣获南陵县第一届美展一等奖。1975年创作国画《稻是队里的》在省里展览并出版，影响颇大，得到国画界前辈们赞赏。"又有报道称："江南如画，美丽如画的江南，培育出无数画家，愿三人联展作一开头，今后经常举办这一类型美展，介绍更多的画家，让南陵美术事业在江南艺苑中射出夺目的光芒！"1984年4月29日，《安徽文化报》刊发消息："由南陵县文化局举办的'黄叶村、邢见、汪友农中国画展览'于4月17日至30日在县文化馆展出。省书协副秘书长郑伊农，安徽《画刊》编辑部陶天月、高万佳，《安徽文化报》金谷等出席了开幕式。开幕式上，省书画知名人士当场题诗作画，以示祝贺。黄叶村以'江南一枝竹'驰名大江南北。邢见和汪友农均是省美协会员，这次展出的87件作品，题材多样，风格各异，大部分反映了美丽的江南风貌。"参加联展开幕式的还有张建中、郑若泉、王涛等人。

第二次黄叶村画展由南陵师范与南陵县政协、南陵县委统战部共同举办，1985年6月2日，三单位共同发出"邀请书"："为了丰富南陵人民文化生活，特举办安徽省著名画家黄叶村画展，定于1985年6月5日上午八时半在南陵师范实验新大楼举行开幕式，请光临指导。"

三十四、《迎春》图的挫折

20世纪70年代后，汪友农迅速捕捉到春的讯息，投入艺术实践。始作于1983年的《迎春》图就是这一实践的结晶。方和宝回忆："还记得老师在画《迎春》图时，亦几易其稿，并多次到农村、到集贸市场观察体验生活。老师教导我们，要深入生活，了解你周围的人和事；要勇于观察，更要善于观察，要能抓住人物瞬间的'神'，这样画的时候才能将这种'神'通过你的画笔传达出来。"

方和宝说，《迎春》图画的是一位卖花姑娘。画中的人与物给人以清新之感。小姑娘简笔点染，身后的迎春花则笔墨繁复，大量运用线条和块面，还有细碎的金黄色花瓣。一简一繁，形成鲜明对比，人物在繁复大块的花朵映衬下更显神采！画名《迎春》，扣住了画面内容，更歌颂了改革春风带给人们精神上的变化。

这幅《迎春》图是汪友农夜以继日创作的结果，自然也是得意之作。他将此图交县文化馆，拟由文化馆上报省城，准备参加美展，结果却如石沉大海毫无反响。

第二年春风又起，他仍以那幅画为基础，重新创作一幅《迎春》图，再次交到县文化馆。这一年，他特地赶到省城参观美展，但仍然没能见到自己那幅画的踪影。他觉得不可思议，根据自己的创作经验，这幅画充满时代气息，题材及画面都非常新颖独特，不可能落选！他百思不得其解，回县城询问，文化馆工作人员支支吾吾，才发现这幅画压根就没有交到省城。

汪友农心如明镜，知道是有人出于嫉妒故意压制自己，但不好当面发作，只能把愤怒和痛苦压在心底。他在《一生痴迷诗与画》一文中有意回避《迎春》图一事，但他说："80年代初，与我交往了近20年的黄叶村先生看着我在追求艺术的道路上一路成长，语重心长地对我说：'你有能力画山水，多画些山水吧。'"据韩振清回忆，这是他把此事告诉黄叶村时，老师对他的安慰之语。

"能画山水"，这句话当年汪友农也曾对黄叶村说过。那是1980年，黄叶村告别蛰居廿年的草棚，搬进一套一房一厨的旧房，生活条件有所好转。汪友农登门拜访，只见门上换成"大家好"三个大字的春联横批，喜悦之情可见一斑。跨进门，发现墙上挂着一幅五尺对开

《南陵永林渔村图》，横披浅绛山水，出手不凡，很有气势。汪友农说："您能画山水！但这张画右边用线没有左边松秀苍润。"随后又劝其不要放弃，要坚持画下去。黄叶村说："听了你的批评，下一张一定比这张好。"黄叶村当年画竹闻名遐迩，被誉为"江南一枝竹"，后来的山水画推陈出新，成就斐然，也许与汪友农的这句话有关吧。而当汪友农情绪低落时，老师又反过来对他说"你有能力画山水，多画些山水吧"，这句话给了他莫大的鼓舞和安慰！

汪友农每次见到黄叶村，都会拿出自己的作品让他提意见，请他一一点评，耐心讲解。1982年，汪友农创作《山村古木》，黄叶村题跋："山村古木数人家。友农同志携来山水一帧，读后觉得很有石谿之法，希深追之，叶村记。"同年，他又作《九华秋色》，黄叶村题："中国画要以六法为主，更要注意画派与笔墨和皴法，在色彩上要做到对比，尤其是画山水须经常练习，以及书法达到书画一体，希今后注意之。叶村记。"

20世纪70年代末、80年代初，汪友农受黄叶村影响创作了大量山水画，除《山村古木》《九华秋色》外，尚有《皖南春色》（1975）、《新安江之源》（1978）、《凌云山》（1978）、《春雨江南》（1979）、《巴峡图》（1979）、《飞瀑图》（1979）、《江边夕照》（1980）、《美景入画》（1980）、《观瀑图》（1980）、《松柏听涛》（1981）等。

1984年，骆先恩调回南陵师范任教，时常与汪友农切磋画艺，几乎形影不离。骆先恩当时喜欢画竹，汪友农说，你不能只照古代的，构图、形式应该有现代感。于是随手画了一幅《翠卧图》，画两支横卧的竹子并题跋："翠卧图，创新草稿之一，先恩参考，友农于南陵。"

骆先恩还保存着汪友农的另外两幅小画，都作于1988年。一幅四尺三开山水，题款："骆起画友存念，丙寅年春，友农变法开始也。"骆先恩说，这幅画一气呵成，可见变法创新的观念在他脑中盘旋已久。另一幅人物画《陕北老人》，题记："中国画人物已丢掉十余年，今骆起要我作人物示范，吾下笔时脑中还在想山水也。但中国画无论山水人物，用笔基本相同，不可轻、滑、媚。画人物要懂素描，熟悉人体结构，做到心中有数，下笔浓淡枯湿一气呵成。另外设色尽量不要挨墨。一幅成功作品，笔墨效果是关键。丙寅春月写，供骆起画友参考。友农一挥并记。"

《迎春》图事件后，汪友农告别主旋律人物画，更多地转向传统中国山水画。《迎春》图的挫折也刺激了他的创作欲望，1984年5月20日，他在《安徽文化报》发表国画花鸟《双鹰图》；7月15日，在《安徽文化报》发表国画花鸟《梅鹤图》；9月4日，在《芜湖日报》发表国画花鸟《雨后》；1985年5月15日、18日，分别在《宣州报》发表国画山水《九华秋色》《九华肉身殿》。

第五章　调入省城　作育英才

三十五、艺术反思与坚守传统笔墨

汪友农在自身艺术实践中，已经对"高大全""红光亮"的套路进行过深刻反思，只不过他的路径是回归传统，加之黄叶村等师友的影响，他是坚定的传统派，因此对"中国画已到了穷途末路的时候"这句话特别反感。

1988年5月，黄叶村逝世一周年之际，汪友农在纪念文章《为艺术而默默耕耘一生——为纪念黄叶村老师逝世一周年书画展而作》中写道："后来中国画画坛刮起一股全盘否定传统之风，很多人对'打入传统'的学习方法产生了怀疑，学生中也有不少受到干扰，大有'山重水复疑无路'之苦。1982年12月，黄老从四川讲学归来，画《三峡图》。此幅高图大嶂，危峰削壁，烟波浩茫，具千丈之势，使人产生一种'神惊目眩'的威严之感。老人从这幅画开始一扫旧习，脱尽窠臼。学生观后茅塞顿开，深切地体会到中国画有无限的生命力！老人的《南陵三里宣纸厂归兴图》更勾魂摄魄。他无心成家，因功力极深，信笔挥洒，天然无饰，祖国苍郁华滋的壮丽河山跃然纸上，达到不可名状的艺术感染力。"

他在《"中国凡·高"——黄叶村艺术生平简介》中写道，在社会上一度高喊中国画穷途末路之时，黄先生送了我一副习书对联"晋传二王书，有情；唐存三颜稿，无意"，横批是"翰墨延年"。他说："中国画的线与中国书法同样断不了，地球上只要有龙的传人，你就能听到'龙吟'，看到龙的心迹——中国的书画艺术。"

1992年，吴冠中《笔墨等于零》一文，引发国内画坛轩然大波。吴冠中以西画出身又回归中国画，他的观点受到美术界甚至社会各界的高度重视，影响更大。

汪友农对"笔墨等于零"这一说法也同样反感。他在《根植传统，通向辉煌——编〈黄叶村画选〉有感》一文中写道："20世纪中国画坛，由于一些人盲目崇拜西洋画，加之极左思潮的干扰，几千年的中国画优秀传统得不到很好的继承和发扬。心态浮躁者说：'到了吴昌硕已是顶峰，不可能再发展了。'更有甚者，西画未学好，改行学国画，还不懂笔墨是什么，干脆提出'笔墨等于零'。这些造成了画坛继吴昌硕、黄宾虹之后笔墨功夫深厚的画家越来越少的状况。"他在给薛永年的信中谈到黄叶村时又说："我想也正因为如此（秉性刚烈），他的作品中才浓缩着太深厚的中华文化，那极具生命力的笔墨，对于当年说'笔墨等于零'的'大师'是一次有力回击！中国画非常重视'童子功'，如果像这位'大师'油画未学好改行学国画，心志又浮躁，整天想找捷径，制造轰动效应，他的所谓艺术我看等于零。因为我在一展览会上，看到他与两个追随者的作品挂在一起，无法分出高低，倒觉得追随者比'大师'略胜一筹。我想你们评论家任重而道远啊！"

其实，吴冠中称"笔墨等于零"有前提条件，他认为脱离具体画面的孤立笔墨，其价值等于零。吴冠中说，笔墨本来是手段，但是中国绘画界习惯于用笔墨来衡量一切，笔墨成了品评一幅画好坏的唯一标准。他更重视素质、功力、题材、技法的综合效果。他的本意也不是全盘否定传统，而是要将传统与创新结合起来。比如他说，石涛写

《画语录》，是为反驳有人说他"没有古人笔墨"。

汪友农重视传统、钟情传统，也是强调与现代、与创新相结合，从他的讲课提纲（或可视作论文提纲）中即可看出：

学传统时，要明其理，知其要，与现实结合才能灵活运用，绝对不可以食古不化，不知创新。传统和造化要灵活辩证应用，而不是一味地因循。

中国画是诚实画，不老实不行，妄图欺骗取胜不行，或可骗少数不懂艺术的画商，但骗不了时间，历史是无情的。

年青（轻）人不能学梁楷简笔法，简洁不是简单，简成恰到好处，不是高手不能为。年青（轻）人还是从繁入手，不怨其繁是正道。简单从事易养成偷懒恶习，那就坏了。

年青（轻）人不能学八大。先学怪，是学坏。

李唐《万壑松风图》斧劈皴有力度，感觉山石很坚硬，但学者要防生硬。如今许多大家学斧劈皴，钻到牛角尖里。

骆先恩说："汪老师是一位主张弘扬民族精神，学养深厚，求变求新的人。他曾多次讲李可染的一句名言：'用最大的功力打进去，用最大的勇气打出来。'平时在画展或报刊上看到的一些画，乍看很有新意，但经不住细看，不耐看，原因是传统功夫差了。汪老师说：'我的传统功夫也弱，需要临写一批古代经典绘画作品，在师古人的同时还要师造化，对真山水作大量写生，借古以开今。'他长期订阅《艺苑掇英》，有古代作品，《中国书画》则是近现代作品。"从"梦回新安"合肥展上的作品可以看到汪友农在这些方面下了非同寻常的功夫。摹李唐、沈周、夏圭，他的画都是有来历的，交代得很清楚，不是瞎画。

方和宝也说："汪老师特别注重传统，从传统中汲取精华。"方和宝遵嘱临习古人作品，照着画谱临了不少山水和花鸟画，汪友农为他一一批改。

临摹与写生是分不开的，汪友农常说："大自然是最好的老师。"他告诉骆先恩，自己临摹大量古代经典之后，还要写生，下一步计划画黄山，要在黄山住三年五载，看黄山风雨阴晴的各种角度，走遍每个角落，朝夕写生，然后用十丈长的宣纸作黄山巨幅山水画，在点染皴擦的同时，学习张大千、刘海粟的泼墨泼彩，名曰《五百里黄山》。可见他对黄山之钟情。他还说："干就要大干，那样的作品才有震撼力。"他计划游历天下名山，还要把庐山瀑布、黄山云雾、泰山松和漓江水融为一体，画在十丈长的宣纸上，作《万里长江图》。

接受笔者采访时，骆先恩说："汪友农老师是很气派的人，如果能再多活十年，他的这些设想都会实现，他作品的面貌还会有很大的变化，更会令世人震惊。"

三十六、调动

汪寄清"落实政策"回到安徽省图书馆工作时，已年近古稀，除老伴相随外，子女都在外地。1985年，省图书馆需要一名财务人员，为照顾长期在图书馆工作的老同志，决定从他们的子女及家属中抽调。经过筛选及考核，汪友农的妻子韩振清于当年4月调入省图书馆。

韩振清于20世纪70年代由南陵县粮食局调入县广播局，担任主办会计，为人正派清廉，工作成绩突出，受到领导和同事们一致好评。1979年，她被南陵县妇联评为"三八"红旗手；1982年，被南陵县人民政府评为先进工作者；同年，被宣城地区行政公署评为广播系统先进工作者，并出席全省广播电视系统先进工作者代表大会。

韩振清调入省图书馆，可以在生活上照顾年迈体弱的汪寄清夫妇，但又面临着与汪友农分居的难题。此时，恰遇《迎春》图事件，汪友农也萌生调离南陵的念头。从事美术教育十多年，他感觉难以割舍，仍然希望找到一所比较合适的学校。这样，合肥师范学校进入他的视野。

早在1982年，汪友农即与合肥师范学校美术组的朱白亭[①]老师相识。当时他任安徽省中师美术教研会会长，主持召开全省美术教学研讨会。他把汪友农的论文从近百篇论文中选出来，推荐给全国《师范教育》发表。汪友农在《庐山真面目，朱翁笔墨情》一文中写道："1984年美术教研会又举办全省中师生书画展，我送画到省城来，朱老已将我的人和文章联系不起来了。但他看到我学生的一些画非常激动，马上请合肥师范领导来观看。在他帮助下，1986年我被调到省城，有幸与他共事至今。"

郑小能1984年即任教于合肥师范学校，他的父亲郑若泉是著名画家，曾任《安徽日报》美术组组长。郑小能很早就看过汪友农创作的人物画，对他的创作能力十分佩服，后来参加全省中师美术教研会，两人同居一室，谈得十分投机。汪友农与合肥师范另一位老师朱永兴也很熟悉。他在致朱永兴的信中写道："暑假去贵校取学生奖品，遇上小郑谈起我调动之事。他问我可愿进合师，我当时就向他表态愿意。我因要赶回学校，没空登门，特拜托小郑替我找您通气。我自己去找老朱老师。你们三位都表示欢迎我，这也是我一心调合师最为高兴的了。我现在工作的学校领导和老师们对我都很好。我也深信，若同你们在一起工作，也一定能相处得很好。"小郑即郑小能，老朱老师即朱白亭。看来，汪友农调动的动意起于1985年暑假。

---

① 朱白亭（1925—1999），字梦耘，著名美术教育家，安徽当涂人，1952年毕业于南京大学美术系，受教于张书旗、傅抱石和陈之佛诸人。

朱永兴在复信中说："假期来肥，我们未能见面。后来听说你想调工作。我考虑你如果能来我校工作那是最好的，但我不知你的具体想法。如果你能来我校工作，我们肯定能相处得很好的。"

汪友农在致朱永兴的信中，表达了希望调入合肥师范的强烈愿望："我一家在合肥。父母年迈身弱，身边无子女，根据政策早可调合肥，但我迟迟未办，主要原因是不想改行。我虽然业务水平不高，但教了近廿年师范，摸出了一点规律。每年从毕业的学生中能培养一批美术骨干，有的已进安师大、阜阳师院美术系和省教院美术班深造。每看到自己亲手培养的新苗茁壮成长，心中无比欣慰，改行对我是痛苦的。您若能帮忙将我调入合肥师范，我将深表谢意！"

他还写道："我家有一套新房就在合师斜对面——光明新村。爱人在省图书馆工作，两个儿女均在安师大艺术系读书，基本无拖累。"汪寄清的笔记本上曾有记录："1985年4月7日搬来三孝口光明新村第5幢楼212号房间。"三孝口光明新村刚刚建成，位于当时合肥市中心，因为汪寄清居住的省图书馆平房要拆迁建楼房，他们一家临时搬来此地。可能这次临时搬迁也给汪友农的调动加了分。

在朱白亭等人努力下，1986年9月19日下午，汪友农在合肥师范学校试讲美术课。本来安排试讲两节课，但只讲了一节，分管校长很满意，对他说："行了，你准备回去办调动吧。"他回到南陵，对郑希平复述此事时仍很激动。他对自己的教学能力和水平有充分的自信："只要让我上课我就有办法，不让我上课我就没办法。"汪寄清十分关注儿子的调动，他记录了当时授课情况及各级教研部门评语。授课情况：一、教材的掌握同分析较深透；二、教学内容及程序安排较清晰，重点突出；三、课堂气氛活跃；四、教学语言生动，板书板画熟练。合师教研室全体成员的意见是：组织教学经验丰富，组长朱永兴签名。合肥市教育局教研室同意学校教研室意见，唐朴璋签名。合肥师范教导处和校领导也都表示同意。

钱传发当时是市教委职业教育科干部。他说合肥市教委接收汪友农，想安排他去合肥二中任教，因为二中也缺美术老师，但试教以后，合肥师范把他截留下来。汪友农本意肯定是想留在合肥师范，他有强烈的师范情结，与合师美术组老师们交谊深厚。

汪友农的调动过程并不顺利。他也知道自己的短板，在给朱永兴的信中写道："有一件事将给您为我帮忙带来困难，那就是我学历不够，只有高中文化。其实我在读高中时，曾被学校保送直接上大学，大红喜报都贴上了墙，全校五名，我在榜首。后因'反右倾'父亲株连，我失去深造的机会。"

好不容易试教成功，学校及市教委两关陆续通过，但在市人事局被卡住，原因就在学历。郑小能也说："汪老师调动时，学历成了最大阻力。"钱传发是直接经办人，他说："市人事局那边通不过，我跑到人事局说：'我们这里需要人才，你们到底是重视人才，还是重视学历？'"然后问题解决了，汪友农调入合肥师范。

人事局这一关通过后，又遇到一个难题，他的档案不知落在何处，没有档案，无法调动。10月8日，韩振清匆忙给南陵县教育局会计兼档案室负责人宣丽长写信："今又有一事找你麻烦：汪友农的档案不知可在你处？望你帮忙找一找，并请你同有关单位联系联系，看到底落在何处了，此事请你关心。"宣丽长是汪友农在南陵中学的同学，在她的热心帮助下，最终在县档案局找到档案，问题得到解决。韩振清回忆，汪友农的调动费尽周折，找了无数关系，托了无数人，可以说是跑断了腿，个中滋味一言难尽。

调动成功要感激的人很多，汪友农认为最应该感激的是朱白亭老师。他在给学生巴珠的信中说："我同朱白亭老师关系很好，他人很正直，也非常重人才。八年前是他出力将我从乡下调到合肥来的。"

韩振清认为，汪友农调动成功，最为关键的是他自己有真本领，否则所有努力都等于零。

三十七、任教于合肥师范

1986年12月，汪友农正式调入合肥师范学校，担任美术教师。该校校址在合肥市金寨路中段，是安徽省一类师范学校，也是全省中等师范教育的龙头。

汪友农离开他任教15年之久的南陵师范，心中恋恋不舍。这里有他的学生兼同事，有他一手培育起来的美术力量。刘昌仕、骆先恩等人原来是他的学生，现在是体艺组同事。这里还有更多像幼苗一样正在成长的学生。

调入合肥，汪友农实现了渴望已久的家庭团聚，工作环境发生很大变化，很快弥补了离别的缺憾，忘却了过往人事纠葛的烦恼。

合肥师范的规模、教学条件和师资力量远胜于偏处皖南的南陵师范，汪友农深有感触。1987年4月18日，他给骆先恩的信中写道："我来合肥比南师各方面好多了。每周仅星期六上午四节课，其他均由我自己安排。"汪友农在南陵师范时，只有灰色办公楼上那间小工作室，同时还兼作学校美术活动室。而合肥师范有一幢艺术大楼，有十多间房子可供美术组活动。1987年9月13日，汪友农被合肥市教师职称改革领导小组审批为中级职称（讲师），而他在南陵师范工作15年始终是助教。1988年1月3日，他再致函骆先恩："我来合肥见识广多了，条件比南师好百倍，一幢艺术大楼，有十多间房子供美术组活动，有专门国画教室、素描教室，还有陈列展室，两个美术办公室。合师职称已评结束，我被评为讲师。"

他不仅仅想换一个工作环境，更想通过奋斗在艺术创作上有所作为。他在给骆先恩的信中写道："尤其是见多识广，当然压力也大！我除看美展和去书店、图书馆外，其他时间很少出门，我深信你也一定在拼搏吧。"他希望自己最得意的门生也跟自己一样，通过奋斗在艺术上有更大作为："对你的艺道我十分放心不下，说句心里话，在我所有学生中，还没有哪一位，有我在你身上下的精力之多啊！你如果中途报废了，我将不甚伤感！惋惜之情难于言告。"

他再次表明自己的志向和决心："在合肥我不想串门，遇上郑伊农，他多次邀我出来搞'新安书画院'，还说去老年大学教课等，我都谢绝了。我很了解自己，我的时间非常宝贵，出山早了，艺术生命也完了。苦就苦吧，决心一定再苦几年呵。"

骆先恩不负所望。1995年1月24日，他信中说："在这几年里，我在书画上自认为下了不少功夫。书法先后临习颜真卿的大楷，王献之的小楷，黄庭坚、王羲之等人的行书，隶书于张迁、乙瑛用功较勤，基本上做到每天都要练字。绘画方面，画得不多，但这几年在观察花鸟上下了很大的功夫（现在我专心于花鸟画）。可以说每到一处，有空闲便留心花鸟的形、色、神态及与大自然的关系，在观察中采取'致广大，尽精微'的方法，体会'似与不似'的内涵，尤其在'尽精微'上下功夫，因为这一点难以做到。""我深知从事书画研究的艰苦性和长期性，但我仍在努力，也无法放弃。"他与老师一样，为了绘画自愿放弃了干部选调的机会。

郑伊农热心于新安画派的研究与推广，1987年组织创建安徽新安画研究会及新安书画院，被推选为会长及院长，他希望汪友农出来组织内务工作，但被婉拒。汪友农在《一生痴迷诗与画》一文中写道："到合肥后我便潜心研究中国历代山水名作，特别是对新安画派的优良传统予以挖掘、吸收、消化，汲取新安画派的注重'临'写、力避'摹'描的精髓。"他强调新安画派可能跟郑伊农有一定关系。

但他最后同意担任校外课程教师。在致骆先恩的信中说："最近我受聘于'百花艺苑函授院'任中国画教师，可见十二月廿五日《安徽日报》。"汪寄清日记中也有记载："1987年12月25日，《安徽日报》三版刊登'安徽百花艺苑招生'广告，上有国画教师汪友农的名字。1988年5月3日再登一次。"汪寄清望子成龙，寄望三子汪友农在绘画艺术上有所成就，见他终于成为省城小有名气的画家及美术教师，内心的喜悦难以言表。

20世纪80年代中期，计划经济体制开始松动，原先铁板一块的公有制教育体系也逐渐向社会开放，安徽百花艺苑函授院此时应运而生。百花艺苑1982年成立于合肥，原是书画创作与教学相结合的群众性学术团体，1983年又成立书画院，旨在培养人才，交流技艺，继承和发展中国传统艺术。书画院有讲习、函授、短训、进修等多种教育形式，并举办大型展览、笔会及教学观摩活动，出版院刊《百花》，培养了大批美术人才。著名书画家葛介屏担任院长和会长，殷励箴、郑若泉、李明回、龚艺岚任副院长和副会长，有包括汪友农在内的数十位老师。汪友农这份兼职，既可为传统美术教育尽一份责任，亦可扩大与同行的交流，并可增加收入补贴家用。

他于1989年还担任中国书画函授大学合肥分校国画教师，同年担任合肥市职工业余大学国画教师。

据《汪友农艺术年表》，1986年，他"归类整理经年积累的大量字帖、拓片。研究临摹、收藏字画的爱好持续终生"。他在给大哥汪为炳的信中说："我一到合肥就报到上班，每天上下班步行，在路上要浪费两个多小时，从南陵搬来的破烂东西，拖到今天还未安排好。""破烂东西"大概指字帖、拓片等物，在一般人看来是破烂，但他视为瑰宝，视为构筑自己艺术殿堂的基石。

1987年4月18日，他给骆先恩写信，约其到合肥看画展："四月廿日，合肥举办陈子庄①（石壶）及门生书画展，接信后能否来看看

---

① 陈子庄（1913—1976），四川荣昌（今重庆永川区永荣镇）人，现代画家，晚号石壶。自幼习画，早年在成都等地卖画，中年生活坎坷，仍作画不辍。1955年任四川省文史研究馆馆员，1963年被选为四川省政协委员。1982年10月，四川人民出版社出版《陈子庄作品选》，1987年2月，天津人民美术出版社出版《石壶画集》。1987年8月，四川美术出版社出版《石壶论画语要》。

呢？如有空最好能来一趟为盼！"孙克①曾评价，陈子庄"是继吴昌硕、齐白石之后，能因其身世寄托的深远、孤高清奇的境界、笔简意幽的追求，丝丝脉络确是能远超青藤、八大的画家"。

陈子庄遗作来合肥与观众见面，汪友农喜出望外，因此写信力邀骆先恩前来观展。1988年3月，陈子庄遗作展在北京中国美术馆举办，引起轰动。这也给汪友农后来筹办黄叶村遗作展以很大启示。后来薛永年评定中国当代三位"业显人亡"的中国画画家，陈子庄位居其首，另外两位是黄秋园和黄叶村。

汪友农调合肥师范后不久，朱白亭老师就退休了，美术教研组只有三位老师，因此教学任务比较重。郑小能说，汪友农艺术创作成就高，教学能力强，除课堂教学外，还承担了大量业余辅导工作。他的个人魅力吸引了一批学生跟他学习中国画，其中不少已成为安徽省画坛骨干力量。他还说，汪友农教学之外埋头创作和研究，与其他老师很少交往，学校很多老师他都不认识。

1995—1996学年，汪友农授三年级4个班（特三班、藏三班、普三班和美术班）的美术课，每周8节，4个班内容各不相同。此外，他还带领学生去小学见习。

王义峰是合肥师范1987届毕业生，汪友农任其美术课老师仅一个学期。1987年11月29日，他离校后来信："汪老师，您带我们的课虽然只有几节，但您总是那样谦虚、和蔼，上课时又总是想把您掌握的知识和绘画的技能技巧全教给我们。您不仅带我们欣赏名画，在黑板上分析绘画的步骤和方法，还不厌其烦地在班级给我们画范画。"

王义峰曾把自己临摹的一幅山水画拿给老师评点。汪友农第一句话就是"下笔太嫩了"。他的积极性并未因此受挫，因为汪友农细心指出他画中的不足，从黑白对比、远近关系、山的气势、树枝布局等

---

① 孙克（1938—　），天津人，1953年考入中央美术学院附中，1978年入读中央美术学院美术史系研究生，时任《中国画》编辑。

方面讲解。王义峰还得到汪老师一大幅山水画。他常一到课外活动时间就往汪老师办公室跑，觉得汪老师平易近人，不摆架子，希望看到老师画画时用笔用墨的情景。

三十八、一堂优质课

汪友农在合肥师范学校迅速成为骨干教师并被学校倚重。1987年暑假，他被安徽省教委抽调，参加全省小学教师合格证考试美术部分命题。他在给黄叶村长女黄道玉的信中说："你寄来第二封信时，我正在外面。省教委师范处抽我参加出省小学教师合格证考试卷（命题）。当时与外面隔绝，不准与外面通电话、通信件。"资格考试关系着众多考生的命运，因此试卷需要保密。

1987年6月，华东地区中等师范学校视导团（"上海教育参观团"）到安徽视察指导，合肥师范学校是重点。为迎接视导，汪友农负责辅导布置全校学生的书画展览，带领学生自己动手裱画80余件，被视导团评为合肥"两个拳头产品之一"。学校特地请视导团听汪友农的美术课，结果反应极好。所以汪友农对骆先恩说"学校对我印象非常好"。

刘小秧是汪友农在合肥师范学校的同事。她说，汪老师为人实在，治学严谨，和蔼可亲，在教学上要求十分严格。汪老师的一批学生都事业有成，喜欢绘画，都追随着汪老师。刘小秧于安徽师范大学艺术系毕业后任教六安师专，后调入合肥师范学校兼教国画，觉得基础不扎实，在汪老师辅导下重新补课，以汪老师作品，比如《紫藤》《葡萄》等花鸟画为范本绘画。她觉得能跟汪老师共事很幸运。汪老师是一位勤奋的画家，在合肥师范除了教学，大部分时间都用于绘画，那时他的创作已进入鼎盛时期。2010年，她获赠汪老师主编的

《中国近现代名家画集——黄叶村》，非常开心。

1993年10月下旬，全国中师美术教学大纲研讨班在黄山脚下的徽州师范学校开班，时任国家教委师范司司长武奎英主持，来自全国各地的优秀中师美术教师齐聚一堂。研讨班开设一系列优质课教学，安徽省教育部门极为重视，推荐的四节优质课中有一节是汪友农的。

刘小秋参加了这个研讨班。她告诉笔者，汪老师这一节优质课给她留下了深刻印象。那是一节字体设计课，汪老师准备得非常充分，讲得非常生动，得到武司长高度评价。

他认真准备了教案，作为交流材料印发。课题是"怎样写宋体美术字"，时间是1993年10月25日，目的要求：1.使学生了解写好美术字的重要性；2.让学生熟悉写宋体美术字的笔法并了解其间架结构规律。其教具是两张放大的挂图：一是宋体美术字要领表；二是写宋体字口诀。

在笔画中，弯笔比较难写，如撇、捺、钩，教师要重点讲解。但要写好美术字，关键是结构。如疏密变化和重心调整等很难掌握，所以教师在讲解时要举出典型字例，板演示范分析。

上课前，先检查学生是否准备好学习用具——纸、笔和直尺。然后导入新课——中等师范学校美术课本《图案》第38页。"图案应用"第一部分是美术字，在即将实施的新大纲中，"应用美术"部分有十条，美术字编在第一条，可见是中师美术教学的重要内容。

他认为，生活中处处要用到美术字，但很多同学不敢学，原因是混淆了美术字与书法两个不同概念。他说，书法是一门艺术，所需工具无非是笔墨纸张，写美术字除纸、笔，还可借助直尺等，每种字体笔画都有定式，同学们只要认真听讲一堂课，接着练习几次，相信都能学会写美术字。

美术字分汉字美术字和拉丁字母美术字，在汉字美术字中，课本上主要介绍黑体和宋体，黑体笔画比较简单，所以这堂课教大家学宋体。学会宋体，黑体和拉丁字母美术字就能触类旁通，不教自会。

怎样写好宋体美术字呢？他在分析教材时要求学生做到两点：一是熟悉宋体字的笔画，二是了解间架结构。汉字基本笔画只有八笔，用一个"永"字就能包括，只要用长方形就能写出一个"永"字黑体字，在黑体字笔画上加几个三角形就是宋体字，其中"钩"注意内直外弯，撇、捺注意弯中见直，柔中有刚。

关于间架结构，他讲了5点：1. 一般不宜写正方形，根据环境等要求可长可扁，可参用黄金分割比；2. 汉字分独体字与组合字两类，根据其结构特点，书写前可分等分或摆字架；3. 注意上紧下松；4. 笔画之间要穿插互让，疏密搭配均匀，重心偏了要适当调整；5. 周框字应收小，角笔字可扩伸。

编写"写宋体字口诀"并制作成挂图，是这堂课的主要亮点之一。其口诀是：

宋体字，有要领，不宜写，正方形。

分等份，摆字架，下部松，上部紧。

笔画上，要统一，竖粗直，横细平。

重心偏，略调整，疏和密，配搭匀。

周框字，应收小，角笔字，可扩伸。

掌握住，规律性，多实践，最要紧。

他要求同学们记住：笔画"竖粗横细"，结构"上紧下松"，外形"周框收小"，其中重点是"上紧下松，周框收小"。口诀中的宽扁、粗细、松紧、疏密等都是相对而言，要灵活运用，"多实践，最要紧"，他希望讲完这节课后，同学们都来写美术字，写好美术字。

专家、领导及研讨班同人对每堂课认真研判，几近苛刻。安徽另有江、张两位老师，分别讲授美术欣赏和黑板画，专家及同人的意见是：美术欣赏课的档次低，应以欣赏为主，讲史为辅；黑板画课，板画造型基本功差，课堂重点不突出。对汪友农这堂课的意见是：美术字应交代宋体中的仿宋，另外上左紧，右下松，内容多，可压缩成一节课。因怕讲不完，有些紧张。又指出，他在堂上黑板擦不干净，用手代替，另外，"口诀"中"诀"字发音不准。

徽州师范学校学生们的评价也许更中肯，也更重要。徽师的李校长和教导主任反映，学生们说汪老师这堂课上得生动，使人难忘，要求再多上几节。

此行汪友农曾上黄山游览。他的学生、任教于舒城师范学校的韩延存来信说："十月三十日分别后，我和小张同行再上黄山，十一月一日我到合肥后，下午去师范未能见到您。""您的照片我已洗印好，现给您寄来。您与贾永林老师的合影照，我已寄给贾校长了。请您放心。"

汪友农从事师范美术教育近30年，对自己的教学十分自信。他在南陵师范曾以一堂美术示范导引课吸引无数学生爱上绘画，调入合肥也是凭一堂课打动评审专家和美术组同人。在全国中师美术教学大纲研讨班上的这堂优质课，更使他声名远扬，可视作他教学生涯的巅峰。

教学创作之余，汪友农开始参加一些社会活动。1988年9月10日，他加入九三学社。1993年，汪友农当选合肥市中市区人大常委。

1989年3—5月，他参加学校课堂教学评估量化工作，听课开会30余课时。是年上半年，他在合肥师范举办书法讲座，配以幻灯片讲解，全校师生百余人听讲，效果非常好。下半年，又举办中国画鉴赏讲座，仍是座无虚席。不久，全省中小学师范生画展举办，他独立辅导的杨德胜的作品获二等奖，学生王华兵、范敏、李延好的作品参展。

1989年12月7日至10日，安徽省中师美术教研会召开大会，这是全省中师美术教师学术团体，汪友农当选为秘书，负责会议日程安排，撰写发言稿及总结等。同时，他也参与全省中等师范美术论文的评选工作。

1990年5—9月，他参与编写《安徽省中师美术选修课、中小学美术教学法大纲》，7月20日，再次参加全省小学教师合格证考试美术部分命题。同年10月18日至11月11日，合肥师范学校青年教师教学基本功竞赛，汪友农任课堂教学、毛笔字教案、钢笔字教案等多项评委，听课40余节。

1991年3—5月，汪友农辅导全校学生选送参加全国中师生美术作品评比活动，共有6幅作品送选，获鼓励奖一名。是年下半年，全省中师生美术作品评比活动举行，他辅导合肥师范学生参加，并主持中国画评比，共获一等奖3名、二等奖5名，《安徽教育》杂志刊登学生作品3幅。

1991年10月23日至11月6日，合肥市教育工作者绘画、书法摄影作品展览在合肥市美术馆举行，由市教委、市文教工会和群众艺术馆联合举办。展出的绘画类作品除汪友农一幅山水画外，尚有他的学生作品多幅，另有他女儿汪田霖的《人物》。朱白亭也以《丰硕成果》参展，郑小能则有《老人·老妪》《小景》参展。

1992年上半年，汪友农共举办7次书法讲座；11月，又举办国画讲座——齐白石作品欣赏专题，全校约80人听讲。12月23日，他再次举办中国画鉴赏讲座，小学特长班全体学员参加。

1992年，他受聘担任安徽省中师美术中心教研组学术评审委员。

1994年，全省中等师范学校评估检查，他独立负责筹办合肥师范学校国画书法展室，还编印《简笔字讲义》一套，并与刘小秧老师共同辅导二年级学生黑板画。经检查，黑板画全部合格，水平高出省内其他学校。

三十九、谈艺论画

汪友农曾向骆先恩诉苦："另一苦恼的是没有同人讨论画子，每每我就想起您，想起我们在一起的两年……"后来又对书法家薛祥林说："我在合肥没有朋友，你就是我最好的朋友。"笔者理解，这是他刚来合肥和欲离开合肥时的心情流露，其实他在合肥艺术圈里有较多交往，与不少艺术家亦师亦友，关系密切。

需着重提到的便是朱白亭。汪友农对他十分敬重，称其"为人憨直，少圆多方"，"见谁有缺点就当面指出，从不转弯抹角。由于处事不圆滑，以致屡遭打击，所幸花甲之年，喜逢龙蛇起蛰盛世，使这位饱尝忧患的老人获得新生"。朱白亭对艺术一往情深，对教学工作极端热忱，爱生如子，令人钦佩。他教学生涯近50年，桃李满天下，退休后很多地方聘请他授课，因为他讲课深入浅出，简单明了，一听就懂；演示范画，一看就会。朱白亭独创"三笔画鸟"和"四点画蜂"教学法，使人听了永远难忘。

1994年，安徽美术出版社出版《朱白亭花鸟画集》。有感于朱白亭的人品和画艺，汪友农一口气撰写三篇评介文章：《万里长空鹏展翅——写在朱白亭先生画集出版之际》，载6月11日《安徽日报》；《鹰击长空似白亭——记画家朱白亭先生》，载7月8日安徽《文化周报》；《庐山真面目，朱翁笔墨情》，载7月9日《羲之书画报》。文章写道："十多年来他拼命争夺失去的宝贵时光，在教书育人的同时，艺术也有了长足的进展，现在又出版画集，实可喜可贺。"

朱白亭的花鸟画品种多、题材广，有毛茸茸争食的雏鸡，有形神各异的八哥和憨态可掬的熊猫……而他画鹰更是一绝。汪友农说："我有幸能常常看到朱老作画，尤以画鹰用笔劲疾，有孤傲倔强之势，用笔扁方刻削，有冷峻逼人之感。尤其是结构严谨而空灵，避开社会上生硬狂怪的画风，在雄健浑朴中透露出深邃的意境。朱老坎坷的人生，刚直不阿的秉性，以及其艺术才华都在他的鹰中展现出来。我觉得朱老画鹰是在流露他胸中磊落轩昂的壮志豪情。"

汪友农也画鹰，所作《英雄图》曾参加1993年全国中师美术课教学大纲研讨班师生作品展，1994年又载于《中国书画报》第44期。"流露胸中磊落轩昂的壮志豪情"，是赞誉朱白亭，也是自况。刘小秧说，她当年很想得到一幅汪老师的老鹰，对他说："你现在不给我，等到你的画价值连城的时候，我就更要不到了。"

汪友农对朱白亭画艺发自内心地钦佩，因为其书法功底深厚，花鸟画因而得以滋润。汪友农曾写道："观赏朱老作品最主要的是给人一种强烈的'力量'感。我认为这与他苦钻书法有很大关系。近十多年来，朱老的书法比画长进更快，他那融篆、隶和甲骨于一炉的'朱家'书体，最使我折服。其书卓立无旁，风骨凛然，与其画珠联璧合，相得益彰。"

汪友农与郑伊农[①]的交往大概始于筹办"农业学大寨展览"时期。汪友农到合肥工作之后，两人更是过从渐密。

汪友农曾作《九华秋色》国画，大气磅礴，笔法精练，充分显示了山水画功底和潜力。郑伊农题跋："友农同志，吾旧友也，素以人物画著称。今展此卷，慨然畏叹，笔墨浑厚，皴染高古，余不如也。一九八四年秋宛溪叟郑伊农题识。"

汪友农同时在花鸟等领域辛勤探索。这一年创作《斑寅》得到同行好评。元人于汝玉有《虎》诗曰：

---

① 郑伊农（1934— ），字宛溪，号敬亭山翁，安徽宣城人。1956年毕业于华东艺专美术系，1960年考入北京中国画院研究班，得到著名山水画家吴镜汀、关松房先生亲授，于明清技法深有心得。1963年任安徽省美术家协会专职画家，后任安徽省书法家协会副秘书长。兼擅书画，所画山、树、石用笔圆劲、浑厚持重、沉着清新。对新安画派情有独钟，曾创立安徽省新安书画研究院，自任院长。作品有《红遍山原》《化作银河落九天》等。

斑寅赢得号将军，月黑深山星目分。

长啸一声风括地，雄跳三劭兽奔群。

不堪羊质披文炳，无奈狐行假焰熏。

螫毒由来人共慑，岂知更有猛于君。

郑伊农题此诗于画上，跨越时空，浑然天成，并记："世人画虎多以工笔描形，精刻描涂，有形无神，有毛无骨，是乃画虎专门家之憾事。今读友农先生所作虎画，以硬弓枯藤之笔势，运简练纯熟之墨韵，虎视神威，形神兼备，斯诚佳作也，虽虎痴大师再世，能无叹服哉！时一九八九年初秋识于合肥，并题元人虎诗一首。郑伊农。"

汪友农评论朱白亭画作的文章，在业界引起较大反响，同行们深为佩服。1995年3月24日，在写给《羲之书画报》编辑的信中，汪友农写道："去年七月我为我校朱白亭老师写了一篇拙文，承蒙润色斧正在贵报刊出，深表感激！现在我的同乡同学戴维祥先生逼我为他也写一篇。我不好推辞，只能挤牙膏似的又诌了一篇，硬着头皮寄给您，不知能否采用？"

戴维祥与汪友农是同乡同学，在南陵中学读书时高汪友农两届。戴维祥1936年出生于南陵弋江镇，隔青弋江可远眺宣州敬亭山，使人想起李白《独坐敬亭山》名诗，油然而生"相看两不厌"的惬意之情。他在南陵中学任学校墙报美术编辑，基本包揽每期刊头和插图，快毕业时又把这个差事移交汪友农。

戴维祥考取安徽省艺术学校美术科，受教于著名画家孔小瑜，毕业后分配在安徽省黄梅剧院工作。他甘于寂寞，不求闻达，在绘画园地默默耕耘。因是同学、同乡，又是画友，汪友农到合肥工作后，两人时相过从，品画谈艺，同样喜爱黄叶村山水，戴维祥赞其为"安徽第一"。

1994年，安徽美术出版社出版《戴维祥画集》，汪友农读此画册后，于11月25日在《文化周报》发表《山水功底深厚，仕女风格清新——读〈戴维祥画集〉》一文。次年4月29日，又在《羲之书画报》发表《通向辉煌的大道——读〈戴维祥画集〉》一文。他说："当我翻开画集之后，不由为之一震，里面不少画页让我佩服不已，真有'抱荆山之玉，握灵蛇之珠'的愉悦！"

他赞戴维祥是"全能的画家"，能画山水、人物、仕女、佛像、花鸟和走兽等，在当今画坛是"凤毛麟角"。其传统山水画基本功深厚，从作品中可见对宋元明清很多名家都有较深研究。章法安排，山石、山体结构皴染，树木造型，水口处理，都严谨周密，十分完备。

汪友农回顾自己走过的艺术道路，深有感触："70年代时，我也一心想走一条捷径，也曾狂热地追求过'高大全'和'红光亮'，一时忘记了学国画首先要做基本功，遭到老师黄叶村严厉的批评。随着时间的推移，我越来越体会到黄老师的远见卓识。我们这一批都快近花甲的人，经历了狂热的年代，不能再狂热了，我们需要的是冷静和理智，需要的是思索和研究，读戴维祥的画集，无疑给了我一种无言的震撼！"这是他发自内心的认真反省。

他进一步分析："戴维祥先生几十年来没有赶浪头，没有左顾右盼、踌躇满志，也没有在中外各种思潮相互缠绕的现实面前毫无主见地随人脚踵、亦步亦趋。他面临各种流派、各种思潮的抉择之时，毫不动摇，沉下心来，专精极虑，孜孜矻矻地照自己的思维方式、自己的审美尚好、自己既定的目标和方向去发奋努力，在祖国博大精深的遗产里拼命地挖掘、吸收。他这样吸吮传统的乳汁，为自己的艺术创作打下扎实基础的做法，正是按照艺术发展的规律办事，是一条通向辉煌的光明大道。"

汪友农到合肥之初，与父母住在一起，后来搬进妻子分得的在省图书馆的宿舍。大概在1993年，他在三孝口合肥师范校园内分得一套住房。薛祥林回忆，此后家中常有雅集，画友文友相聚于此，谈艺作画，乐此不疲。

1992年底，他在给王柏槐的信中说："我调合肥虽有多年，但一直蛰居小楼，不同外界打交道，更不愿求人，加之杂事缠扰，所托之事，拖到今天才办。请谅解。"可见，实际上他仍有一批画家文人朋友。

王柏槐为南陵师范学校毕业生，在宣州地区从事组织工作，欲编一本名为《脊梁》的书，请汪友农代请某名家题字，汪友农回信说："刘子善是全国著名书法家，70年代曾获全国群众书法大赛一等奖，为此，特改向他求了这帧墨宝寄奉。"王柏槐原本想请韦君琳设计封面，终未能如愿。次年3月，汪友农在信中说："我曾找了两次韦，遇不上，听说他病了，怕您等不及，我就自己动手设计了一张三套色封面。"1996年底，王柏槐回忆此事经过，写作《刘子善先生与〈脊梁〉》，载于《皖东南日报》。他在给汪友农的回信中说："您为《脊梁》设计封面，求人题字，我一直记挂在心，久久不能忘怀。"

1992年夏天，汪友农在合肥筹办曾来德①书法讲座，希望刘昌仕能来听讲。可惜刘昌仕收信晚了，8月28日他从马鞍山复信表示遗憾。

汪友农四处联系宣传老师黄叶村，使他与合肥媒体的良好关系由此建立起来。1987年6月7日，《合肥晚报》编辑潘立纲致函朱白亭："师范美术科新调来一位汪老师，他来联系为黄叶村发表遗作事，由于忙，我竟忘了问他及黄老女儿的大名，致使样报无法寄出。"他写信向朱白亭了解汪友农的联系方式。

薛祥林向笔者回忆，他跟汪友农相识于1987年左右。当时在肥东军用机场有一次笔会，汪友农当场画了一幅山水画，令他耳目一

---

① 曾来德（1956—　），四川蓬溪人，国家一级美术师，军旅书法家，曾师从胡公石；当时在全国各地巡回举办书法展览。

新，对其产生好感，以后两人交往渐多。

薛祥林20世纪80年代在合肥解放军电子工程学院任秘书，当时学校常请书画界人士前往讲学、创作，包括张建中、陶天月、刘子善、刘夜烽、郭公达等人。后来他担任解放军总参合肥干休所所长，结交艺术界人士更多，曾请汪友农讲了两年课，其他授课者包括葛介屏、戴维祥等。那时汪友农在安徽书画函授学院兼任教务长，后来又兼任副院长。

薛祥林说，他与汪友农的缘分，建立在对黄叶村艺术价值认同的基础上。汪友农不论走到哪里都一直在宣传黄叶村，包括办画展、出画册。他认为黄叶村的书法是画家中写得最好的，后来更意识到，黄叶村的画确实具有极高的艺术价值。他还记得有一次陪汪友农去铁四局讲课，那天下雨，汪友农还带着黄叶村的画，在课堂上讲赏析。

四十、桃李遍天涯

2016年秋天，"梦回新安——汪友农中国画艺术展"在合肥亚明艺术馆举办，笔者乘机采访了汪友农在合肥的一批学生——周静红、陈彪、张绪祥、王华兵、张育明、史迎春、郑圣武、汪云、刘劲松、王晖、贺冬梅、陆松志、赵承业等，晚间受到他们热情宴请。赵承业专程从马鞍山赶来参加。汪友农的同事郑小能也出席宴会并接受笔者采访。他说，汪友农老师教学认真，艺术素养高。在他的带动和影响下，合肥师范培养出一批中国画高才生。在座的尚有合肥市十三中校长张育明。他喜爱绘画，2012年与汪老师相识，被其作品和人品深深折服。

郑圣武1985年入校，汪友农在合肥师范试教即在他们班，调入合师后正式上课也在他们班。他还记得，汪老师上的第一堂课是怎样写宋体字，然后上国画课。他喜爱国画，平时在教室画，在寝室也画。他出身艺术之家，不缺纸笔，汪老师在课堂上示范国画，他提供纸，也因此收藏了汪老师的一批画稿。1988年暑假举办画展时，汪老师每周三天跟大家一起画画，他又保存了一批画稿，有八哥、鹦鹉、虎等。他还记得，当时画画多用毛边纸，为了节约，他们买了一批一角七分的毛边纸，通过火车托运，他与王华兵等同学骑三轮车去火车站运回学校。郑圣武当场展示了一幅汪友农画稿，是一幅老虎图，正是1988年暑假画的。他还上过汪老师开的裱画课，是最后坚持下来的学生之一。

陈彪是1988级学生，任合肥市和平小学校长，是安徽省教坛新星，多才多艺，书画兼能。他有一天突然想学中国画，要学花鸟画，通过郑小能老师找到汪友农老师。跟汪老师学画花鸟，他的绘画水平得到迅速提升。陈彪说，他非常感谢汪老师，汪老师想尽其所能把全部知识教给学生，他也要感谢郑老师，因为郑老师没有门户之见。

赵承业是南陵同乡，任马鞍山特殊教育学校副校长，1989年入学特教班。陈彪开玩笑说，汪老师当年对赵承业关爱有加，好纸都让他画，如果有同学有意见，汪老师就说他家在农村，生活困难，你们是城里人，家境好，应该让着他。赵承业毕业后来信说："跟您学画一年多，仿佛跟了您20多年，想到您在宣纸上挥毫，张张画是那么牵动我的心，以至于我努力地临摹一张又一张，想到您和我直接而爽快地谈着中国画理论以及画法，我心里是多么的激动！"

王晖、贺冬梅、陆松志也是1989级学生，都跟汪友农学习国画。王晖1992年暑假来信说："在我学画一年多以来，您真是一位好老师，将我从迷茫中带入虽然抽象却又具体的国画艺术之中。昔日里许多问题，您都是一一指正，如今却很难直接得到您的讲改，这是很遗憾的事。"

张绪祥因为喜爱中国画，由私淑弟子而正式入门。他在信中说：

"我早就把您当作我最尊敬的老师，而您又是毫不保留地把您的知识传授给我。您不但教给我画画的知识，还告诉我许多做人的道理。这是我一辈子都用之不尽的财富。所以我非常感激您。我以后会以不懈的努力来报答您的知遇之恩。"

汪友农怎样传授知识呢？张绪祥说："还记得您一笔一画地示范给我和其他的学生看，还记得您把我一幅糟糕的山水几笔点加，就变成一幅气韵生动的画，还记得您把黄老的作品毫不吝惜地展示于我面前，让我知道什么是大师的画。"他又如何传授做人的道理呢？张绪祥说："您还告诉我画画得先做人。正因为黄老有那种刚正不阿的性格，才会有他那些非同一般的力作。"张绪祥认为，他在合肥师范三年间打下的美术基础，比许多人大学四年所学还要扎实。

当汪友农离开合肥迁居深圳后，张绪祥感觉特别孤独无助。他说："唉，要想学好画真难，特别是没有您这样的老师在身边指导，要进步则更难。有的时候，感觉自己好孤独，孤独得身边没有人能听懂自己的话，自己也不想去跟任何人说话。我就是在这样的困境中艰难地坚持着，我不知道自己是否在走，但我不会放弃，我的最终目标是向您靠拢。"

汪友农在合肥师范还曾指导过一位藏族学生巴珠，两人建立了深厚情谊，此后十多年一直保持联系，感人至深。

巴珠1997年5月在家乡西藏山南地区洛扎县画了一批花鸟中国画作品，寄呈汪友农指正。笔者写作此传时，见到其中一幅菊花图用色淡雅，结构匀称秀丽，显示出不俗的艺术功底。而巴珠在1990年进入合肥师范学校跟汪友农学习绘画之前，几乎没有接触过中国画。

巴珠1973年生于洛扎县农村，家境清寒，幼失怙恃，但聪慧好学，小学毕业后考入常州西藏民族中学，1990年就读合肥师范学校。他读二年级时就喜爱美术课，先学素描，后选修国画，在汪友农悉心辅导下，经过一年多潜心钻研，能很好地画出梅、竹、牡丹和山水。

他所绘山水，不仅用笔好，墨色掌握得也不错。他学画很投入，上课全神贯注，课余刻苦自学，经常一个人在教室作画。连朱白亭老师也称赞："一位藏族青年，在这么短的时间，对汉文化理解得如此深透，真不容易。"

《书画苑》为安徽省老年书画联谊会主办的小报。1993年7月，该报主编吴执一采写了一篇关于巴珠的报道。1994年，汪友农致函感谢吴执一："去年您采访了我的学生巴珠，并给他写了一篇激励文章，我读后十分感动。因搬家等等杂事缠身，一直没抽出时间登门致谢，实是失礼。请谅解。"

巴珠当时已经离校回西藏洛扎等待分配，汪友农利用自己的关系大力推荐巴珠的作品，促使他的作品在《合肥晚报》发表，所得稿费10元也转寄给他。1993年7月8日，汪友农给巴珠寄去登载吴执一文章的《书画苑》，并附一函，开头写道："来信收悉，甚喜！以前天天能见到你不觉得，如今你走了，我倒很想念，在家老是盼你来信。"然后告知《安徽中师》杂志将发表巴珠两幅作品，并配发朱白亭介绍文章。他做这一切，是想让巴珠分配到好的工作。他叮嘱巴珠接信后回信感谢朱白亭老师和吴执一同志，连感谢信的内容，他都帮忙草拟好了。

给朱白亭信的内容："感谢您老人家在百忙中不仅赐给我墨宝，还千方百计地介绍宣传我。您老虽未直接给我们上课，但我常听汪老师向我们夸起您，说您人品高尚，为人正直，尤其是十分关心培养后学者。他说得真是一点不错。我将永远忘记不了您的大恩大德。我的父母双亡，您同汪老师胜过我父母！今后，我要努力画好国画，不辜负你们的培养。以后有机会，欢迎您同汪老师、吴执一同志来西藏玩玩。"

给吴执一信的内容："《书画苑》报收到，拜读后十分高兴！您不仅在贵报刊登了我的拙作，而且亲自撰文介绍我，使我十分感动。其实我的书画水平很低，我前面的路还十分遥远。我也知道您是在激励我们藏族孩子向上，我决不会忘记您对我的帮助。我一定要努力学习，用实际行动来报答。我从小失去父母，能得到汪老师、朱老师和您对我的培养、爱护和帮助，这一切我将铭刻心田！欢迎您来西藏一游。"

一日为师，终身为父，诚哉斯言！相信巴珠收到此信，也会感动不已。

8月5日，巴珠的一幅作品在《安徽师范教育》上发表。汪友农将杂志寄去，又附一函："上次挂号信寄给你的《书画苑》报不知收到否？叫你给朱白亭老师、吴执一同志各回封信，不知可寄来？分配工作进展如何？一切都在念中。"并关切地询问："近来生活得好吗？是否还在画画练书法？姐姐、姐夫都好吧？"

2000年11月4日，巴珠来函："您退休后，师生音讯曾断，泪别恩师近八年，学生在西藏甚想念恩师。""在洛扎到目前还没有人从事画画，有时我觉得很孤独，很迷惘，但我不愿放弃我热爱的中国画，订购资料、工具等，不断充实自己，了解外面的世界。"他再寄作品请恩师指点，他说："每当学生提笔画画时，曾经在合肥的情景，都会很清晰地浮现在我眼前，多么希望再回到恩师的身边，再吸收中国画艺术的营养，聆听恩师的教诲。"

汪友农去世后，巴珠伤感不已。他致函韩振清："一日为师，终身为父，老师永远在我心中。希望韩妈妈早日从悲伤和痛苦中走出来！我们藏族人说，对逝者最大安慰就是活着的人不悲不伤。"

王诗红在追悼会上的表白也代表所有学生的心声："在此我要对您说一声：谢谢您！您永远是我们敬重、热爱的好老师。现在，您要去另一个地方，我们相信那里一定有您喜爱的笔墨纸砚，您能再执心爱之笔，继续您所挚爱的美术事业。敬爱的汪友农老师，您德艺双馨。您将永活在我们心里！"

四十一、人到中年

人到中年，麻烦事总是一件接着一件。1987年上半年，汪友农一直处于忙乱和伤痛之中。调动的事总算解决，从南陵搬运到合肥的书籍等物尚未及整理，家中老人身体又出现状况。他在写给骆先恩的信中说："我调合肥后比南师紧张多了，到合肥第一天母亲腿坏了，后又生病住医院。岳母卧床不起半年多，我和孩子妈轮换侍候。"

汪友农调合肥后，兄弟姐妹们都表示祝贺，希望春节大家相聚合肥，实现大团圆的梦想。遗憾的是母亲因腿伤卧床，父亲担心人太多太闹，会对她的康复不利。汪友农1月21日致函大哥汪为炳："关于春节约兄弟姐妹来合肥一事，我是非常支持的。并在父亲给你们写信时一再劝说过。母亲刚出院那时候，父亲劝你们不能来，是对的。母亲出院身体很弱，父亲也不好，他们非常需要安静。我当时估计到春节便会恢复健康，但二老都十分担心。近来二老身体已好转，但兄弟姐妹一次来对二老健康还是有影响。"于是，此次团聚计划就此搁浅。

1987年5月初，汪友农的岳母程桂兰处于病危中，一天几次休克，他与妻子韩振清只能寸步不离。5月12日，恩师黄叶村遽归道山，程桂兰也于6月12日不治仙逝。汪友农内心焦虑不已。在给黄道玉的信中说："在黄伯伯逝世后整一个月，六月十二日，我岳母也去世了。她卧床半年多，我们侍候吃苦是应该的，最后日子她自己受不了啊！"

韩振清时任省图书馆主办会计，计划自学参加全国财会大专班合格证考试。汪友农说："家中大部分家务落在我身上，每天一下班就赶回家烧饭。另外每天在路上还要跑掉一个半小时。没有课不上班，又怕人家印象不好。所以画画时间少多了，这是我最苦的事。"

汪友农初来乍到除承担合肥师范学校既定课程教学外，还要应对华东地区中等师范学校视导团检查，负责布置辅导全校学生书画展览，带领学生自己动手裱画80余件，对此他虽然驾轻就熟，但毕竟工作量很大，责任很重。

汪友农在学校担任的课程教学工作并不多，据汪寄清的笔记，1988年下学期讲课时间是：星期一上午、星期三下午（开会）、星期四上午、星期五上午，相信1987年上学期课程不会多于此。他本来应该有很多自由支配的时间，但初来乍到，怕别人议论，所以不上课也要去上班。

华东地区中师视导团刚走，暑假来临，他又被省教委抽去出全省小学教师合格证考试题。据韩振清说，在出题过程中，与另一出题人发生争执。对方只采纳了他所出考题中的一题。考试结果表明，汪友农的这一道题最受同行和考生认可，所出考题不仅在安徽省内受到好评，也被江苏省民师转正考试采用。但他出完题后感觉十分郁闷，决定独自一人去西部旅行排遣。他在给黄道玉的信中说："卷出好后我去西安、洛阳、郑州等地旅游，于八月廿九返回合肥，一到家就忙开学。"

在陕西，他参观了秦始皇兵马俑、武则天墓、霍去病墓、碑林等名胜古迹，然后又登华山看日出。他在写给骆先恩的信中说："在西安碑林整整转了一天，还看拓工拓帖全过程。见霍去病墓前石雕比观秦始皇兵马俑还要让我激动！"

秦始皇兵马俑位于西安临潼秦始皇陵以东1.5千米处；霍去病墓位于兴平市南位镇道常村西北，茂陵东约1千米处；武则天墓即乾陵，位于咸阳市乾县县城北部6千米的梁山上，为唐高宗李治与武则天合葬墓。三处墓地相距甚远。霍去病（前140—前117），西汉武帝时期名将，因抗击匈奴而名垂青史。霍去病墓石雕作于西汉元狩六年（前117）后，石雕群有象、牛、马、猪、虎、羊及"怪兽食羊""人与熊斗"和"马踏匈奴"等16件，形象古拙，手法简练，风格浑厚，是现存最早的成组石雕。碑林位于西安南城墙魁星楼下，碑石丛立如林，是收藏中国古代碑石时间最早、名碑最多的艺术宝库。碑林始建于北宋哲宗元佑二年（1087），原为保存唐开元年间镌刻的《十三经》和《石台孝经》而建，后经历代收集，规模不断扩大，清代始称碑林。

在河南登封，汪友农游览了少林寺和嵩阳书院。嵩阳书院附近有"汉封将军柏"，此地原有三棵柏树（现存两棵），相传当年汉武帝游历经此，信口赐封为"大将军"。在洛阳，他参观了龙门石窟。更让他兴奋的，是在龙门石窟找到"龙门二十品"——龙门石窟中北魏时期二十方造像题记拓本，是魏碑书法的代表。"这次在外每到一处就找名石碑"，这是他此次外出旅行的真义所在。

他还到过与河南相邻的山西芮城，参观永乐宫壁画。芮城永乐宫又名大纯阳万寿宫，是奉祀吕洞宾的道观，壁画分别绘于无极门、三清殿、纯阳殿和重阳殿，近千平方米，主要绘制于元代，图画精美，题材丰富，画技高超，继承了唐宋以来优秀的绘画技法，是中国古代绘画艺术的奇葩。

他在旅途中致函骆先恩，倾诉孤独、兴奋及沉浸于艺术遐想的复杂心情："一人出门，孤单但又十分自由。我坐火车，搭汽车、三轮车，租自行车，乘轮船，步行夜登华山，一人走路无人答话，所以常想起您。如登上华山顶，晨观日出，我想如果您在这儿该多好啊！我有万千感慨无处倾谈之苦呢！"

他回到合肥，才看到黄道玉7月8日来信，其中写道："兄长在合肥可能已结识了不少仁人志士和文化界有关人士，希望您能助我一臂之力，多方为父亲呼吁，以争取早日将遗作展办成，下一步即争取出画册。过几天我爱人佘建中将去合肥，有些具体情况将面谈。我深知您和父亲之间的感情非一般人可比，因此我诚恳地希望我们如亲兄妹一样共同努力，去完成父亲未竟的事业。"

他回信表示："关于黄伯伯画展一事，我看既要积极抓紧，也要准备充分，展出效果是关键，出画册是很重要的，我已托人在疏通。等秋凉我去芜湖看望黄妈妈时再面谈。"

　　1988年春节，汪为炳、汪建农、汪为冰、汪为安携家带口分别从南陵、泾县、马鞍山汇聚合肥，汪友农兄弟姊妹五人与父母共度新年，一家人大团圆的愿望终于实现。他们兄弟姊妹与父母在包河公园、安徽省图书馆新大楼前合影留念，汪寄清夫妇的脸上，写满幸福与安详。

四十二、偷得闲暇师造化

　　汪友农曾说，大自然是最好的老师。作为自然艺术宝库的黄山更是艺术家们取之不尽的创作源泉。他少年时代曾在黄山度过两个暑假，饱览美景，受益无穷。1990年暑假，汪友农再赴黄山旅游写生，此行可能是受父亲老友谢平之邀。

　　谢平是汪寄清在黄山工作时的同事。1978年4月2日，汪寄清回合肥上班不久，在百货大楼巧遇从黄山来的谢平。汪寄清是日日记写道："久别重逢，很谈了一阵，他住在第四招待所220房间，等明后天有空再去看望他。"4日晚上，他去招待所看望谢平，谈到八点半才告辞回家。8月26日，谢平再到合肥出差，汪寄清前往江淮旅社看望："谢给我带来一斤黄山三级毛峰。茶很好。他虽不收钱，我坚决要给。谢收了3.75元。"

　　此后十多年汪寄清与谢平再无联系，但与黄山管理处另一位老友何悟深一直书信往来，时有诗歌唱和。何悟深每到合肥，必往汪寄清寓所探望。1990年2月16日，谢平从何悟深处得知汪寄清一直住在合肥，并没有回老家南陵安度晚年后，便写来一封长信，"很遗憾，我多次去合肥未能去看你，实在内疚。""听说你身体很好，打算来看看黄山。我欢迎你在今年能来。我们都老了，但你来我还能陪你乘索道到北海，陪你这位黄山老人玩几天，是我们心里的乐趣啊。"其时汪寄清已八十高龄。

谢平负责黄山规划建设。根据规划，在逍遥亭至汤口大门建有宿舍区，并保留20亩绿化地，其树木园已绿树成林；在温泉区建有桃源宾馆，云谷寺建有云谷山庄宾馆（潘效安当年取名）、西海宾馆、天海宾馆。黄山云谷索道是1979年邓小平同志上黄山后，谢平到北京去请示批准的项目，和日本公司签订协议以及设计勘察他都曾参与，直到索道架设施工时，他还带病坚持工作。该索道由北京有色冶金设计研究总院和日本索道公司共同设计，整个索道机械设备由日本索道公司提供，1988年建成投入使用。汪寄清关心黄山建设，谢平在信中还附有一份他起草的温泉区建设规划设想。

他同时发出对汪友农的邀请："听说有龙侄已调至你身边，这样就能更好照顾老人。记得他是学画画的，也盼他能来作画。黄山每年来的画家很多。他能常来黄山，可能相得益彰。"

2月24日，汪寄清复函提到自己及汪友农一家的情况："我是1969年下放回原籍，1978年调回省图书馆，1985年退休的。我现在居住在逍遥津公园新村第11栋楼207室，即原来我所居住的平房基地上新建的楼房。我退休时因身边无子女照应，承蒙组织上关怀，将我三儿汪友农一家五口全部调来合肥。友农现在合肥师范任美术教师，三媳韩振清现在省图书馆任主办会计，大孙女大学毕业后分配在合肥幼师任教，孙儿大学毕业后分配在合肥一中任教，小孙女在读高中。他们一家居住在我附近另一幢房内，生活过得较好。"

他还在信中说："我在黄山工作五年多，虽然离开了，但对黄山仍怀有深厚情感，对黄山老同事、老朋友，也同样怀有深厚情感。现在黄山面貌当然大有改观，新的建设更是日新月异。承蒙邀我去黄山一游，我也有这个想法，一方面再次欣赏黄山风景名胜和新的建设，一方面看望老同事、老朋友，能否如愿以偿，要看贱体健康情况了。"

大概在此时，汪友农创作了《亭台楼阁景》，题跋曰"庚午春月友农画于合肥"。亭台楼阁加上奇松俊美、异石峭拔，是他记忆中的黄山景象，或许谢平的邀请勾起他对黄山的思念。这年暑假，他再作黄山之游，受父亲委托，特意前往拜访谢平夫妇。能在黄山接待这位世侄，谢平甚感欣喜。遗憾的是汪寄清没能同行。谢平对汪友农说："要你父亲来，我陪他上山去游玩。"

更令人遗憾的是，不到一年，1991年6月25日，谢平与世长辞。汪寄情从何悟深信中得知这一消息，立即给谢平夫人吴玉尘写信，表示"深感悲痛，老同事、老朋友，虽然多年未见面，但想念之殷，未尝一日忘怀"，去年暑假儿子汪友农转达谢平盛情邀请"言犹在耳，情岂忘心"。他在信中说："我每年都有来黄山的想法，只因年迈体弱，未敢成行。不能和谢平同志作最后一次会晤，实属终身遗憾！今年五月份我在皖南泾县大儿汪为炳处，儿孙们都要陪我去黄山一游，我深感体力不支，仍未敢成行。早知如此，我就勉为其难，也要去和老友一会。现已后悔不及，徒唤奈何。"

中国美术馆黄叶村遗作展之后，汪友农除忙教学工作外，一直在为出版黄叶村画集而奔波。此事因故搁浅，他焦虑不已，久治不愈的痔疮也使他感到苦恼。

1991年7月2日，汪寄清致建农函中提到友农的痔疮，因为建农也有痔疮："友农的痔疮也相当严重，经常大便带血，有时还脱肛，便后深感痛苦。最近他去105医院就诊，经检查后用针剂注射治疗，效果非常好，不用住院，甚为方便。"他建议建农来合肥，随友农去105医院诊治。

1991年8月，汪友农偕夫人韩振清、小女汪姗霖及黄叶村长女黄道玉等人游九华山。除观光览胜之外，也借此休养调节。九华山山势险峻，风景旖旎，是皖南仅次于黄山的风景名胜，古称陵阳山、九子山，因有九座山峰形似莲花而得名。

九华与山西五台、浙江普陀、四川峨眉并称为中国佛教四大名山，是地藏王菩萨的道场。九华山天台寺，即地藏寺，又名地藏禅林，位于天台峰顶，是全国重点寺院。始建于宋，明洪武元年（1368）、清康熙五十九年（1720）、光绪十六年（1890）分别重建，内部结构仍基本保持原貌。汪友农游览天台寺时抽得一上中签，为第二十三签："红日当空照破云，无幽不独自分明。君子进身须显达，荣华富贵足安宁。"解曰："红日当空，光明洁照，宜干百事，好人相扶。"他确实希望在事业中能有"好人相扶"。

1993年10月，全国中师美术教学大纲研讨班在黄山举行，他乘兴再上黄山游览。

这几次游历，他诉诸笔墨，写成《江南秋色》《涯口瀑布》《皖南鱼隐图》《雪后江南》《山前屋后》《梦写安徽黄山》等作品。

1994年5月，汪友农国画作品《甘吉藏书图》被安徽省图书馆收藏。此图为仿齐白石作品，甘吉楼为湘潭石门山中一景，齐白石受朋友胡廉石之托作《石门二十四景》，分别作画题诗，其中之一即是《甘吉藏书图》，题识为："甘吉藏书图。亲题卷日未模糊，甘吉楼中与蠹居；此日开函挥泪读，几人不负父遗书。"1995年1月，汪友农的另一幅国画作品被安徽天长市博物馆收藏。

第六章　宣传恩师　不遗余力

四十三、黄叶村逝世

汪友农调入合肥师范学校，黄叶村为他感到高兴，表示要去合肥给他的学生讲课。这应该是1987年年初的事。

1986年5月，黄叶村因过度劳累而病倒住院，被确诊为慢性肾衰并发症。1987年2月9日，春节刚过，他因病情加重，再次被送进芜湖市弋矶山医院。

4月初，汪友农接到黄叶村因病住院的消息，虽然在合肥的家尚未安顿妥帖，但立即偕妻子韩振清从合肥赶到芜湖，前往弋矶山医院探望。韩振清回忆，一见面，黄叶村就说："儿子，你们来啦，差点见不到面啰。"汪友农夫妇赶忙安慰，让他放宽心。汪友农的回忆文章则说："我同爱人赶到医院探望，他哈哈大笑：'儿子，我死不了！'"

汪友农在《为艺术而默默耕耘一生——为纪念黄叶村老师逝世一周年书画展而作》一文中说："老人十分关心我省中国画的继承和发展，在他病重时，我与爱人去芜湖医院探望他，他非常兴奋，几乎由他一人讲了一下午有关绘画方面的事。他说：'新安画派后继乏人，我在家无事闲着，十分着急啊！'他并计划出院后与我合作画一批画。当我说他对新安画派的继承和发展作出了很大的贡献时，他却谦虚地说：'我这两年画的山水画是在练笔阶段，真正的创作是下一步。'"汪友农在《"中国凡·高"——黄叶村艺术生平简介》一文中又说："我和爱人到医院去看望他，他对我们说：'与我同辈的书画家工作都很忙，我闲在家中无事，所以对书画作了点研究，现在山水画得还可以，我想送两幅给国家。'弥留之际，他让学生冯怀远代笔，写下了近百字的《寒舍家言》，立有三愿：'一愿为国效力，二愿国家富强，三愿人民安康。'"

"送两幅给国家"，即指存安徽省博物馆。汪友农在《高处不胜寒》一文中写道："这时他才对我说：'我最近山水画得还可以，我想送两张给省博物馆。'他见我没接话，叹口气说：'可能他们不要我的画……'我望着他那黯然神伤的表情，安慰道：'您要注意保重身体，我以后帮助您争取在省博物馆举办展览，并出一本画册，让大家了解您的艺术。'"

黄叶村意志顽强，躺在病榻上仍不时看书，翻看自己作品的照片，与学生交谈，接待来访的学画者，指点画理或画法。5月9日，芜湖市轻工局负责人前来探视，他还忍痛为该局所辖芜湖服装大厦书写巨幅招牌。

1987年5月12日上午8时，为人耿直豪放、从不趋炎附势、一生清贫、屡遭坎坷、饱尝人间辛酸的黄叶村悄然离世，终年76岁。

黄叶村遗体于5月16日在位于神山的芜湖殡仪馆火化。此前黄道玉急电汪友农，希望他能出席告别仪式，但因岳母当时正在病危中，一天几次休克，他和妻子韩振清无法离开。"惊悉我的恩师不幸病逝噩耗，当晚我彻夜未能入睡。我和我全家都万分悲痛！"他心急如焚，边哭边给黄道玉写信，向恩师表示哀悼，并向黄叶村夫人及女儿等表示慰问。

那一天晚上，女儿汪田霖从芜湖回合肥，说黄叶村遗体当天火化，他再次感觉难过到极点，恨不能立即动身赶到芜湖，向恩师作最后道别。他在信中说："这将是我终身最大一件憾事！万里长江如一把无情利剑将我与他分割开来，我将再也看不到黄伯伯的音容笑貌了吗？再也聆听不到他的教诲了吗？他怎么能忍心过早地匆匆丢下他的学生呢？这不是真的啊！"

汪友农写道："大姐呀，你知道我还没有接他来合肥，我和他还有许多事没有办啊！我不能没有他……在这个世界上，我敢说，没有哪一位有我对他老人家的艺术了解得清楚。更不可能有人超过我对他作品的重视程度。他的字画，我珍视甚至胜过我的生命！近廿年来，几乎一提笔画画时就想到他是怎么画画的，他几乎吃了一辈子苦。我利用上美术课，搞美展，接触画家朋友等，没有放过任何一个机会，只要谈画画，拼命宣传他取得的成就、他的高超技艺和他的耿直高尚的人品。"黄道玉大学毕业后到连云港工作，黄叶村去世前不久才调回芜湖。这里有一个细节，他在信中称黄道玉为"大姐"，不久去芜湖探望黄叶村夫人，见到黄道玉，才发现自己年长于她，于是改称"道玉妹"。

他接着写道："这两年，我醒悟势单力薄，十分懊丧苦闷，无法报答他老人家对我的深恩厚望。我正在暗地下决心，努力苦练，挽回已失去的年华，接过老师接力棒，让恩师百年之后不带后继无人之痛离开人间，可是晚了。此时我有难言的悲哀！"他表示要继承黄叶村的遗志，努力奋斗完成老师未竟事业："大姐请放心，我不会沉沦，我要尽全力将恩师的艺术介绍出去，让更多的人了解他的人品和艺术。让我们都来化悲痛为力量，努力奋斗完成他未完成的业绩吧！我深信历史更公正，真金终究会放光，他的艺术一定会永垂不朽，百代常存。"

汪友农感念黄叶村，感动于其永不停止追求艺术的精神。他说："我同黄先生交往20余年，从未见他对自己的作品表示满意，他总说：'好玩呗，闲着无事干，拿笔消磨时间。'"

黄叶村待遇稍好之后，精神振奋，先后数次上黄山、九华山写生，多次应邀去三峡、桂林等地讲学和参加笔会，步入创作鼎盛时期。1985年，黄叶村赠送汪友农《三峡归兴》和《黄山雄姿》两幅作品，要他把自己以前画的东西烧了，说那些全是练笔的废纸。这时他才说："我是三十年点，五十年线，七十年才见意境面。"

汪友农初识黄叶村时，他说的是："十年点，廿年线，卅年未见意境面。"

汪友农展开老师作品，感觉大吃一惊：这两幅画，画面焕然一新，尽脱前人窠臼。他将这两幅作品裱好后，挂在自己的画室，品味再三，真有渐入澄明之感！

汪友农感念黄叶村，感动于他为人正直，奖掖后进。他的身影一直伴随着自己艺术旅程的每一步："1971年我创作的国画人物《重任在肩》次年由安徽人民出版社印成年画发行，初稿画面背景中的梅花就是老师补画的；1975年我创作的国画《稻是队里的》，老师看后十分满意，送合肥展出前，连夜给我赶刻一枚'后继有人'压角章。"

汪友农感念黄叶村，感动于他重情轻利的品质。他在老师最为困难的时期，曾给过一定经济支持，但老师境况稍好便图回报。据韩振清回忆，1984年，汪友农在南陵帮黄叶村办画展时，不小心将手表弄丢，黄叶村知道后给30元让他重新买块表。汪友农不肯要，他便委托张永清花30元买了块中山牌手表，硬是戴到汪友农手上。1982年2月12日，黄叶村来信问候汪岳母的病情："好久未通信，甚为挂念你们，不知近来令岳母可好了？在春节期间南陵可举办画展没有？"他曾塞给汪友农20元钱，说："回去给你岳母看病。"拉来拉去汪友农不收，黄叶村的小女儿黄道民说："友农哥你就收下吧，我们现在日子好过了，我爸有钱了。"

黄叶村逝世，汪友农悲伤、痛苦的心情久久难以平复。直到1988年1月3日，他致函骆先恩表达了这种复杂心情：

黄叶村恩师于去年五月十二日去世。他离开了，我悲痛万分！在安徽谁也画不过他。合肥人对他非常崇拜。郑伊农看了他给我画的《三峡图》惊叹说"安徽第一"，并说他摸不到黄老边，还说合肥其他几位画山水的不可能画得出来。还有戴维祥等看后，第一句话不约而同地也说"安徽第一"。他们都说黄老到合肥，都要请老人客。他们知道我同黄老关系密切，平时大家见到我十分客气。如今人不在了，我感到比以前差多了。每当想起这些，心中更增添了一层悲哀。

四十四、筹办恩师遗作展

汪友农在《高处不胜寒》一文中说："老师谢世一周年，我兑现了自己的前一条承诺，协助芜湖市（有关部门）给他在省博物馆举办了遗作展。"

黄叶村合肥遗作展得到了李明回[①]的支持。李明回是黄叶村老友，他说服芜湖市支持黄叶村遗作展在省博物馆举办。1988年3月1日，黄道玉致函汪友农说："李老能对家父遗作展给予大力支持，也多亏兄长从中斡旋。对你们两位我都是感激得很。"

遗作展1987年底已有眉目。黄道玉致函汪友农说："经过努力，市委领导已同意于明年5月12日在合肥举办我父亲的遗作展，目前正在作前期准备，由市委宣传部负责，市文联直接经办，打算再装裱80幅精品。假如您有时间，我想请您在适当的时间（即不妨碍您的工作）先行来芜一趟，帮我挑选一下。您看如何？"

---

① 李明回（1928—1989），别署老卉，江苏徐州人，历任新华社驻青岛、淮河、安徽等地记者。1979年调入安徽省博物馆工作，历任研究部主任、学术委员会主任兼文献研究部主任。擅书法，为安徽省书法家协会常务理事。

选画装裱是一件大事。1988年1月3日，汪友农致函骆先恩，详述去芜湖选画情形："元旦前夕，我应黄老女儿之邀，专程去芜选画装裱，筹办今年五月十二日在合肥举办老人遗作展一事。目前他几个女儿十分头痛，求其画的人很多，有的送钱购买画，闹得几个女儿之间也有矛盾。整理老人遗作，为其拼搏精神深深感动，但也为他一直没有好的条件而痛惜！"因求画人多，致使几个女儿之间有矛盾，这话黄道玉在信中对他说过，他去芜湖后也真实感受到了。他为黄叶村生前生活条件差而痛惜，激励骆先恩："黄老条件很差，如今我们比他好多了，尤其是您还年青，这是最重要的，努力吧，千万不要消沉下去！笔不能停，边练边读书、读画、读帖。书法是很重要的，艺术修养是关键。上次来信说爱王蒙山水，这是对的。要抓住南派山水不放，钻进去，看北派山水，仿南派。花鸟仿任伯年，想吴昌硕。功夫不亏有心人，黄老的路可以为证啊！有真本领，差环境能改变的。要立大志呀！"

他去芜湖选画，妻子韩振清陪同前往。韩振清在《见证汪友农与黄叶村的师友情》一文中说："办展览，说说轻松，做起来却不易。这个中滋味友农和我最清楚。首先是选画，由我陪同友农去老师家，从500多幅画中挑出210幅（当时还有一位金先生也同时参加挑选）。这批画每张都由黄老的三个女儿共同盖章，作为以后参加活动的备用，统一由其长女黄道玉保管。然后再从这210幅中挑选出100多幅作为本次参展作品。选画是一件很累的活，但友农却乐在其中，因为这是在欣赏老师的传世作品，是一种美的享受。"

选画之后便是布展，也由汪友农跟进。这100多幅书画作品挂出后，博物馆有位工作人员对他说："举办个人展览不容易，萧龙士名气那么大，上次举办个人展览效果不理想，黄叶村个人展不可能办得好。"他听到这句话心里一震：难道是自己的判断有误？考虑到自己的眼光可能有局限性，便找来大女儿汪田霖一同商议。

汪田霖1987年毕业于安徽师范大学艺术系，分配到合肥幼儿师范学校任教，专业训练和家庭熏陶使她具备较强的艺术鉴赏能力。"她能代表青年人的欣赏习惯"，于是父女俩对每一张字画重新进行推敲、筛选。

展览布置好后，汪友农造访合肥市暨安徽省书画界名流，挨门挨户送请柬。他从20世纪70年代起就与其中不少人有过交往。但省画院专业画家大部分不愿意来，有的说黄叶村"只能画两笔竹子"，也有人很有技巧地推辞："人家请我去淮北画画，哪有空去看他的东西。"汪友农听了这样的话心中很不是滋味。关键时刻，又是女儿安慰他："黄爹爹晚年的山水画，别人见得少，展出来后，大家准佩服！"

合肥遗作展原计划于1988年5月12日即黄叶村逝世周年之日开幕，可能由于场馆展期问题，后推迟到5月20日。画展效果很好，汪友农激动地说："果然不出所料，一炮打响了！"

5月21日，《安徽日报》报道《黄叶村遗作展震动书画界》消息：

5月20日上午，值著名中国画大家黄叶村先生逝世一周年之际，在有关部门及其亲属的协助下，在省博物馆举办的黄叶村遗作展览开幕。展出的150余件书画皆神作逸品，特别是首次同观众见面的一大批山水画，使书画界人士震惊不已，深感相见恨晚。黄叶村先生1911年生于芜湖澛港，自幼酷爱绘画，曾结识大画家汪采白，并得教于新安画派后期名家汪福熙先生。叶村先生秉性刚正，为人宽厚，一生潜心画事，并致力于美术教育事业。早年主画花鸟，尤爱画竹，享有"江南一枝竹"美誉。晚年力攻山水，异军突起，卓然成家。观看展览的美术界人士称：真正继承并发展新安画派传统者，黄叶村先生第一人也。赞他的山水作品是安徽第一，全国也不多见。不少观众呼吁：黄叶村先生的艺术成就，应进一步引起社会各界高度重视。

消息由记者赵玉敏采写。赵玉敏应汪友农之邀前来观展，当场激动表示要马上回报社发消息。此前黄道玉来函询问："不知你与有关报社记者及编辑联系情况如何？田恒铭同志的稿子是否写出来了？如有可能，请兄长与《安徽画报》社联系一下，倘他们能加以摄影报道，倒真有一定的价值。你说呢？"

时任安徽省美术家协会主席、著名油画家鲍加在现场对汪友农说："芜湖三百年前出了个萧云从，三百年后出个黄叶村。"萧云从是姑孰画派创始人，鲍加此言是对黄叶村的极高评价。时任安徽省美术家协会副主席、著名国画家张建中两次到现场参观，汪友农请他提意见。他说："黄老的基本功过硬。"并指着《巍峨的龙门》对汪友农说："画得这么新，真不容易！"请他全面地谈谈看法，他思考了一下说："山水第一，书法第二，金石第三，花鸟第四。"

尽管一些专业画家不愿来，但现场观众不乏有鉴赏力者，看了展览后很满意。更有些专家建议送北京展出。

作为黄叶村老友，汪寄清也十分关注遗作展情况，曾到现场观展，并与黄叶村长女黄道玉合影留念。他还在笔记本上详细记录安徽媒体对遗作展的反应：

《安徽日报》于5月21日登有记者赵玉敏报道黄老遗作展览的消息，25日登有黄老的画子。《合肥晚报》记者于5月23日报道了黄老遗作展的消息，25日登有黄老的画子，28日登有田恒铭《读黄叶村遗作》的文章。《安徽青年报》于5月31日登有汪志农（即汪友农）写的《默默耕耘的一生》的文章和黄老的画子。安徽广播电台于21日广播了（遗作展的消息）。安徽电视台、合肥电视台于21日晚间新闻节目里都放映了。

5月18日，汪友农写作《为艺术而默默耕耘一生——为纪念黄叶村老师逝世一周年书画展而作》，全文近2000字。31日，《安徽青年报》仅节选如下400字，以《默默耕耘的一生》为题发表：

> 我省"五老"画家之一的黄叶村（1911—1987），原名厚甫，号"竹痴老人"，工书善画，精于金石。其山水、花鸟，书法的真、草、隶、篆无所不工。黄老先以花卉闻名，尤其喜爱画竹，有"江南一枝竹"之誉。晚年工山水，异军突起，卓然成家。他的作品流传甚广，远到北美、日本、东南亚，近至国内各省，在皖南更是妇孺皆知。黄老为人正直，爽朗豪放，从不趋炎附势随波逐流，清贫一生，终日挥毫为乐。老人画山水，从宋元入手，落笔点苔，绝不苟且，因有极深的书法功底，所以笔意不凡，线条刚柔互济，气势连贯，纵横奔放，风韵清隽。从人民美术出版社1983年出版的《中国书画》第12期刊登老人的一幅山水画和《安徽画刊》第8期刊登的《山居图》等可以看出老人不仅学宋元及历代名家高手技法，而且对清代石谿的笔意、现代画家傅抱石画法都有所涉。黄老晚年登黄山、九华，游三峡，将自己对大自然的真实感受注入画中，使其山水画达到了一个崭新的境界。黄老一生从事美术教育工作，为国家培养了一大批美术人才。

5月22日，他又作《黄叶村书画展轰动合肥》短文，在介绍书画展及黄叶村生平后写道："这次首次同观众见面的一大批山水作品，使省直书画界震惊不已，深感相见恨晚。省市各大报纸、电台、电视台纷纷抢拍镜头，争相报道。观看展览的书画界及有关人士一致认为黄叶村的山水作品不仅安徽第一，全国也不多见，称赞他的作品能集各家之长，既继承和发扬了新安画派传统，又有很大突破，具有独特的风格，呼吁对于黄先生的艺术成就，应进一步引起社会各界高度重视。"此文加盖"合肥百花艺苑函授书画院"公章，证明"本文内容属实"，"本文作者是黄叶村先生的学生，我院负责人"。

黄道玉回到芜湖后，于6月2日致函汪友农夫妇表示感谢："与你们在一起相处的近半个月时间里，使我感受到你们那真挚的感情，我终生也不会忘记。说实话，如无你们的无私帮助，父亲的这次遗作展也不会搞得这样有声有色。我不善客气，然谁亲谁疏倒是清楚得了的。"6月9日，她在信中再次写道："为筹办父亲这次遗展，您和振清几乎全身心扑在其中，我是十分清楚的，这其中感激之情无法以言语表达。不是手足胜似手足，人间少此情，但愿人长久，心相连。"

韩振清在回忆汪友农的文章中说："展览结束后，安徽省博物馆收藏了两张老师的作品。黄老的遗愿终于实现了，友农心中的积郁也终被化解。"据黄道玉来函，汪友农夫妇曾于1988年8月底委托儿子汪欣早转交省博物馆收藏证及藏画集。

四十五、一鼓作气，北上筹展

黄叶村合肥遗作展的成功，给汪友农以极大鼓舞。1988年7月，离展览结束不到两个月，趁着暑假，他偕夫人韩振清及黄叶村长女黄道玉，带着黄叶村的12幅遗作，风尘仆仆地赶到首都。韩振清说："长舒了一口气后，友农想到：不行，第一炮刚刚打响，还要一鼓作气进军北京，要让更多的人了解老师的艺术成就。他是这么说的，也就毅然决然地行动起来。"

他们是7月10日从合肥出发的，黄道玉此前来信说："你们愿陪我一同进京，甚是感谢。那就定在10号由合肥动身，我在9号下午或10号上午到合肥，望事先购好车票。"

临行前一天晚上，汪友农遇到住在同院的画家季学今[①]，谈起北上办展事甚为忐忑。季学今安慰他："北京每天有20余场美术展览同时进行，我看过不少，一般水平不太高，黄叶村的书画去了不会差。"听说他在北京没有熟人，季学今写信介绍他去找《中国画》编辑部的孙克，说江西的黄秋园先生就是孙克帮助宣传的。

他还曾写信向中国美术馆摄影室王书灵介绍汪友农："今有汪友农同志前来为我省已故画家黄叶村联系在贵馆举办展览之事，他持有刘开渠先生信函，望到时能予以帮助。"此信可能没派上用场，一直存在汪友农处。

汪友农进京之前，还曾写信给南陵县人大常委会原主任徐新义寻求帮助。徐回信说："王健吾也是安徽无为县人。他在北京工作多年，熟人较多。你去北京筹展中有什么困难和不方便之事，尽管去找他。"

黄道玉在芜湖也作了较充分的准备。她请芜湖市委宣传部给文化部和中国美术馆出具公函和住宿介绍信，又请赖少其写介绍信给时任文化部副部长高占祥和时任中国美术馆馆长刘开渠，临行前并将复印件寄给汪友农，希望他也请省文联或省美协出具公函，或请鲍加、师松龄写几封推荐信。但这些公函或介绍信能否派上用场，到底哪一些能派上用场，他们心里也没有底。

在北京安顿下来之后，汪友农一行先到东城区五四大街中国美术馆，直接来到办公室。办公室主任毛贵昌看了介绍后说："黄叶村在世不是画家（指全国美协会员），怎么能在我们馆里办展览呢？"又

---

① 季学今（1938— ），安徽巢湖人，1958年毕业于安徽省艺术学校美术科，中国美术家协会安徽分会专职画家，擅国画山水。1980年油画作品《山》入选华东六省一市油画风景、静物展览。

进一步解释："全国第七届美展临近，中国美术馆很多展厅要维修，展览场地一年前已排满了。"

汪友农事后说："当头一瓢冷水把我们三个人的心都浇凉了。"韩振清说："但友农很执拗，不达目的绝不回头。"汪友农向毛贵昌恳求："我带来了老师的12张字画，能否挂在您的小接待室里，请研究部的专家鉴定一下？"毛贵昌想了想同意了。

他们将黄叶村的12幅画留在中国美术馆接待室，又赶往西城区南锣鼓巷雨儿胡同13号，找到《中国画》编辑孙克。《中国画》杂志社属于北京画院，当时办公场所为齐白石故居。汪友农递上季学今介绍信，再呈上黄叶村字画的彩照影集。孙克一看照片，拍案叫了起来："又一个姓黄的！"他问，黄叶村的画有没有带来？汪友农说，带了12张，放在中国美术馆了。孙克当即给中国美术馆拨电话，请他们想办法安排展出。接着他对汪友农说："我们刊物这一期正介绍陈子庄，下一期就介绍黄叶村先生，准备登10幅作品。"

孙克后来在《画家汪友农的艺术》一文中说："记得在1988年，汪友农来到《中国画》编辑部，带来安徽老画家黄叶村先生的遗作资料，开始为这位一生坎坷而不为人知的画家做推广介绍。从此，中国画界开始知道四川陈子庄、江西黄秋园之外还有一位安徽画家黄叶村。"但是，1989年《中国画》杂志介绍黄叶村时，只刊登山水、花鸟画4幅，孙克解释，因为当时的摄影设备和技术有限，汪友农提供的作品反转片质量很差，大都不能用。

事情开始朝着顺利的方向发展。第三天，汪友农接到中国美术馆约见通知。一见面，毛贵昌主任就说："研究部的专家都看了画，每人都签了名，他们一致认为黄叶村的画功底深厚，12张画，建议馆里收藏其中6张。"接着，他说出了汪友农最希望听到的一句话："今年11月底美术馆有一个空档，可以给你老师办遗作展。"

汪友农、韩振清和黄道玉非常兴奋，几天来悬着的一颗心终于落下。可是，新的问题又出现了，汪友农后来回忆："在签合同时，展览费用预算要1.2万元，这在当时可不是一笔小数目。我犯愁了，还是我爱人有胆量，当即拍板说签，有困难我们回去再想办法。"韩振清回忆："友农犯愁了——去哪里弄钱呢？我当时也没有过多考虑，只觉得不能失去这个机会，当即拍板说'签'。"

笔者见到汪友农夫妇在天安门广场前的一张合影。尽管北京之行时间紧迫，无暇游览观光，但是天安门还是一定要去的。黄道玉来信说："这次累了您和振清了，而且也没使振清玩好，内心委实不安，然光阴紧迫，也只好请兄嫂原谅。"尽管如此，韩振清此行仍然很有成就感，她感觉自己对丈夫的事业作出了贡献。

中国美术馆要求半个月内得到答复，并尽快将场地经费汇至该处。但1.2万元并非小数目，这笔钱从哪儿筹措呢？黄道玉心急如焚。她在给汪友农的信中写道："当初在京我之所以不敢干脆地答应年内展出建议的原因，亦就在于考虑到经费难筹。"

那时举办一场画展，特别是在中国美术馆这样高规格的场馆举办画展，涉及举办单位、开幕式规格、出席领导、媒体报道、场地经费等一系列问题。黄叶村遗作展也无法绕开，首先面临的是1.2万元经费的来源问题。

黄叶村1980年加入民革，同年增补为芜湖市第六届政协委员、中山书画社会员，1984年被聘为安徽省政协书画室画师。当时在芜湖市集齐资金困难，因此欲向省政协寻求帮助。黄道玉与汪友农商量，让汪去找时任省政协主席史钧杰和副主席郑家琪①等人，争取省政协的支持，让芜湖市与省画院等单位联合主办。

---

① 郑家琪（1917—1989），安徽歙县人。1938年加入中国共产党，战争年代曾任中共歙县县委书记、皖南地委组织部副部长、华东野战军第四纵队政治部科长。1949年后，历任芜湖市委书记，安徽省林业厅副厅长、省轻工业局局长、省工交办公室副主任、省国防工办主任、淮北市委书记、安徽省第五届政协副主席。

四十六、感念郑家琪

汪友农找到当时负责省政协书画室工作的郑家琪副主席，向他汇报去北京联系黄叶村遗作展情况。郑家琪听后高兴地说："那很好，黄老的画在合肥展出时大家就有这个建议。钱我来想办法，你负责选画。"两天后，郑家琪召集省文化厅、文史馆、美协、国画院和芜湖市政协等单位有关人员开会，专门成立筹备班子，派人分头准备。汪友农负责设计请柬和选画布展工作，宣传联络由省美协和省国画院负责。

1988年8月30日，汪友农向郑家琪汇报后，立即写信告诉黄道玉。黄道玉找到芜湖市委，市里认为郑家琪只是表态支持，并未落实由哪个部门具体经办及筹措经费，故还不能轻易表态及给中国美术馆回复。9月2日，黄道玉来信说："只有请郑家琪和史钧杰两位政协主席亲笔给芜湖市委第一书记金庭柏写信，并说明省政协及有关单位能够筹集一部分资金，市里方能下得决心。"同一天，她写给郑家琪："昨天接到家父学生汪友农同志来信，获悉老前辈对我等筹办我父亲的遗作在京展出一事给予极大关心和支持，使我十分感激，且将终生不忘。"她恳请郑家琪给金庭柏写信，表明省里的态度。

汪友农在《高处不胜寒》一文中说："郑老工作很忙，但对这件事亲自过问，多次打电话约我去汇报进展情况。他打报告给省政府财政厅申请到7000元专款，又用老师女儿名义，向芜湖市委打报告申请到5000元。"

9月6日，黄道玉接到通知，说市里已经决定拨款5000元。但直到10月17日，这笔款尚无下落。18日，黄道玉来信言："相隔2个月才给美术馆汇款，且至今也未以公家名义给那儿去信，还不知我们那次填的表是否有效。"10月底这笔款得到解决，但又出现转款问题。11月3日，黄道玉来信中提及，5000元已办好，但要拨到省里去。因此她给省里的同志打电话请他们安排同志携省政协文化室（或遗作展筹备组）之文来芜，将这笔款子拨走。

安排好北京黄叶村遗作展筹备工作，郑家琪去安庆视察工作，临行前对汪友农说："到时我直接由安庆去北京参加展览开幕式。省城委托季公德秘书长负责，有事你可找他。"

郑家琪离开合肥，情况突变，宣传联络工作遇到很大阻力。原计划由省美协副主席师松龄去北京筹备展览，但因省美协要召开换届会议，师松龄不能前往。原定参加筹备的省国画院刘鹏南也被抽回。宣传联络工作无法进行，汪友农非常着急。他按照郑家琪的指示，恳请季公德一定要重新抽人，季公德说："我动员了大家，大家不愿去。"

汪友农感慨道："这时我才深深地觉得郑家琪同志确实了不起！他关心的何止是黄叶村个人，他关心的是祖国的艺术！他同黄叶村未曾谋面，只是看到过黄老的金石字画，很欣赏，于是邀请黄老加入省政协书画室。后来黄老生病，他还打电话请芜湖市领导给予关照，请弋矶山医院医生精心医治。如今黄老已去世，他还在为其奔波，他的行动真正体现了党的知识分子政策。"

黄道玉在来信中也说："我了解到，有些人竟是这样认为，既然人已经死了，就不必去多考虑了。他们唯恐老头子出了名会影响他们的前程。且不论老人在世时如何热诚指导过他们，单就从艺术水准上去看，父亲哪方面不比他们强呢？"

汪友农感到一种说不出的孤独和无助。当时省国画院负责人是王涛，大约在1973年，省美协在巢湖半汤举办美术班时，他与王涛一起画过画。于是带了两幅黄叶村的代表作直接去王涛家，可是王涛不在家。

《合肥晚报》记者叶家和对汪友农说："省文化厅厅长陈发仁很重视书画工作。我给您写张便条，您直接去找他。"那张便条写道："发仁兄：您好！好久未见。现有汪友农先生前来和您谈关于老画家黄叶村先生遗作展在京事宜。黄老是我省很有成就的画家，应当得到有力的宣传，万望能得到您的大力支持为盼。握手！叶家和即日。"时间大概是9月18日。

10月6日下午，汪友农直接去省文化厅。陈发仁厅长不在。找到刘景龙副厅长，刘说此事由陈分管，于是又无下文。

此时离北京展出只剩9天，汪友农感觉到，时间已经不允许他到处乱撞了。无奈之下，他直接邀请《安徽日报》记者赵玉敏和《合肥晚报》记者潘立刚同去北京采访开幕式。赵玉敏爽快地答应了，潘立刚因身体原因不能前往。他又找到《合肥晚报》另一位记者叶家和，叶答应后，心里才感觉踏实。当时他想，组织不出面，首都新闻界发不出消息，至少请两位记者及时给安徽发回消息，也算给省政府及有关方面一个交代。

预展前一天，郑家琪如约赶到北京。此外，尚有安徽省政协副主席钱铭，记者赵玉敏、叶家和，芜湖市政协、文联和书画院季汉章、桑仁贵等，黄叶村在涡阳县的学生王康健和张明，汪友农和黄叶村长女黄道玉、女婿佘建中，安徽筹备团队共13人。

预展前一天晚上，郑家琪主持在西单曲园酒楼举行记者招待会，汪友农分发了吴作人对黄叶村评价的签名复印件，记者们看了很感兴趣，都表示愿意参加预展。

遗作展取得成功。郑家琪回到合肥后，着手准备出版画册，提出预算16万元。他的报告遭到反对，有人认为16万太多，只同意10万元。他坚持要16万元。

天有不测风云，人有旦夕祸福，意想不到的事发生了。1989年5月初，郑家琪在去巢湖视察的路上遇车祸身亡！这一年，安徽又遭受百年未遇的大水灾，黄叶村画册的出版计划就此搁置。

汪友农为失去郑家琪这样一位好领导和知己而悲痛不已，也为黄叶村画册的出版计划而忧心。惊闻郑家琪去世噩耗，他写了《哭郑家琪》挽诗：

我怕五月，
前年五月，
吾师黄叶村仙逝；
今年五月，您也匆匆追去，
叫我怎么不怕五月？

去年合肥展出吾师遗作，
您深感相见恨晚，
同大家商议：
一将画送京展出，
二出一本画册。
您不仅口头讲讲，
而且动真格。

遗作在京展出后，
获得巨大成功，
皆赞省政协做了件好事，
这主要是您的功绩！
然而第二件出画册之事，
还未完成啊，
您怎么能赶在五月安息？

您同吾师素不相识，
前年吾师病重，
您却给芜湖打电话，

请医院救吾师竭尽全力，

这不仅是救一位老人，

更是拯救中华艺术！

您为在世两人未会面，

曾后悔莫及，

今天您达到目的了……

现在人们都在说：

"黄叶村活了！"

他不仅活在芜湖，

活在合肥、京华，

还活到了港澳。

我知道是您救活了他，

您也将永远活着！

我忘不了的五月啊……

　　汪友农后来写《高处不胜寒》一文，为纪念黄叶村，也为缅怀郑家琪。1997年5月3日，他在写给《安徽日报》鲍义来的信中说："今年五月是黄叶村逝世十周年的忌月，也是郑家琪同志逝世八周年的忌月，我将我和郑老等为黄叶村筹办赴京遗作展的前后经过，认真、如实、详细地回忆出来，目的是想留下这段历史资料。"

四十七、拜访吴作人

　　展览在即，黄道玉、佘建中先期到达合肥，与汪友农会合后，他们一行于22日登上赴京列车。此前，黄道玉来信，要省政协开介绍信，并请省文化厅厅长给文化部高部长写信。汪友农似乎考虑得更多，他在《高处不胜寒》一文中说："我如坐针毡，彻夜未眠，一口气写了十余封信，一到北京就将信和请柬非常冒昧地寄给了首都的一些美术评论家。"他们的地址，是事先在报刊上查抄来的。

11月下旬已是严冬，一下火车，冷气扑面而来，汪友农不禁打了寒战。离展期还有7天，而在京做筹备工作的只有他和黄道玉夫妇。一筹莫展之际，他突然想起，黄叶村生前曾是民革成员，于是他同余建中一起找到民革中央宣传部。宣传处的张世咸非常热心，先找民革中央所属《团结报》安排发布展览消息，随后又将他们引荐给北京中山书画社① 社长邵恒秋②。

邵恒秋看了黄叶村书画彩照后，连声说："高手！高手！开幕式我要去看，还要打电话邀王霞举、秦岭云他们一道。黄苗子出国不在北京，不然我也要邀他去。我说好，他们会相信的。"王霞举、秦岭云和黄苗子均是中山书画社副社长，也是著名书画家，能得到这一批前辈的支持，汪友农觉得不虚此行。

他们告辞后已走出大门，邵恒秋又把他们叫回去，说："吴作人③的老家是安徽，你们怎么不去找他？"汪友农说："我们不认识吴老。"邵恒秋又热情地帮助他们拨通了吴作人的电话，他的夫人萧

① 北京中山书画社由著名收藏家张伯驹等人倡议，在民革北京市委支持下于1980年11月成立。

② 邵恒秋（1916—2006），河北定县人，早年毕业于北平艺术专科学校，擅国画，也是著名民主人士。

③ 吴作人（1908—1997），安徽泾县人，生于江苏苏州，早年就读于苏州工业专科学校建筑科、上海艺术大学绘画系、南国艺术学院美术系。1958年任中央美术学院院长，1985年当选中国美术家协会主席。油画造诣甚深，国画别具一格，自成一家。

淑芳①接了电话，说老吴身体不好，恐怕不方便。邵恒秋说："这位安徽画家黄叶村，画得非常好，你们一定要接待。"萧淑芳于是答应，让他们第二天下午4点去她家。

晚上回到旅馆，汪友农认真地从百余幅作品中选出12幅。他无缘结识吴作人，但进京之前曾就致中国美协负责人书信草稿："黄叶村是我省已故著名老书画家，今年五月安徽省博物馆举办其遗作展，引起震动，赞他不仅是'黄秋园似的山水画家'，而且书法、金石、花鸟均达到很高水平。赖少其同志最近向文化部负责同志推荐说，黄叶村先生书画功底极深……并建议我们对其艺术进行研究。为此我们将其作品送京展出，恳请你们光临指导！"现在经邵恒秋介绍，马上要拜访中国美协主席，他激动的心情无以言表。

11月27日下午，汪友农与黄道玉冒着严寒，乘公共汽车辗转来到位于北京西郊的吴作人先生家中。在一间面积不大但布置得十分雅致的客厅里，萧淑芳女士热情招待了他们。得知他们是扛着画挤乘公共汽车来时，萧淑芳表示歉意地说："老吴患眼疾，要不然，等画展开幕时我们自己去美术馆观赏。"接着又说："老吴躺着还未起来，你们先坐等一会，我去叫他。"汪友农赶忙说："不要打扰吴老了，您过目也一样。"

于是汪友农展开画作，萧淑芳看到第一张山水时，有些吃惊。看到第二幅泼墨荷花时，激动不已地说："你们等一下，我想还是叫老吴一道看吧。"不一会，吴作人过来了，汪友农发现，他的左眼打着纱布，右眼也明显充血，但精神尚好，将12幅作品一一细心过目。

当看到四尺整张大写意《墨荷》时，吴作人赞道："不仅笔用得好，墨也用得好。"看到《三峡图》，吴作人啧啧称美，连声说："好！"他已被黄叶村描绘的雄浑壮丽的三峡景色深深震撼，汪友农

① 萧淑芳（1911—2005），广东省中山人，中央美术学院教授，当代著名画家，以花卉画作著称。

解释："这幅是老师1982年从四川讲学回来画给我的。"吴作人："这水画得好，山石画得也好！"汪友农："这是新山水。"吴作人说："他这个新是从传统中来的，不是从石头缝里蹦出来的！"话语风趣诙谐，汪友农和黄道玉笑了，吴作人自己也笑了起来。接着，他批评当今画坛少数人想彻底否定传统的想法，态度严肃起来。

他观赏六尺《山雨欲来图》泼墨山水画时间最长，面对错落有致的杂树、跌宕起伏的山峦、蜿蜒曲折的山径以及飞动缭绕的云层，他一会退后，一会俯身，仔细观看，然后说："这幅作品初看无法，细看又笔笔在理。"汪友农说："这幅大画老师只用一支笔，在半小时内完成的。"他接过话题："在这半小时之前，你老师默默准备几十年啊！"汪友农对这幅《山雨欲来图》十分珍视，后来主编《黄叶村画选》时，将此图置于首页。

当看到几幅传统山水画时，汪友农解释："赖少其不久前去信向文化部推荐，说我老师的画功底极深。"吴作人点头赞同："功底是深厚。"萧淑芳补充说："赖老说好不会错，他很有鉴赏水平。"吴作人发现有两幅山水没有落款，很觉惋惜，便对黄道玉说："你是他女儿，可以在上面补题。"

看完画后，汪友农说："安徽画界认为我老师的作品山水第一，花鸟次之。"萧淑芳说："花鸟画得不错。"吴作人同意夫人看法，特地指出竹子画得好极了。汪友农说安徽人称他"江南一枝竹"，吴作人感叹地说："实胜于名啊！"

吴作人为未能一见黄叶村感到遗憾："我1986年去安徽开会，在芜湖停留时怎么没听人讲起他呢？"汪友农于是谈起黄叶村生前遭遇，屈居7平方米茅棚，尤其门上那副"一间破草屋，两个无用人"对联，烛光前握刀治印，屋檐下挥毫作画，似玩似唱，醉艺忘忧……他所受磨难常人难以想象。黄道玉在一旁落泪了。萧淑芳感慨地说："是金子终究会发光。"吴作人说："从他的画看，若条件好会画得更好。芜湖是个好地方，芜湖出人才！"

最后，汪友农将自己设计的黄叶村遗作展请柬呈给萧淑芳："您这儿很多请柬印刷得非常精致，为了节约，我自己设计了简单请柬，请您指正。"萧淑芳看了说："设计得很不错，很大方。"读完百余字简介又说："你的文字写得很精练、中肯。你做了一件大好事啊！"

汪友农后来在《是金子终究会发光——吴作人评断黄叶村的画》一文中说："我将吴老讲的话作了记录，萧女士过目后连声说：'老吴是这么讲的。'她又念给吴老听，吴老笑了，高兴地在稿子上签上他和夫人的名字。萧女士对我说：'老吴不对人家的画签名表态。'我说：'谢谢吴老破例了。'萧女士说：'不用谢，是你老师的画画得好呀！'萧女士还详细地问了画展筹备情况，提醒我们筹备时应注意哪些问题，并问我们有什么困难和要求。告别时，萧女士握着黄道玉的手说：'你和我女儿都是搞环保工作的，你们交个朋友，以后多来往。'"他在文章中还写道："离开那所温暖的公寓时，尽管外面冷风袭人，可我的心却热乎乎的。我想老师如果还活着那该多好啊！"

那一份谈话记录是他们第二天再去吴宅，请吴作人补签的，同行者还有季汉章。后来汪友农在给余建中的信中说："我这篇文章没有写第二天补签，也未提季老在场等话，目的是使文章内容集中，也不是生季老气。但签字时对话等内容一字也没有改。"季汉章，1927年出生于安徽无为，书法家、收藏家，时任芜湖市书法家协会主席。

汪友农整理并手书的《吴作人先生谈黄叶村画》，内容如下：

经民革中央中山书画社引荐，1988年11月27日下午3：50，萧淑芳先生在会宾室热情地接待了我同师妹黄道玉。萧先生看了黄叶村老师两幅作品后即去请来吴先生一起审阅。吴先生虽正患眼疾，却将我们带去的十余幅作品一一过目。

当见到四尺全张《墨荷》时说："不仅用笔好，墨色也用得好。"在看《三峡图》时，我说是老师八二年从四川讲学回来画给我的，先生说："这水画得好，山石画得也好！"我说这是新山水，他说："他这个新是从传统出来的，不是从石头缝里蹦出来的……"对两幅山水没有落款很惋惜，向黄道玉同志说："你是他女儿，可以在上面补题。"

当看到几幅传统山水画时，我说："赖少其先生最近向文化部推荐：'黄叶村书画功底极深……'"吴老点点头说："功底是深厚。"我说："安徽说他山水画得最好。"萧淑芳先生说："花鸟画得不错。"吴老说："书法没有画画得好，竹画得也很好！"

下署：黄叶村先生学生、合肥师范教师汪友农记录。后面是吴作人、萧淑芳签名。

笔者所见汪友农记录共有两份：一份《吴作人先生谈黄叶村画》，有汪友农私章；另一份题为《记拜访吴作人先生》。经比对发现，两份内容完全一致。韩振清解释，可能汪友农觉得第一份写得不好，因此重抄一份，以便分发给记者时效果更好。

这一份吴作人谈话记录对成功举办黄叶村遗作展起到关键作用，汪友农说："这不仅为我们找宣传部门开了通行证，而且为宣传部门后来的宣传报道提供了材料。"

四十八、在中国美术馆

1988年11月30日下午2时整，黄叶村遗作展在中国美术馆开幕。"展览会场出现了奇迹，一下拥进了好几百名观众，并连续十几天参观人数有增无减……"十年以后，汪友农回顾当时盛况，仍觉有一股激流在心底涌动，真的很难表达当时激动的心情。他说："我想这不仅是老师的荣耀，也是安徽美术界的自豪！"

展览期间，参观的文艺界领导及知名人士有：时任中国美协副主席刘开渠，美协书记处常务书记雷正民，中国书协代主席沈鹏，著名作家周而复，著名画家及美术评论家白雪石、胡絜青、周怀民、赖少其、韩美林、秦岭云、娄师白、冯其庸、刘春华、潘素、吴休、谭志泉、孙菊生、刘龙庭、李树声、薛永年、刘曦林、孙克、夏硕琦、张立辰、李凌云、刘松岩、叶晓山、劳辛、张振声、曲冠杰、汪世清、张士增等。

汪友农说，前来观展的还有一些地位很高的领导人。

文化部副部长王济夫在《中国文化报》记者徐有芳陪同下参观展览，并在留言簿上题诗：

> 丹青寄正气，翠竹写清风。
> 艺坛多巨子，应识叶村翁。

中国美协副主席、中国美术馆馆长刘开渠在汪友农和张振声陪同下参观展览。他问汪友农，黄叶村这些作品在谁手中，汪友农说，大部分在先生女儿处。汪友农叫来黄道玉，刘开渠认真地对她说："你父亲的书画是宝贝，要保管好，不能随便丢了，以后要放在纪念馆里。"刘开渠一边观赏，一边认真思考。他驻足在黄叶村赠给汪友农的一幅四尺全开《芭蕉掩竹图》前，语惊四座："是江南秀丽的山水陶冶了黄老先生，别人无法画出这么好的作品啊！"

汪友农听了此话，眼眶湿润了。他在《高处不胜寒》一文中感叹道："真可谓珍珠沉底，刘老慧眼识珠啊！老师这幅作品是我珍藏的多幅花卉作品中最珍爱的一幅。多年来我一直把它挂在陋室里。窗外有芭蕉掩竹，但静寂之时，我总爱在老师这一扇艺术的蕉竹窗前，领略中华文化的博大精深，临境神思，品味再三，真有渐入澄明之感！海派大师吴昌硕76岁学陈白阳笔意画芭蕉图，神味不失而高兴地题诗道："今人谁解为草书，绿天无僧蕉叶枯。窗前新种两三本，夜听秋雨思江湖。'我也曾为当今写意中国画失去书法笔意而惋惜呢！"

他接着写道："我这人欣赏作品很挑剔。就说芭蕉图吧，我认为很多后来者学徐渭纵横捭阖的芭蕉，飘逸中露出了漂浮的败笔；学老缶的芭蕉用笔沉雄古厚，但又总嫌与生活有那么一点距离。我觉得艺术并不是玄深莫测，奥妙难懂，它是艺术家对大地母亲养育之恩回报的真情流露，'天人一，合内外'是中国艺术的精神。老师画竹数十年，自称'竹痴'，早年叩拜郑燮，以后又'高呼与可'，晚年渴求回归自然。正是在大自然中他获得了精神的解放，走上了自我放逐之路，终于步入真正的艺术圣殿。"

时任中国书协代主席沈鹏也来了。他指着《马鞍山采石矶》对汪友农说："我爱黄先生这样很有新意的山水。"汪友农请教："您对我老师的书法有何看法？"沈鹏说："写得好！"汪友农又问："拿我老师自己的正草隶篆比较，哪种体写得最差？"沈鹏认真地又看了一遍说："正草隶篆各体都写得好！"黄叶村的学生王康健、张明和汪友农一起陪沈鹏在《登黄山玉屏峰》和《荷塘翠鸟图》前合影，又在前言屏风前合影。临离开前，王康健和张明拿出黄叶村的册页，沈鹏在《兰石图》上题"黄叶长春"四字以示敬意，又在留言簿上借唐人诗句来赞黄叶村："楼台晚映青山廓""霜叶红于二月花"。

著名画家白雪石颈部落枕，仍在学生王浩生陪同下来参观展览。他约汪友农在黄叶村《巍峨的龙门》前合影留念。汪友农说："我早就仰慕白老您了，在全国美展上欣赏过您的《长城脚下幸福渠》，这幅佳作给我的印象很深。"王浩生说："我老师也画三峡……"白雪石十分真诚地对汪友农说："他老师画得比我好。"听了他的话，汪友农对这位老前辈更加尊敬。白雪石在留言簿上写道："黄叶村先生精于古法，对石谿上人用功极深，颇堪敬佩！"

韩美林接到电话邀请前来参观展览。他在安徽工作多年，曾与黄叶村有过交集，早就知道黄老画得好，所以再忙也一定要抽空来参观。他在展厅里被众多记者围住。汪友农挤到面前问他："我们安徽有人说我老师山水画得可以，竹子要次一点。您看呢？"韩美林大声说："黄老的竹子画得好极了！"

老舍夫人、著名画家胡絜青参观展览后题赞："精湛艺术给大众以美的享受。"她对汪友农说："我与你老师都师从过汪采白，我们也可以说是学友……"她回家后还以此为题写了一篇文章，结尾写道："黄叶村的名字连同他的艺术将永留人间！"

冯其庸是著名红学家、作家、书法家，与黄叶村有过翰墨之交，黄叶村遗作展他当然要来看。他曾在黄叶村画作上题跋："'文革'前我与老舍先生同在文联，久钦慕先生书法，几欲请先生赐书，均因先生瘦弱而未启口。'文革'中我在牛棚，一夕忽闻先生怀书沉水，噩耗传来，悲痛难抑。1980年余因公往皖南，路过芜湖，于芜湖美术工艺厂见几幅墨竹，技法精湛，余叹为板桥后一人，探知为黄叶村先生所作，后托友人说之，求得先生墨宝一幅，遂结成翰墨之友。今夏黄叶村先生女儿来京，获悉先生亦已作古，应絜青先生之约，赠墨竹一幅与老舍纪念馆。胡老命余题跋，故以题记之。1987年6月10日。"冯参观黄叶村遗作展后又感叹："山水比竹子画得还要好！"

著名画家娄师白在展厅对其女弟子说："你画牡丹花，就要好好地看这位老先生用笔用墨。"参观完展览，他留言道："黄叶村先生遗作展启发了后人对传统笔墨的学习。"

著名画家、中山书画社副社长秦岭云在展厅对汪友农说："黄老先生的竹，北京没有任何人能与其相比。"汪友农说："董寿平老先生画得不错。"秦岭云摇头说:"比不过黄先生。"秦岭云参观展览后,与汪友农及黄道玉、佘建中一起合影,临别在留言簿上题"实胜于名",又在黄叶村的《菊竹》册页上题"清古可师"。

著名画家刘松岩在留言簿上题词:"何为当代中国画,请看今日黄叶村!"

作家兼画家叶晓山在留言簿上题道:"江南二黄,书画绝伦!"

汪世清是美术史家,安徽歙县人,他参观完展览题道:"安徽画家山水兰竹有此功力者今属少觏,惜知之晚矣。古歙汪世清。"

黄叶村遗作展取得如此成功,汪友农激动不已,他写信给妻子韩振清:"北京忙你定预料。黄老的画展在京引起的震动,比合肥大多了。看来一切问题好办了。《光明日报》一号头版说黄伯伯是中国凡·高,同陈子庄、黄秋园一样。很多大画家说安徽继黄宾虹后又出一大家!"

他原计划12月7日离京,但因故一直拖到15日晚。黄道玉18日来信对他的身体表示关心:"我们于16日上午抵芜,一切顺利,匆念。不知您15日晚是否买到卧铺票了,您痔疮未愈,一直坐回合肥,肯定受不了的,我很着急……"

四十九、与赖少其的交往

黄叶村遗作赴京展出时,赖少其已经离开安徽两年,他特地为展览题写八尺横批展标,还多次给黄道玉写信告知展前应注意事项。1988年6月13日,他向中国美术馆馆长刘开渠及文化部领导写了引荐信,信中写道:"我在安徽工作二十六年,深知老画家黄叶村先生书画功底极深。安徽省博物馆已于今年五月二十日为黄叶村先生举行逝世一周年遗作展览。希望北京美术展览馆能免费予以展出。现介绍他的女儿黄道玉同志前来北京看望您们，千万予以帮助。"免费的预期没能达到，但赖少其的热情仍令人感动。

11月3日，黄道玉致汪友农函中称："上次赖老来信曾问及父亲师从何人，为此我给他回了封信，将父亲从艺的过程大致作了介绍。他很快就又来了信，并将我的信转来，要我将其寄给写前言的同志作参考，现随信寄给你们。"

11月上旬，赖少其在北京参加第五届"文代会"，月底黄叶村遗作展开幕，他又特地赶来参观。

在中国美术馆，赖少其看过一遍展览后，与著名画家周怀民坐在一起休息。汪友农过去请他谈对黄叶村书画的看法，他站起来邀请周怀民再看一遍，并对汪友农说："我们边看边议吧。"

在参观中，赖少其对黄叶村的水墨山水画最感兴趣，对其师承的分析、风格的评价令人信服。汪友农感慨："我觉得他不仅是一位领导，更是我所见到的最懂中国书画艺术的真正的艺术家之一。"

他们在展览现场最长的一横幅披《秋山万壑帆影动》山水画前停下来。周怀民说："从这幅看，他是师从清朝'四王'。"汪友农说："他跟新安画派汪采白的父亲汪福熙学过书法。"赖少其说："汪采白同他不能比，黄叶村先生的书画功底极深，山水已超过清朝'四王'。"

汪友农提到1976年老师在自己家里画的《幽谷兰竹图》，一张六尺宣纸，裁开接成一丈二尺长卷。周怀民说："那张《幽谷兰竹图》比这张长山水还要长三分之一呀，怎么不带来展出呢？"汪友农显得有些无奈："因为太长无钱装裱。"赖少其说："那长卷是在气愤时画的，笔夹风雷，一定是幅佳作！"

看过展览后，周怀民在留言簿上题词"笔精墨妙永长存"，又在黄叶村兰竹册页上题写"永芬芳"三字。赖少其也留下墨宝："黄叶村遗作精神永存。"分别时，他还嘱咐汪友农："如果没有留下文字，可请安师大艺术系组织搜集这些资料。建议省美协和画院要对黄叶村的艺术开展研究。"

汪友农与赖少其的交往始于1975年。汪友农创作的中国画《稻是队里的》参加安徽省博物馆工农兵美术作品展览，并在《安徽日报》和《安徽文艺》等刊物发表，引起有关部门及领导的重视。

"安徽省委宣传部部长杨效椿对省群艺馆张志说，他想收藏此画。副部长赖少其看了我的画非常高兴，邀请我到他家做客并赠我几幅墨宝。"

这几幅墨宝，汪友农一直珍藏着。其中一幅题写鲁迅1933年底作《无题》抒怀诗：

> 一支清采妥湘灵，九畹贞风慰独醒。
>
> 无奈终输萧艾密，却成迁客播芳馨。

题款："友农同志嘱书鲁迅先生诗。赖少其。"另一幅题写陈毅《泗宿途中》诗前四句："夜走泗宿道，晨过旧黄河。古邳解鞍马，煮酒醉颜酡。"题款："陈毅同志诗一首，友农同志嘱书。一九七七年五月，赖少其。"陈毅此诗作于1943年底由新四军军部往延安途中。赖少其早年木刻受到鲁迅赞扬，他后来又投身新四军，他写这两首诗是有感而发。

汪友农在致赖少其的秘书赖晓峰信中说："我七十年代初学画国画人物，赖老当时正领导师松龄、陶天月等创作巨幅版画。我当时很爱赖老书法，师松龄、张志等同志均多次将我引荐给赖老，赖老每次给我写赐墨宝，我都精心珍藏着。赖老书法格调极高，似金农漆书古拙味，但不刻板；有伊秉绶宽博装饰美，但又不轻濡。这与赖老深厚的学养有关，他能巧妙地熔秦汉晋唐碑帖于一炉，形成了自己卓立无穷的艺术风格！"

1982年5月，汪友农趁前往合肥探望父母之机拜访赖少其。当时他已有自选诗书画集的想法，因此提请赖少其题签。赖欣然命笔："汪友农先生诗书画选。一九八二年五月于合肥，赖少其。"但此后近三十年，他埋头创作，诗书画集的计划搁置，赖少其题签也一直存于箧中。直到2011年左右，他为画展之需，才编印一本16开四折册页，封面即用此签。他对赖少其心存感激。20世纪80年代中期，汪友农与赖少其继续交往，都是为了老师黄叶村。

黄叶村生前与赖少其未曾谋面。在中国美术馆现场，周怀民对赖少其说："从黄的画看，他五六十年代肯定就画得不错。老赖呀，你在安徽工作了26年，怎么把这个人才埋没了？真不应该。"赖少其说："我1957年在安徽安庆公园看到他画的一幅山水，功底深厚，印象很深，后来安徽成立画院，我推荐他参加，可是大家都反对。"他说的安徽成立画院，可能是指中国美术家协会安徽分会，成立于1960年。"大家都反对"，可能是因为黄叶村的"右派"身份，政审没通过。

汪友农听见这一段很有意味的对话，赖少其的苦衷他反而能够理解，因为直到所谓"反击右倾翻案风"时，《安徽日报》还点名批判黄叶村。于是对周怀民解释："当时的大环境确实一两个人很难扭转。"

中国美术馆黄叶村遗作展之后，赖少其于1989年1月在广州木石斋为汪友农珍藏的一幅黄叶村山水画题跋："此为黄叶村先生遗作，生前知者甚鲜，去岁于北京展出，一时轰动，叹为遗珠。"此图题作《孤舟》，收入《中国近现代名家画集——黄叶村》。

1994年4月4日，汪友农致函赖少其，恳请他为老师书画册题写书名："黄叶村金石书画选"和"黄叶村金石书画全集"，并进一步提出写序要求。

赖少其按要求题写"黄叶村书画选"，另外两个要求则没有满足。赖晓峰解释：一、题写"黄叶村全集"书名，赖老认为出全集不太可能；二、为"书画选"写序，"由于赖老近两年身体不好，去年住了四个半月的医院，直到春节前才出院，而且他患的是帕金森氏症，写大字尚可，小字则已不行，眼睛也不行。故你提出的书写'序'一事则不行了，请能谅解"。

2002年，汪友农主编的《黄叶村画选》出版，封面题签正是赖少其手写，题签原件汪友农也一直珍藏着。

五十、余音绕梁

汪友农在《高处不胜寒》一文中说："为老师在北京办展览，最值得感谢的是孙克先生。邀请北京的书画界人士，找新闻单位，主要是他帮的忙。"

应该感谢的，还有薛永年。薛永年曾是中央美术学院美术史系主任。汪友农读了他在《美术研究》1987年第2期上发表的《在黄秋园山水前沉思》，于是到京后给他写了一封信。薛永年接信，托孙克捎来便条，说要参加香港董其昌国际学术研讨会，抱歉不能参加开幕式。但在黄叶村遗作展结束前，薛永年赶回来参观两次。

薛永年还特意约汪友农去他家中叙谈很长时间，汪友农结合黄叶村书画，针对当时画坛疾患，就国画与西画、传统与创新、写生与临摹、线条与墨彩，以及写意与书法等辩证关系，谈了自己看法，薛永年听后连连点头表示赞同。汪友农说黄叶村重视线条，在世时有"十年点，廿年线，卅年未见意境面"的苦钻誓言，薛永年听了特别感兴趣，并取出本子记下来。

薛永年询问黄叶村生前作画情形，又让汪友农把老师有关画艺的文字整理后寄给他，以便撰写评论文章。他说，至于在什么地方发表，你就不用管了。分手时，薛永年签名赠送新著《王履》。

画展开幕前，孙克想把黄叶村的画引荐给他的老师李可染，但李可染当年已82岁高龄，且心脏不好。这条路走不通，孙克的心也悬着，他对办好这次展览并没有把握。

孙克说，他曾出面张罗一位画家的展览，把新闻界朋友请到中国美术馆。展览设在二楼，开幕式之前，两位记者先上楼看了画，跑下楼对大家叫起来："一点不能看！"闹得大家不愿上楼，展览弄砸了。孙克还说，北京要到四五月份后办展览才好，那时天气暖和，老画家天冷一般不愿出来。听他这么一讲，汪友农更紧张，与郑家琪等商定，不搞开幕式，只搞一个预展。他当时想，万一来人少了，也不失面子。

预展前一天，郑家琪主持在西单曲园酒楼举行记者招待会，首都各大媒体和《安徽日报》记者赵玉敏、《合肥晚报》记者叶家和等出席。汪友农把准备好的吴作人谈黄叶村画作的签名复印件分发给大家，记者们看了很感兴趣，都表示愿意参加预展。他心里感觉踏实一点，事后他认为，展览成功与这份谈话记录有很大关系。

11月30日，展览开幕后，中央电视台、中央人民广播电台、《人民日报》、《光明日报》和《北京晚报》等新闻媒体纷纷刊发展览消息和画作评论，给予很高评价。

汪友农在《高处不胜寒》一文中说："北京人看的画展多，可谓见多识广，他们要欣赏高水平的画。预展时接到我发出邀请的同志大部分来了，有的人还邀了一些朋友。"他曾拜读过曲冠杰主编的《黄秋园山水画谱》，对书中后记印象很深，因此写信邀请他来观展。曲冠杰是《光明日报》"文化遗产"版主编。他到现场参观一遍后，才找到汪友农，盛赞展览："你们皖南人杰地灵，人文荟萃，有浓厚的文化艺术氛围，得天独厚的佳丽山水，大画家不断产生。以前有弘仁，以后有黄宾虹，现在又有您老师。"《光明日报》要闻版主编也在现场，承诺第二天刊发600字展览消息。汪友农听后激动不已，连句感谢话也忘了说。

12月1日，《光明日报》头版刊发署名青峰的消息："黄叶村先生是继黄秋园、陈子庄之后的又一位凡·高式的画家。他一生清贫，寂寞笔耕数十年，于绘画书法皆深有造诣，特别是山水画，笔墨丘壑并胜，技法炉火纯青，墨竹独具神采，作品获得专家和观众的好评。"

12月13日，《人民日报》发表高瑜《读黄叶村遗作展》一文。文章写道："遗作展以山水为主，观者无不惊服……他的山水厚重葱郁，气力丰富。他独创了一种中锋用笔的线条，这种似竹节一样的线条不是画，几乎是书法，是画家用感情、用思想、用情绪、用生命在击节、在宣泄、在吟唱。"文章反映了首都观众的普遍心情。结尾感慨道："布衣画家，辞世一年半之后，能够在京华展示遗作，实属'幸事'。去年有黄秋园，再早还有陈子庄。惊服也罢，叹服也罢，毕竟恨晚矣，因而这幸事伴着反思总是沉重的遗憾……"

展览预计于12月11日闭幕。10日，《北京晚报》记者柏冬友在现场采访汪友农。他抱歉地说，当天才知道有这个高水平的展览。他赶写一篇报道在《北京晚报》发表，开头引用吴作人的话："不仅笔用得好，墨也用得好，他的创新是从传统中来的。"文章接着介绍："黄叶村书画均精，又长于金石，在世时却默默无闻。行家认为他是继黄秋园、陈子庄之后又一位被埋没的大画家。"

可能《北京晚报》这篇报道起了作用，展览最后一天，观众排着长队，剩下的请柬被索取一空。他们在留言簿上纷纷要求订购画册，并要求延长展期，因为还想通知更多画界朋友来参观。画展在北京引起轰动，中央电视台在晚间新闻中报道了展出盛况。芜湖市主要领导看到新闻后指示：作品全部带回，下一步宣传我们自己办。

那些并不知名但痴迷于黄叶村画作的观众更令汪友农感动。展览期间，他总能看到一位瘦长个头的中年人，每天如同上班，按时来到展览厅，自带小板凳、热水瓶、搪瓷杯，挨幅挨幅地临出画的轮廓，记上题款，注上自己观画心得。

还有一位中年人，个头不高，背有点驼，也携带速写本边看边记。他在一幅《荷塘翠鸟图》前伸出大拇指，汪友农迎上去说："我老师崇拜吴昌硕的花卉。"他说："你老师同吴昌硕不一样。吴是富贵画，你老师是瘦硬通神！"在山水画前，汪友农说："黄秋园的山水画得好！"他说："黄秋园旧了点，没有你老师的东西新。"两人谈得投机，他在汪友农笔记本上要作对联表达自己的观感："心上无渣滓，笔下有明神。"薛永年当时也在一旁，注意到此人言谈不同一般，与他交谈起来，得知此人名叫王志明，是中央工艺美术学院的。汪友农问他是否专门爱送赞美之词，王志明摇头否定，说他1986年参观吴作人、李可染画展，所送是批评对联："可染伤于染，作人病在作。"汪友农不禁一惊，抛开观点不谈，单就遣词用字之精绝就让他叹服！他在文章中感叹："北京，我们中华文化的中心，深藏着多少明眼高手啊！"

黄叶村遗作展造成持续性轰动效应，展览结束后，有关评论和后续报道仍余音绕梁。

1989年3月12日，《经济日报》刊发薛永年《黄叶村的江南山水》一文，他在文章中说："在近年的'人亡业显'的画家中，安徽的黄叶村，是继江西黄秋园后又一个在贫困坎坷的生活道路上锐意继承山水传统的画家，以深厚的传统功力学古而化，创造了一些笔墨浑化、新意盎然的优秀作品。"

3月17日，《人民日报》（海外版）刊发张振声、曲冠杰《江南一枝竹——记画家黄叶村》一文，并配黄叶村《朝气蓬勃》竹一幅。曲冠杰后来在复汪友农函中再次肯定黄叶村的艺术成就，并称许其为先师奔走呼吁的品格："大函奉悉种切，知吾兄为先师之事四处奔走，可感可佩。上次黄先生画展在京开幕，至今不觉忽忽已一年有余。黄先生艺术没有引起应有的重视，实为憾事，当今画坛上不正之风亦很严重，许多人并不是献身艺术，而是四处钻营，人品已亏，遑论画品。但我想真正的艺术是经得起时间考验的。"

3月18日，香港《文汇报》以整版刊登黄叶村9幅字画。北京画院《中国画》杂志1989年第1期刊登黄叶村山水花鸟4幅。《美术》杂志第二期刊登黄叶村山水一幅。香港《收藏天地》杂志4月号刊登邹慕贤、李省非《归忆江南黄叶村兼谈中国画传统的一些看法》，附黄叶村10幅字画。5月11日，《中国书画报》以专版纪念黄叶村逝世两周年，刊发许宏泉《黄叶村书画艺术初探》和饶永《漫忆先师黄叶村》两文，并附黄叶村两幅画作。

黄叶村北京遗作展的轰动效应，也引起安徽省内文艺界的重视，《安徽省志·人物志》准备收录黄叶村，该志编辑部曾致函合肥师范学校，介绍张长明联系汪友农，以了解黄叶村有关资料。张长明登门拜访，经过一番交谈，觉得获益匪浅，他随后来信说："我也久有为黄先生作传的愿望，于是便接受了这一任务，还望多多赐教并鼎助，也可采用我二人合作的形式，未知尊意如何？"

五十一、《黄叶村画集》的波折

郑家琪从北京回到合肥后，曾向省政府申请拨款16万元出版黄叶村画集，但有人以金额太大相阻。为何会出现阻力呢？汪友农在致孙克函中披露一个细节："经办人未要到吾师作品，在正主席面前谗言说报告钱太多，上面不会批，害得副主席同正主席吵了一架。"

郑家琪于1989年5月在去巢湖视察路上遇车祸身亡。1991年，安徽遭受百年未遇特大水灾，黄叶村画集受影响一拖再拖，就此搁置。

汪友农并没有放弃，他为此不停奔波，寄希望于万一。1992年10月，事情终于又有起色。他26日写信给黄道玉说："省政府已拨款八万，有人告之十万。这一来出画册已够了，编委会也已成立，由徐乐义、季公德、郭公达、郑若泉、季学今和朱秀坤等组成。上月小金对我说等十月中旬后再动手。十月中旬我去问她，她又对我说，要推迟到十一月份。"他又提到版权等事宜："关于版权事，没有人讲什么。只是钱未批前，季公德说，如果钱少，打算动员家属不要稿费。另外不让新华书店发行，印少点等。现在季同我说钱够了，我想一要印得好，二要印得多点，这样才影响大。我想我应该参加编委，不然不容易出好。"

10月30日，他再次致函黄道玉，对画册质量表示担忧："画册钱已批约十万，如果出得好，钱够了，我就担心安徽出不好，选编水平不行是个大事。另外印刷水平也很难如人意。尤其是安徽本地出版社名气小，外面订数一定不行，因您爸爸画展后几乎没有什么宣传。我总想有十万，拿人民美术出版社出就太好了。不行到上海、天津出，等你来再商议吧！"

省政协书画社称，1988年郑家琪向省委省政府提议，出版《黄叶村画集》，是为宣传黄叶村先生的绘画艺术，因种种原因未能办成。后来黄道玉等向芜湖市政府、市政协一再要求，希望继续由省政协承办此事。1992年，时任省政协副主席徐乐义再次向省政府提议出版黄叶村画集，政府同意拨款，将出版《黄叶村画集》列入工作计划。1993年4月5日，金艳雯复函黄道玉称："省政府支持出版的拨款是政府对文化事业的支持，省政协书画社承办这本画册的出版，是作为文化工作而非营业性质的，且出版费用受政府拨款所限，所以画册的印张大小、印刷水平、稿酬，以及宣传发行等只能在经费核算的范围内去筹划，因此，出版后的效益问题，书画社是无法保证的。"

4月16日，黄道玉致函徐乐义，提议将汪友农列为编委："为了保证质量，我希望一定要把我的师兄汪友农老师吸收为编委会成员，因为他不仅了解我父亲的创作生涯、作品内涵以及后半生的经历，而且对在合肥和北京的两次画展情况、观众及著名书画家们的评价都了如指掌，去北京展出的大部分作品都是由他选定的，故只有他参加编委工作，才能把好这一关，而选定作品又是至关重要的一关。"

　　汪友农在《高处不胜寒》一文中说："后来在省政协委员的提案要求下，次年省政府总算拨了10万元专款出版黄叶村画册。但钱一直放在账上压着，让人心急如焚，钱毕竟在贬值啊！"

　　一直拖到1994年下半年，第一次筹备会议才正式召开，黄道玉通知汪友农参加。汪友农在会上发言，感谢政府破例拨款出版《黄叶村画集》。他建议开本要大，册数要印多点，钱少可减少页数，因为这是第一次通过画册公开介绍黄叶村和他的作品，所选作品一定要代表最高水平。未料话音未落，就遭到一些人反对。

　　有人说："《光明日报》张振声我很熟。我上次遇见他，我还批评过他，'你怎么瞎写，说我们安徽黄叶村是中国凡·高？全方位地看美术史，黄叶村怎么行呢？'"说完便迫不及待地捧出自己的画册。另一位筹备成员说："画册印多了肯定卖不掉，赖少其这样的画家，我们这儿堆压了他的很多画册无法处理。"

　　汪友农听懂了，他们的意思是安徽很多人比黄叶村水平高，只是因为10万元是指定专款，不然根本没有必要印他的画册。话不投机半句多，汪友农后悔当时说了那些话，后来在会上再也没说什么。他在给孙克的信中说："我会上听了这些话，后来气得一句话也没有讲，因为他们一点没有想宣传黄叶村的诚意。"

　　1995年4月，拖了7年之久的《黄叶村画集》终于问世。16开本，印数2000册，自办发行。孙克应邀撰写序言。1993年2月16日，孙克复函黄道玉："黄叶村先生的艺术当然也是很高的，当年你带来作品让我看，是对我的信任，对我抱有期望，但是由于刊物篇幅所限和客观一些困难，在《中国画》上只是发表了一些作品（有一张画底片还有毛病），没有配好文字。现在想来也是遗憾的。我自去年十月工作有些变动，调到北京画院理论研究室工作。"他谦称自己文字、理论水平都不够，但在黄道玉一再坚持下，他还是写成此序。他评价黄叶村"是继陈子庄、黄秋园之后第三位'人亡业显'——拂去历史尘埃后方尽显其美质无价的真正匠师"。

除了孙克的序，汪友农对这本画集并不满意。2001年3月6日，他在给薛永年的信中写道："其实那本书不能反映我老师的最高艺术水平，如吴作人、刘开渠、沈鹏，以及中国美术馆研究部专家共同讨论确定要收藏的六幅作品，一幅也未印进画册。"

黄道玉对这本《黄叶村画集》的看法与汪友农不尽相同。在讨论重新编辑画册时，她说："至于省政协那本画册，应当给予肯定，我们的画集应是在其基础上进行的，取其长克其短，因此，不能把它贬得一无是处，因为画册中作品皆是从原先我们筛选出来的近百幅作品中挑选出来的（且也都是参加过那两次展出的），若全盘否定即全盘否定了你自己。"

但就是这本"不能反映黄叶村艺术水平"的画集出版后，消息不胫而走，在不长时间里被抢购一空。汪友农称，大部分是被合肥、芜湖和宣城比较熟悉黄叶村作品的美术爱好者买去，外地人很少能看到。他托人买了20多本，都被画友瓜分，在身边只留下一本。他到深圳后，很多画家朋友看了这本《黄叶村画集》要他割爱。1996年11月，第七届全国书市在深圳书城举行，书市展销着各种美术画册，就是看不到这本《黄叶村画集》。

《黄叶村画集》出版后，《光明日报》以《安徽省政府拨专款出版〈黄叶村画集〉》为题刊发书讯，其结尾写道："黄叶村（1911—1987）……他是继陈子庄（1913—1976）、黄秋园（1914—1979）之后第三位'人亡业显'——拂去历史尘埃后方尽显其美质无价的真正匠师。他的艺术功底深厚，他的成就在同代人中屈指可数，他的作品受到广大人民的喜爱，再一次证明中华民族文化的根深叶茂，大树参天，其生命力无穷无尽。"此文或为张振声所作。汪友农后来写作《高处不胜寒》一文时，仍然激动地称"其语调仍未低下来"，"看来《光明日报》是没有接受那所谓的'批评意见'了"！

第七章　南下深圳　潜心绘事

五十二、是金子终究会发光

1994年4月，《当代书画篆刻家辞典》（第二卷，中国国际广播出版社出版）刊登汪友农国画山水作品《九华秋色》。同年11月3日，《中国书画报》"画坛撷英"专栏刊登汪友农简介，并配其国画花鸟《英雄图》。在不遗余力宣传恩师的同时，他本人作品也渐渐被国内同行和艺术爱好者所了解。

孙克接受笔者采访时，忆及1988年在北京《中国画》编辑部初见汪友农情形，为筹办中国美术馆黄叶村遗作展及出版黄叶村画集，他们有很多联系。那时汪友农已小有成就，创作了大量人物画、山水画。孙克是评论家，又拥有《中国画》这块阵地，他却没有推介自己的作品。通过多年交往接触，孙克知道汪友农和蔼可亲，谦虚礼让，始终遵循前辈们关于艺术乃"寂寞之道"的教诲，埋头耕耘，不汲汲于功名，不赶风浪，这种精神令人敬重。

汪友农不愿宣传自己，一是觉得自己的艺术创作水平尚有待提高，二是觉得宣传老师黄叶村的艺术成就更有意义。1988年，他受邀参加安徽美术出版社《安徽美术家人名图录》。他信中对张振声说："安徽出版社前年就决定出一本省美术家人名图录，我接到通知后，拖了一年多未送画稿，最近托人拍了几张旧作勉强交去。"

汪友农的谦逊赢得很多朋友的敬重，也在业内赢得广泛声誉。正如孙克在《中国近现代名家画集——汪友农》序文《画家汪友农》中所说："'是金子总会发光'，这句话也适合于汪友农。"

汪友农与《中国书画报》编辑姜瑞丰由不相识到相识，由相识到成为知交，也是为了宣传黄叶村。

《中国书画报》由天津美术学院创刊于1986年，姜瑞丰是该报资深编辑，也是艺术评论家。黄叶村逝世2周年之际，《中国书画报》以专版纪念，刊发许宏泉和饶永文章，并附黄叶村两幅画作。

1993年6月4日，汪友农将有关吴作人谈话的文章和有关作品照片投寄《中国书画报》编辑部，附函称："贵报八九年五月十一日几乎用了一版介绍了我的老师黄叶村，我拜读后十分感动！"并简单介绍黄叶村画集出版的艰难历程。那时他还不认识姜瑞丰。

姜瑞丰看到汪友农的投稿与来信，主动回信，称来稿将于四季度刊用，并告诉他自己母亲是安徽怀远人，于是后来汪友农在信中称其为"乡兄""仁弟"。《中国书画报》为周报，出版周期较长，稿件容量有限，年底稿件并未见报。1994年1月11日，汪友农致函姜瑞丰查问原因，并反省投稿动机："其实我当时投稿也曾矛盾再三。此文确有借名人宣传吾师之意，这是违背老师意愿的举措。他在世曾告诫过我，搞艺术不可多有攀附依仗心理。"称"此文不用友谊在"，并以黄叶村一幅墨竹相赠。

1月20日，汪友农《是金子终究会发光——吴作人评断黄叶村的画》一文在《中国书画报》发表。3月8日，他致函姜瑞丰称：此文版面位置安排显著，画图选配十分恰当，文字删增更让人满意，如副标题中"谈"字改为"评断"，真是一字千金，难怪古人有"一字之师"之语。（此文1993年2月3日在《安徽日报》发表，题为《吴作人谈黄叶村的画》）姜瑞丰将"谈"字改为"评断"以作副题，主题则用萧淑芳原话"是金子终究会发光"。汪友农说："真是人生难得一知己，我不会忘记您对我的帮助，也定会永远珍惜您我之间友谊。"

此文曾投给《人民日报》，附两幅黄叶村画作，结果《人民日报》只选登一幅墨荷，他才转投《中国书画报》。姜瑞丰来信说：你能画几幅画寄来更好。汪友农于是寄赠自己的作品。姜瑞丰很是欣赏，主动提出要在报上介绍。汪友农在3月8日的信中说："您说二季度在贵报介绍一下我，恭敬不如从命，一切由您作主了。能否在上面注上：'此人与黄叶村师友关系甚笃，曾上北京奔波为黄筹办遗作展，并在积极筹资私人为黄出书画册。'我想借此机会先做个售书广告，当然主要还是让人知道师生之情比金子贵重。"他念念不忘自筹资金出版黄叶村画册的事。3月15日，姜瑞丰来信说："为您发'画坛撷英'之事已定，但时间恐要往后推一推，原因是最近高等院校要评职称，为此急着发稿的比较多。另外，我也希望在您筹款出书事基本有了着落再发。"

《是金子终究会发光——吴作人评断黄叶村的画》一文见报后，汪友农给吴忠、汪田霖寄去报纸，并在附信中说："该报此版责任编辑姜瑞丰同志已给我来了六封信，他说二季度在他们报'艺苑人物'栏再介绍一下我。"

1994年11月3日，《中国书画报》"画坛撷英"专栏刊登汪友农简介，并配其画作《英雄图》，其文如下：

> 汪友农，安徽南陵人，1939年3月生，名为乐，字友农，曾用有龙、幼农。性格内向，勤于思索，精鉴赏，喜收藏。在绘画、金石、书法、文学诸方面均有爱好。生活道路坎坷，曾三次下放农村。60年代即开始发表诗歌，70年代以国画人物著称，所绘《重任在肩》《稻是队里的》等作品问世后引人注目，金陵画家杨建侯赞其"构思精绝，实不多

见"。80年代初潜心钻研山水花鸟，画家郑伊农评其山水"笔墨浑厚，皴染高古"。他与芜湖画家黄叶村师友情深，黄谢世后曾奔波为其在中国美术馆举办遗作展，受到吴作人、刘开渠等高度赞扬。汪友农是安徽省美协会员，现任合肥师范讲师，安徽中师美术教研组秘书等职。名编入《中国现代美术家人名大辞典》《中国当代美术家名人录》《当代书画篆刻家辞典》第二卷。

《中国书画报》在美术爱好者中有着广泛影响，此文见报后，读者按图索骥纷纷给汪友农来信，或希望交流画艺，或要求拜师学艺，或软磨硬泡索画。张坤山是知名军旅书法家，当年已是中国书法家协会理事。他在信中写道："从近期《中国书画报》看到了您的简介和大作图片，为您的成就高兴。祝您在今后更上层楼，夺取更加辉煌的成就。我习书法，兼作小画，今寄去一件书法拙作请予指教，同时烦请先生赐一画，以作珍藏，不知可否？您的作品韵味隽永，是难得的佳作。"

11月9日，任继祥来函称："钟情您的画很久，对您的画风、人品敬佩不已。漫漫人生路，造就您可贵的艺术成就，尤其您对艺术多方面的造诣、精神更感人。"又说："我从画界有关人士中了解您的为文、为画、为人，使我对您难以忘怀，总希望得到您的一份墨宝，置于我的'精品屋'，为我的藏宝增辉。"他自称集画者，藏宝中荟萃全国各地不同流派、风格作品，"希望能有您的一幅画作占据我的藏室，让更多的人士分享您的艺术世界"。

12月18日，汪友农在给张坤山的复函中写道："我元月廿日在《中国书画报》登了一篇拙文，引起一点反响，该报编辑客气想再介绍我本人，未料引来麻烦。近日收到大量索画信件，当然无法全部满足要求。您赐我书法墨宝，我理应要奉拙作，只因近来太忙，等闲一点定将画寄去。特先告之，请原谅。"有一利必有一弊，几乎打乱了汪友农的创作与生活节奏。

韩振清说，当年收到此类来信太多，无法一一答复，大都没有保存。但福建永安市二年级学生孙慰平来信仍保存着。孙慰平是班上宣传委员，喜欢写字画画。他在老师订阅的《中国书画报》上看到这篇短文，写信给汪友农说："望您能给我写信，讲一讲写字和画画的道理。请您给我画一张画和写一张字。寄去平时爸爸给我的二元零花钱，给您买邮票回信。谢谢您。祝您艺术向上，身体健康！"如此童稚和真诚令人感动。

还有一封信来自四川自贡石油工人施晓华。他长年在野外施工，偶尔进城看到《中国书画报》的简介和画作《英雄图》，4个月后才鼓足勇气给汪友农写信。他评价："老师的画质朴、真诚，笔墨生动，富有神气，动笔老辣精湛，构图精绝。老师笔下的松树苍劲，雄鹰矫健，栩栩如生。老师的画神、形、意兼备，诗、书、画结合，给人纯朴、自然、美的心灵感受。"他从小喜爱字画，因野外工作条件差，生活简单枯燥，迷上字画收藏，把所藏作品拍照成册，带在身边学习、欣赏，增长知识，陶冶情操。他是一个工人，经济收入微薄，想求一幅字画，但无能力提供润笔，"知道老师是个热心人，对求宝画者，不管是工人、学生，总是有求必应"，因此"斗胆写信求汪老师赐赠宝画一幅，以供收藏与学习"。

此类来信持续数年。1996年，季凤高还在信中称："今日小弟斗胆恳请能得到先生的书画大作墨宝精品，以学习、欣赏、借鉴，敬请先生不吝赐教，切盼先生能完小弟吾之所愿。"并提出以画作尺幅大小付以报酬，又提出"交换山水画作，结为师生"。

还有一类来信要求收编名人录或编辑画册，如："根据您在国画上的造诣，拟将聘请先生为《中国当代民族文艺家、书画家卷》编委，未知尊意如何？请复示。"并随信寄来启事50份，希望组编一部分"具有真才实学的书画篆刻家"。

五十三、职称问题

职称问题是汪友农一生中遇到的最大也最棘手的问题之一。

专业技术人员所拥有职称，表明其学术水平或从事何种工作岗位，象征着一定身份。比如在学校，高等院校职称分为教授、副教授、讲师和助教，分别是正高、副高、中级、初级，而中等职业技术学校当时只有高级讲师、讲师和教师三个级别。

到汪友农评定高级讲师职称时，须有两个必备条件，即学历和发表文章。而这两项都是他的短板，特别是学历一项。按照常理，申请高级职称，至少应该具有大学本科学历，他只有高中学历。但他有自己的优势——教学能力在学校有口皆碑，几次公开课，特别是1993年全国中师美术教学大纲研讨班优质课，学校更是把他推上前台。他虽然发表文章不多，但艺术创作成就突出，声名远扬。他是一位美术老师，主要担任中国画课程，因此绘画水平比发表所谓文章更为重要。

1993年1月5日，汪友农填写《专业技术职务资格调查表》，申请高级讲师职称。此事终因"条件"不够未果。

领导或经办人员也没把话说死。汪友农感觉事在人为，此后一段时间，仍不断为高级职称而努力，比如写文章、发作品。河北唐山师范学校校长贾永林是中国师范美术教育研究会副理事长、教育部中等师范（含大专）美术教材副总编。他们在全国中师美术教学大纲研讨班上结识后成为朋友。1994年2月15日，汪友农致函贾永林，希望将他近20年前旧作《稻是队里的》收入中师美术教材："永林艺友，您见多识广，如对老朽我拙画不屑一顾，渴盼直言相告。我这个人一生坎坷，三次下放农村，工作卅多年，埋头在师范任教也有廿五年了，若不再有所谓'明显成果',看来职称不可解决。为此一直羞于言及的私事,如今冒昧求救,不妥之处您定能谅解。"

他一方面为《稻是队里的》被人涉嫌抄袭而愤愤不平,同时希望此画收入教材,帮助自己解决高级讲师职称问题。其实,能不能评高级讲师,跟作品是否收入教材并无直接关系。他的画作屡屡在省级以上报刊发表,并印制成年画发行,如果这些能够作为条件,评为高级讲师当不在话下。

1995年3月,他向校领导递交《关于要求破格晋升高级讲师的报告》,并请转呈市教委职称评定委员会:

> 我上高一时学校选送五名学生上大学,光荣榜贴出来我名列第一。后因"反右倾"家父遭殃,我受株连,使我失去继续深造的机会。但我走向社会仍一直在自学。曾在省市以上报刊上发表文章十多篇,诗歌二十多首,美术作品17幅。其中《光明日报》《中国书画报》和《师范教育》等国家级报纸杂志刊登文章、国画5篇(幅)。
>
> 我热爱教师职业,1961年高中毕业后就开始任教,后因工作需要,组织上调我去新华书店搞美术宣传。1970年招工上调后,我仍选择当了教师,曾多次谢绝改行。参加工作34年,其中任教27年,应聘讲师7年。恳请领导根据我的特殊情况,派员对我教学水平、工作实绩进行考核,能否破例晋升高级讲师为感!

经过努力,他大概看到一线希望。同年10月,他致函合肥市教委职称办,解释年龄问题:本人出生于1939年,户口簿上是1942年。他写道:"'文革'期间我在南陵县文教口工作,当时县革委会主任(军代表)组织文教系统人员下乡锻炼,我积极带头响应这一号召，并将户口也转到了农村。其他下放同志户口未转，军代表一调走，全又回原单位上班。因我成了农业户，无法回城。（'文革'后才有文件收回）后来县里纠偏将我纳入下放知青调了上来，并安排在南陵师范当教师。根据招工规定我超了年龄，县招办同公社协商，在转我户口时将我1939年7月29日出生改为1942年7月29日。但我本人后来填表按原出生年月填的。特此说明。"

汪友农为解决职称问题所作的努力完全可以理解。那个年代，职称能决定一个人的命运，比如加薪、分房、教学和工作安排。汪友农更看重的，似乎还有它作为身份和社会地位的象征。作为一名艺术家，虽然正埋头创作以期更大的提升和突破，但他终究需要走向社会。参加笔会，举办画展，出版画集，参加学术活动，别人头衔都是教授、高级讲师，或者会长、主席，但他仍然是普通的讲师，难免有颜面无光、低人一等的感觉。

希望终于化为泡影，高级讲师职称问题最终没能解决，他心中一块郁结也终究未能解开。1996年初，妻子韩振清到深圳，汪友农身体也欠佳，向学校提出休病假，也到深圳养病，同时继续埋头创作。

大概过了请假期限，学校催他回校上课。1998年初，他回到学校，心中仍郁闷不已。1月23日，他写作《家父与初版〈黄山〉导游》一文，为父亲著作被人冒名而鸣不平。他写信给妻子说："我从深圳回合肥，尤其到单位上班，心里不是味儿，加上扣了我四个月工资，不全是为两千几百块钱，是为了人家看不起我！职称未评上，当时理由我发表的文章少了。所以，我在画画同时老想写东西，当然不是为职称了，是想把闷在心中的话吐出来。这次写出的文章，心中特高兴！"

该文刊载于1998年2月2日《安徽日报》，题为《解放后的第一本〈黄山导游〉》，有删节。面对职称问题，汪友农无计可施，只能用这种方法倾诉心情。

同事郑小能也认为职称问题是汪友农一生的遗憾，直到2012年他们在合肥碧桂园聚会时，汪友农仍在言语间提及此事。

1999年7月，汪友农填写《安徽省事业单位工作人员退休审批表》，工作年限38年，职称仍为讲师。

汪友农退休次年，合肥师范不再招收普师生，开始招收五年制师范生，专门培养具有大专学历的小学教师。2002年，经教育部批准，原合肥联合大学、合肥教育学院和合肥师范学校三校合并，成立合肥学院。据刘小秧介绍，原来合肥师范的主体变成教育系，小学教育专业因毕业生去向规划等原因渐渐缩小规模，艺术设计系分视觉传达、环境艺术设计、工业设计、产品设计、动画设计等6个专业。

五十四、孜孜以求

1990年初，曲冠杰致函汪友农，让他关注倒卖黄叶村画作现象："你讲港台有人收购黄先生的画，不知收自何人之手，如是黄先生家人，你应加以规劝。那些人并不是收藏家，大多为投机商人或捐客，有类于内地的二道贩子。他们是要转手倒卖，从中渔利的。一千元至三五百元就买走一张，这是国内四五流画家的价钱，太自贬身价了，也过于短视了，以后是会后悔莫及的……"

汪友农对黄叶村墨宝珍爱有加，对老师的片纸只字都视若拱璧，不忍弃之。1988年4月，汪友农前往芜湖挑选黄叶村遗作时，发现有七幅作品破损，带回合肥亲自修补。黄道玉来信说："您说已为父亲修好了一幅画，可真难为您了，相信一定很好。余下还有六幅，您可不必过于着急，因为您也很忙。上次您带去的七幅画真要想修补得十分好并非易事，要花不少时间和精力。您对家父的一片诚心，对我们的深情厚谊我都牢牢记着的。"她提出这些画修补好后，送一幅给省博物馆李明回，另请汪友农留下一幅作纪念。

　　汪友农与黄叶村交往二十年，收藏其作品较多。黄叶村去世后，他希望继续收集恩师墨宝，不想它们落入二道贩子之手，特别是想为黄叶村编辑画册，更是孜孜以求，四处搜罗。

　　黄叶村遗作，很大一部分保存在三个女儿手中，黄道玉、黄道荣、黄道民均视汪友农为兄长，对其信任有加。汪友农曾主持遗作分配，对这批作品情况非常了解，他对黄氏三姊妹的生活也十分关心。1993年夏天，汪友农曾致函黄道荣了解其经济状况，7月5日，黄道荣复函称："我们现在经济上还好，如有困难，我会给你写信的，让大哥费心了。"但不久，黄道荣因孩子读书急于出手父亲画作，汪友农立即去函了解情况。11月11日，黄道荣复函称："大哥你在信上说卖画一事，因小二子念书，学费较高，一学年需要捌佰叁拾元，资金比较困难，我是想卖一两幅。如有时间，请你到水阳来一下。"

　　不久，汪友农借了一辆车，在薛祥林陪同下前往宣城水阳卫东乡大张村黄道荣家。薛祥林说，那天下雨，到水阳后，有一段泥路车子开不进去，他们下车在泥泞中跋涉，走了约几里路。黄道荣生活艰苦，所住房屋土墙已经开裂，但她盛情款待了汪友农一行，中午杀了一只鸭，并从隔壁借了鸡蛋。薛祥林记得，汪友农付两万元购得黄叶村的《山村古木》。

　　韩振林讲述收购《皖南秋山风貌图》经过，故事更加精彩。

　　《皖南秋山风貌图》作于1981年，黄叶村题款："辛酉五月上旬于芜湖。恒铭老弟雅鉴。叶村写。"直接写赠田恒铭，后转售金继余。金继余是芜湖市总工会干部，雅好收藏，黄叶村曾作《江南水乡》图，题："继余同志雅鉴。叶村古稀画。"

　　1996年，金继余到合肥找到汪友农，准备出售《皖南秋山风貌图》，汪友农看了作品，觉得是黄叶村力作，有心购买。金继余出价仅1800元，但当时妻子韩振清已南下深圳，他一人在合肥，经济困难，想等一等再看。

不久，金继余将《皖南秋山风貌图》售予合肥藏家聂广涛。聂拿不准此画真假好坏，请汪友农帮忙鉴定。汪友农有一说一，有二说二，告诉聂此画是真的，而且很好，并为详细品评。聂广涛以4800元购得此画，他的失落感可以想象。2002年春，聂广涛请田恒铭为此画题长跋，开头即言："黄叶村先生八尺横卷山水画于寒斋散出，今归聂君广涛收藏，可喜可贺。"落款："壬午春雨乌江聋人田恒铭，时年六十八于合肥雅仙书屋。"

是年冬天，杨仁恺又为此画题跋："历代有才华之画家多为世所湮没无闻，前人所谓伯乐千里马之说信而有征矣。此卷作者黄叶村先生穷贫一生，而其山水作品尽得皖南风光，气韵生动，风貌新颖，终于画名不彰，殊可叹惜。所幸有此卷流传，可以垂之久远乎。壬午夏，和溪仁恺观后漫题。"

2006年，汪友农编辑《中国近现代名家画集——黄叶村》，觉得此图不可或缺，决定向聂广涛商量购买，聂开价25万元。几经磋商，最后以18万元成交。这笔款项对汪友农来说数额巨大，他在致薛永年函中说："我为了给黄叶村出这本画册，十几年来，花了很大精力，又投入了大量财力，为搜集先师流失在外的有代表性作品，我往往豁了出去。"

有趣的是，薛永年、孙克分别于2005年冬和2006年春于此卷题跋，正在汪友农购此图前后。薛永年题跋："黄叶村先生为当代人亡业显之传统派大家，此卷乃其晚年精品也，所画秋山华榭，松亭泊舟，石桥帆影，境辟神开，气韵生动苍润，尤得一毛字之妙，非深于传统精旨者曷可臻此？藏者其善护之以为卧游畅神之具，岂不美哉。乙酉夏日方壶楼主薛永年题。"

孙克题跋："黄叶村先生垂暮之年始知名于画界，此前一生坎坷，衣食不周，其生计之艰，闻之者莫不叹息。而先生独倾情绘事，自少及老未曾放弃，终成廿世纪中国画大家。先生山水踵武石田、石谿，功力精湛，而其丰神腴健，笔雄力厚，墨彩并彰。此山水长卷为先生平生杰作，画中景物皆江南丘陵地貌，树木蓊生，岭岗钟秀，别具风光。余今有幸拜观，深为叹服。贤者长逝，画迹流传，望持者宝爱之。丙戌冬日道不孤斋主人孙克题。"

韩振清认为，说黄叶村的画价是汪友农推起来的不无道理，从这幅《皖南秋山风貌图》可见一斑。画商以营利为目的，汪友农推崇黄叶村画作，四处游说，十年涨价几十倍，最后吃亏的却是他自己。但对购买黄叶村画子，韩振清总是极力支持，只要汪友农想买，她掏钱时从来没有丝毫犹豫。

相比之下，收购《九华圣境图》代价小得多。汪友农购得此图后作小记如下："《九华圣境图》今年约六月在芜湖王福生同志家花壹万贰千元购到。此作品是老师黄叶村晚年用石谿笔法精心所绘，唯一缺点是黄老没有落款，我将程治安同志补的伪款剪下，换黄老师一幅《松鹰图》真款。《渔舟停泊水流去》图款与上图一样，可能出自一人之手。2011年10月记。汪友农亲笔。"并另作题款："上图为黄叶村老师真迹，汪友农补鉴于2011年3月底。"

两次遗作展之后，随着媒体报道增多，知名度渐大，社会上出现很多不明来路的黄叶村画作，且多称出自学生之手。据刘渤回忆，有人曾找到汪友农，说你得黄叶村真传，你画老师的画一定很行。汪友农一口拒绝。他曾对刘渤说："过去黄叶村没有几个学生，现在学生多了。他们挂老师的名头赚钱，他们把老师的画卖得一张不剩，还要来坏老师的名声。我是老师的学生，老师叫我诚实做人，我永世不敢忘。我要把老师的画系统地整理出来，分门别类。老师最有价值的画多在晚年，前期有些画也很精致，他的画风格特点很明显，有些画局部很精彩，有些东西能反映一个过程，有学术价值。有些画则是应酬之作，无奈之作，或戏作。我要把它们分清讲透才是。"

自己没有能力收回更多黄叶村作品，他便希望身边朋友收购并宝藏之。因此，他身边聚集了一批真正喜欢黄叶村艺术的收藏家和爱好者，比如薛祥林、张和平、叶萌、刘渤等。他还鼓励学生陈彪等购藏黄叶村作品。他在给姜瑞丰的信中说："因老师画册未出来，一些收购者常来找我鉴别真伪。"

父亲好友曾经对汪田霖抱怨，朋友们请他看黄叶村的画，他却不愿意帮买画朋友讨价还价。汪田霖理解，因为父亲从心底里认为，老师的画市场价格不应该这么低！

1997年初，张和平写信给汪友农说："几个月不见，十分想念，感觉有很多话要跟你们说。自从您离开后，黄叶村的画一张也没买过，心中老觉得不踏实，所以对字画不敢过问，只做些瓷器、玉器之类。"因为市场上出现不少来路可疑的所谓黄叶村作品，他心里没底。薛祥林收藏黄叶村画作数十幅，都经过汪友农掌眼，他认为汪老师不仅熟悉黄叶村作品，而且人品好，不是商人，不以营利为目的。

叶萌继薛祥林之后担任总参合肥干休所所长，他开始抱着玩的心态去看人收画，汪友农后来劝他也买一点，又教他怎么认识画，就这样他也开始购藏黄叶村作品，也请汪友农掌眼。他曾跟汪友农到黄山收购黄叶村画作，画店老板拿出一幅署名黄叶村的兰花图，汪友农说是假的。老板说，真的你买不起！于是拿出一幅兰花斗方，要价2600元。汪友农说，这幅是真的，你可以买。此图笔墨简练，格调清新，题款："晴湖秋水浣轻毫，写出风流格调高。同此美人迟暮感，赠君一卷比离骚。其枨（成）小朋友雅鉴。竹痴老人。"叶萌介绍，这幅画是送给芜湖名中医李济仁长子张其成的，此图作于他下放农村之前。张其成后来考取北京大学，现任北京中医药大学国学院院长，易学专家。

2004年底，学生赵承业来信，说他"发现芜湖市场有不少黄叶村的画卖"，他认为"有60%是真迹，其中有几张还真不错，价约

3000元"。

薛祥林向笔者讲述了另一次购画经历。大概在2006年，汪友农听说郎溪县文化馆有一幅黄叶村山水画，跟对方电话联系后，第二天一行人匆匆赶到郎溪。但文化馆大门紧闭，联系人也不知所踪。怎么办？他们不甘心无功而返，于是搭着人梯从窗户往里看，隐隐约约看到了画子。薛祥林说，那时他们真是到了痴迷的程度。那幅画应该是黄叶村力作，但保管很差，估计现在也毁坏了。

汪友农对黄叶村作品之熟悉，从饶永一封信中即可看出。饶永也是黄叶村学生，也听老师提及汪友农，但两人一直未能谋面，黄叶村逝世后，两人在黄道玉家首次见面。此后，饶永从贵池致函汪友农："黄老的画我存得不多，除几幅山水画外便有几幅墨笔花卉和竹子，我想配成两套，即一套墨竹，一套四君子，墨竹尚缺雨、雪竹，长68cm×34cm；四君子虽全，但长短不一，我要配成长短一样的，缺墨梅、墨兰，长67cm×39cm，或45cm长、35cm宽的墨菊或墨竹。方法由您定，或换名人字画，或化钱，您那里方便人多，可能有这方面的画，因这种小幅的画黄老生前画得多，我想以后配成套，统一装裱挂在书房该多好，也是对他老人家的纪念。"

五十五、南下深圳

1996年初，汪友农向学校请病假，随后于3月6日前往深圳休养。他的《〈黄叶村自传〉小引》，自注3月4日夜写于合肥，14日修改于深圳大学海青楼寓中，是南下深圳前后之作。

深圳原为宝安县，初设于东晋咸和六年（331），明万历元年（1573）析东莞县置新安县，民国三年（1914）新安县复称宝安县。这一块土地历尽沧桑，见证了旧时代下积贫积弱、割地求和的屈辱，也领略到新时期改革开放迅速崛起的辉煌。

道光二十二年（1842），中英签订《南京条约》，割让香港岛；咸丰十年（1860），中英签订《北京条约》，割让九龙半岛南端即今界限街以南地区；光绪二十四年（1898），中英《展拓香港界址专条》，再租借九龙半岛界限街以北地区及附近262个岛屿。而这些土地，原来都属于新安（宝安）县。

1979年3月，宝安县改为深圳市，受广东省和惠阳地区双重领导；同年11月，深圳市改为地级市，受广东省直辖；1980年8月26日，全国人大常委会批准成立深圳经济特区。深圳成为中国改革开放的最前沿，举世瞩目。

1992年1月18日—2月21日，邓小平由武昌到达深圳、珠海等地，发表一系列讲话，回答了特区姓"社"还是姓"资"的问题，对深圳经济特区进一步发展起到关键推动作用。当年《深圳特区报》发表《东方风来满眼春》一文，记述邓小平深圳之行，让深圳名声大噪，成为全中国人民向往的地方。

汪友农走南闯北，对广东并不陌生。1956年他在黄山受教于岭南派大师黎雄才，1976年他到过广州和东莞。而他对深圳经济特区的直接认识，则来源于女儿汪田霖和女婿吴忠。

吴忠曾任南陵师范学校政治老师，1988年研究生毕业后，任安徽省社会科学联合会《学术界》编辑部哲学编辑。1992年调入深圳大学，任学报编辑兼任校长学术助理，后任编辑部副主任、校报社副社长。1995年调入深圳市委宣传部主持理论处工作。

1992年9月23日，吴忠致函汪友农、韩振清及汪田霖，描述深圳见闻："深圳的建筑既高又奇又美。从市内乘车到深大，四排道车几乎是一辆接一辆。现正在拓宽。这条通往蛇口的深南大道，起码也有两个长安街宽。车上看去，到处都在开发，到处都是生机勃勃的。深圳大学的确漂亮，不仅建筑有特色，而且绿化得好。这里的学习条件不知比内地优越多少，学生都是两人一舍，阅览、自习的地方都装有空调，食堂里饭菜的花样很多，且便宜，一个正餐两元钱左右就够了。"

1996年6月21日，他在信中说："当教师太穷，如果再这么折腾煎熬下去自己苦不讲，也让父母过不上一天好日子，我会后悔终生。我这时这么下决心南下，也是想走出人生的沼泽地。"

其实，促使汪友农南下深圳的最主要动力还是妻子韩振清。韩振清在生活上是他的妻子，在绘画事业上是他的助手和秘书。"他离不开我，我也离不开他。他以人格和艺术魅力吸引我，让我崇拜，让我虔诚地为他服务。"她还是汪友农事业中的开路先锋，从南陵到合肥如此，从合肥到深圳仍然如此。她一直坚持自学，通过自学考试取得大专文凭，并陆续考取会计师、注册评估师等执业证书。她来到深圳后不久，汪友农随即向学校提出休假并前往深圳。

父亲汪寄清在信中曾关心地问道："你们二人在深圳都过得好吧？生活是否习惯？振清应聘的单位离田霖住处有多远？每天上下班可方便？工作是否做得来？任务重不重？"韩振清看到这里几乎落泪。她后来对笔者说，在机关事业单位当会计跟到会计师事务所工作毕竟不是一回事，工作强度太大不说，还要应对各种人际关系的杂事。事务所里都是清一色年轻人，她当时已经50多岁，几乎坚持不住，准备放弃。但为了汪友农，为了这个家庭，她还是咬咬牙坚持下来，很快度过工作和生活上的难关。

汪友农写信给父母，谈对深圳的观感："今年七月香港回归，乘此东风深圳将发展得更快。十五年前只是30万人口的小县城，如今是300多万人口的大城市（流动人口占三分之二），再过几年就是国际大都市。"

不安于现状，敢于开创，敢于在逆境中寻求突破，可能是汪氏家族基因。汪友农之子汪欣早大学毕业后分配到合肥一中，在省城最好的中学教书，又在父母身边，许多人求之不得，羡慕不已，但工作不到一年，他即赴海南，下海经商。父亲、姐夫等都曾写信劝他早日回合肥工作，都被婉拒。

他在海南几乎白手起家，曾写信希望父母替他筹措500元救急。汪友农夫妇已经接受儿子的选择，收信第二天即如数将款汇去。汪寄清也对孙子的创业选择表示理解，他在给汪建农的信中说："对这个问题我未加过问，也确实无能力去过问。古话'创业维艰'，这次欣早去海南创业，决心很大，可风险也不小，既有成功的希望，也有失败的可能。当然，我们总希望他在创业过程中获得极大的成功。"

正是坚信父母的宽容与关爱，汪友农在给父母的信中敞开心扉，解释自己为什么南下深圳。其理由包括两个层面——改善经济条件、追求艺术成就。他在信中说：

> 我常想张大千，若长期住四川，黄宾虹、林散之仍躲在安徽，他们不可能成名。齐白石一生五次出游，五十五岁由湖南乡下定居北京，当时住破庙，我现在比齐条件好多了。我要利用女婿女儿这个有利环境改变目前状况，不能出人头地成名成"龙"，也要生活得比目前宽裕一点。难道我永远不能给黄叶村出本好一点书画册？难道我自己不能有一册著作付梓？人家有纪念馆，我汪家为什么不能有？桥头张八间瓦房为什么不能成为文物保护单位？当然理想与现实有很大距离，要付出巨大的劳动代价，挣扎和不挣扎都痛苦，但我宁愿选择挣扎到死！深圳有失利但也有机遇，待在合肥只有失利。不到我辉煌的未来，也要让你们看到比今天要好几倍的日子。

"深圳有失利但也有机遇，待在合肥只有失利。"这是汪友农的直观感受，可见他对自己的选择充满信心。父亲当年望子成龙，汪友农感觉有负期望，想通过奋斗改变现状，他看到理想与现实之间的距离，甚至表示"宁愿选择挣扎到死"。但他树立了太高的标杆，"人家有纪念馆，我汪家为什么不能有？桥头张八间瓦房为什么不能成为文物保护单位？"这句话可能成为奋斗的动力，也可能造成巨大的心理压力。

汪友农深谙中国美术史，对近代美术流派的形成了如指掌。他认为没有经济繁荣就不可能有文化繁荣，扬州画派和海上画派就是典型例证，因此他看好深圳，认定深圳文化必定会出现繁荣局面，他如下分析可谓鞭辟入里：

> 人往高处走，水向低处流。清初扬州经济繁荣，全国跑去了大批画家，在册的就有五百多人，所以今天才有举世闻名的扬州八怪。上海开埠后，由一个小县城一跃成为亚洲最大的都市之一，大批画家又从扬州等地转移到上海，所以出现了海派吴昌硕、任伯年、虚谷等后无来者的大师。没有经济的昌盛，不可能有文化的繁荣。安徽歙县人早年不保守，用今天的话来说就是比较开放，大批人外出经商，富起来后，文化底蕴也跟着厚了起来，出了大批文人。黄叶村严格地讲也是受其影响的。向外跑的大都是东南沿海一带人，尤其是广东，在外面跑，走南闯北见多识广，吃苦头动脑子，文化水平也跟着上来了。辛亥革命以后就是广东孙中山、廖仲恺等。深圳目前在中国最富活力，文化也开始跟上来了，深圳人不穷，他们很勤奋，肯动脑子。

五十六、都市隐者

关于汪友农选择离开合肥的原因，学生张绪祥曾有深刻领悟。他在来信中写道："学生现在很苦恼，自从您走了之后，我就像无头的苍蝇，不知往前怎走。你说过搞艺术需要一种氛围，可我接触的几个画画的，不是吹大牛，就是三句不离'钱'，哪有像您那样纯粹为艺术而艺术的人。郑老师倒是与世无争，可他太注重'感觉'，殊不知，基本功没有，又怎能把握住感觉？有时想想，还是看看书向古人学，可还没等坐下来去接近古人，现实中的俗事又把你缠得焦头烂额，使你无法进入佳境。汪老师，不知你当时是否因为这样才会提前退休？"

汪友农初到深圳，与夫人随女儿、女婿居住在深圳大学教工宿舍海青楼401室。1996年3月14日，他在此修改完成离开合肥时所作"《黄叶村自传》小引"。

时光荏苒，1997年5月12日是黄叶村逝世10周年的日子。此前汪友农念及师恩，一口气写完一万多字的纪念文章——《高处不胜寒》，文章结尾署"1997年5月2日于深圳大学海青楼401室寓中"。他在给姜瑞丰的信中写道："我来深圳一年多了。我大女儿在深圳大学当教师，女婿在市委宣传部工作。也没有同您联系，不过订了贵报，几乎每周能拜读您的大作。在我老师黄叶村逝世十周年之际，我一鼓作气写了这篇回忆文章，旨在留下这一段历史。为了真实，叙述得冗长，而且很多东西目前不宜公开。寄一份给您，一是想以此向您倾诉自己苦衷；二是因为您见多识广，写作水平高，想请您帮助修改修改。如您觉得能摘一点占贵报一点版面，纪念我老师逝世十周年，我将不胜感激！"

他同时将此文寄给《安徽日报》的鲍义来，附函说："内容涉及的许多人和事，目前不宜公布。现寄一份给您，一是想请您帮助修改，二是您我相隔千里，用笔谈谈心里话。您若能从这流水账中选摘一部分在贵报上发表，祭奠黄、郑两位前辈，那当然使我感激不尽！"。

5月16日，《安徽日报》以《高手在民间——写在黄叶村先生逝世十周年》为题节选发表此文。18日，鲍义来复函："大作发出，我作了一些压减和文字的处理，一是版面限制，二是考虑还要以平和为好。当然，您的这一长文深具史料价值，充满了对老师的真挚感情，写得也很流畅，您能先寄我看，我感到很高兴。"平和则无锐气，汪友农心中郁结仍然不能完全纾解。

在海青楼，汪友农创作了山水长卷《皖南渔隐图》，落款："一九九六年初春月于深圳大学海青楼，友农画。"《梦写安徽黄山图》亦作于此时，题为："梦写安徽黄山图于鹏城，略似石涛笔意也。友农并记。"此外他还作了一批花鸟画，包括收入《中国近现代名家画集——汪友农》中的《守护》。

1996年8月8日，汪友农偕夫人韩振清前往中国香港、中国澳门和泰国旅游约10天，玩得十分开心，觉得外面的世界真精彩。他曾描述此行所见：曼谷大街上很少有人徒步，小轿车接小轿车，不是小汽车就是摩托车，自行车极少见；香港、澳门市场十分繁华，市民素质很高，待人接物有礼貌，不管在哪里购物问路，人都十分客气，他们在大街上谈论一个景点名字，路过一对男女主动停下来指路。他还描述港澳繁荣景象："我们去澳门一个叫葡京的夜总会参观，里面大得吓人，光一大厅就占有两层楼""香港的繁荣，内地哪座城市也赶不上。如果让我在那儿再玩一个月，胖了回深圳，田霖他们定会认不出来我了"。

他将此次旅行的照片寄给父母。大哥汪为炳前往合肥探视父母，看到后来信说："爷爷将你们出游照片给了我三张，仔细端详，不胜有感。"

春节之后，汪友农再次给父母写信说："吴忠现在分96平方米住房。如果这次放弃，参加明年分房，大概能分120多平方米。姗霖同李锋想来深圳发展，他们想购一个大套房。她母亲振清问她住那么大房干什么。姗子说首先想接你们来住住，我听了此话，高兴了多少天啊！怎么不叫我高兴呢？我万一过得不好，孩子们过好了，不也一样？五月底前搬新居，吴忠、田霖给我同振清装修了一个漂亮的房间，书橱、画桌、写字台全有。新居在新市中心内，交通、信息、文化娱乐、生活条件比深大好多了。"

稍稍等待，还有更好的机会，但女儿、女婿希望尽快拥有一套属于自己的住房，还希望尽快给父亲营造良好的艺术创作环境，所以选择了位于福田区的住所。他们首先给父母装修了一间带书橱、画桌和写字台的房间。更让汪友农感动的是，计划来深圳发展的小女儿想购一个大套住房，首先想到要接爷爷、奶奶一起来住，女儿的孝心，做父母的首先领略了。

在福田区的寓所，汪友农完成了《黄叶村画选》的大部分工作，并且创作了大批山水和花鸟画，如收入《中国近现代名家画集——汪友农》的《流泉古松图》，题款："一道泉流走白龙，石桥桥畔三五松，疏篁细草沿溪绿，如此佳山不易逢。己卯岁末友农画于鹏城寓中。"

来深圳之初，他曾参加过一些同人艺术活动，如艺术拍卖会。1996年5月16日，汪姗霖及李锋来信，"首先祝贺老爸拍卖获得成功！"但此次拍卖所得数千元画款，后来并没有落实。或许已经感觉到这座年轻城市仍显浮躁，或许觉得自己更应该沉下心来埋头创作，此后他几乎不参加此类活动。

在深圳，他不时与艺术界朋友书信往来，或寄赠作品请求批评。1997年初，张和平来信说："汪老师您寄来的四张画已经收到，其中一张（手卷）我自己收藏，根本舍不得送人。汪老师您知道我对书画是个外行，不敢评论，但对这四张画我还是认真看了很久，感觉您的画比以前厚实，用墨大胆，层次分明多了，因我喜欢近浓实远淡虚，这样立体感强，气势宏伟。是否对？请参考。"张和平是收藏家，具有一定鉴赏能力，曾与汪友农合作编辑《黄叶村画选》，从他的评判中，可见汪友农的艺术创作又上一个台阶。

1996年12月25日，大哥汪为炳来信说："我于十月份去合肥看望了下两位老人，只住八天。老人们虽然耳聋，静心地谈，还是可以交流的。我也到欣早处（公司）见了次面，嘱他给爷爷处的进水阀更换一个，以便解决龙头管道的漏水问题。姗霖和李锋二人经常来爷爷奶奶处吃饭，见了好几次面。你们两人先后到深圳，也快一年了。正是在书画艺术方面有所作为和出成果的黄金时间。"可见家人对他的艺术创作怀抱莫大期望。

1997年3月21日，汪友农在写给王柏槐的信中说："我离开合肥已两年，现蛰居深圳大学，与外界几乎隔绝，目的是想晚年'面壁'，钻研自己喜爱的书画艺术。"

汪友农2000年5月曾受聘担任中国美术家协会南方艺术中心研究员，深圳荣宝斋中国书画研究院副院长，估计也是受朋友之邀的兼职。北京荣宝斋是中国传统文物收藏与流通重镇，被视为"书画家之家"，现代翰墨大家多与其有过交集，并留下众多脍炙人口的佳话。1996年，深圳荣宝斋股份有限公司成立，是北京荣宝斋当时国内唯一一分支合作机构，也是改革开放的产物。虽然只存在8年，却是中国当代艺术史上值得铭记的一页。

五十七、母慈父爱

1987年，汪友农全家迁到合肥。汪寄清对他与老伴生活有人照应感到十分欣慰。三代同堂、全家欢聚。1990年10月14日汪寄清致汪建农信中说："9号（农历八月廿一）是你母亲八十诞辰。早晨吃了寿面，中午有为炳、为安、元秀、友农、小韩、姗霖、吴忠、田霖以及我和你母亲恰好十人团聚，吃了一顿便饭。饭后摄影，大家愉快地、幸福地欢度你母亲八十诞辰。第二天（即10号）你大哥乘上午11点30分汽车回泾县，为安和元秀乘中午12点40分汽车回马鞍山。几天来你母亲虽然感到有点疲劳，但心情愉快，健康情况仍还好。"

1993年春节前，母亲何亨云不慎跌伤。2月12日，汪寄清致函汪建农称："你母亲于去年12月13日买菜回来，在马路上跌倒的，为冰还在身边，竟然受伤如此严重，起初十多天，痛得日夜不能安神，全靠吃止痛药片保持，幸有为冰服侍照应，否则，我真无法应付这种艰难痛苦的局面。所幸尚未骨折，只是筋肉受伤，在春节前后即逐渐有所好转，脸面腿部伤情已痊愈，左胳膊红肿基本消退，现在不碰不痛，稍碰即痛，能稍微活动，但不能使劲。右手、右胳膊活动自如，日常家务事大部分可以做了，如烧饭做菜，刷锅洗碗，扫地抹桌等等。虽说能做点家务事，当然也是勉强为之，做点事比不做好，活动活动，也是一种锻炼。唯穿衣脱衣还需要我帮助。日下天气已转暖，可望进一步好转。老了，年纪大了，气血衰了，恢复健康毕竟缓慢。"

此信还谈到当年春节的情况："我和你母亲在合肥过春节，过得比较清新舒适。老年人总是有点怕烦怕闹，可安静生活比较好。田霖于元月16日带孩子乘飞机去深圳，姗霖于元月18日乘飞机去广州转赴海南欣早处，家中只剩下友农、小韩。今年春节前后，气候相当寒冷，冰雪多日不化，我怕滑不敢出门，节日所需要的食品和用品都由友农、小韩他们买来。农历三十日小韩在我处烧饭做菜，忙得热气腾腾。我们一共四口人在一起团聚吃年饭的，确实清闲舒适。"

但是这样的好景没有维持几年，汪友农一家又要离开合肥了。离开合肥之前，他放心不下年迈的父母，决定每月给父母400元生活补助，加上父母退休金400多元，这样老两口在经济上已不成问题。他们还特地请姐姐、姐夫从老家来到合肥，专门照顾两位老人，解决买菜做饭、打扫浆洗等生活问题。

1996年3月9日，到深圳的第三天，他给父母写了到深圳后的第一封信。月余，父亲回信说："时间过得真快，转眼之间，振清离开合肥已两月有余，你离开合肥也有四十多天了。在这短短的一两个月中，每天我和你母亲、你姐姐谈心时，总是在不知不觉中要提到你二人，这是意味着什么呢？我也说不清楚。"

同年5月，汪友农曾回合肥探望父母，6月初再回深圳。6月20日是端午节，此后他于21、22两天才给父母写完一封长信，开头即倾诉思念父母之情："合肥探别，眨眼已廿天，每天在念中。今天是端午节，姐姐回皖南去了，所以更让我放心不下！'每逢佳节倍思亲'，看来古今之人都是如此。"回顾自己大半生，对少年时代父母的栽培尤为感激，他深情地写道：

近来我常忆起往事，想到父母一生的舐犊之情，然而到今天下辈还是不能很好地报答其养育之恩，实是内疚不已。记得土改后母亲重振家业，日夜操劳。月光下她在菜园地里的身影，如今还清晰地印在我脑海里。更让我刻骨铭心的一件事是：母亲、二哥和我上街卖稻，事毕在市桥头小饭店里，母亲买两碗饭，一碗鱼，让我同二哥吃，她说自己不饿，可是回来走到盛桥她支撑不住，买了一块豆腐干子垫肚子才挨到家。这事算来已四十多年了，母亲今年已八十岁高龄了，还未过上好日子，怎么不让我感到揪心！记得我在南陵中学读书，星期天回家取东西，母亲给我烧菜、补衣，常常彻夜不睡，熬到东方发白，送我过油榨山，她一直站在那里喊话，问我可到长山头大马路上了？那声音至今还萦绕在我耳边。"慈母手中线，游子身上衣"，这句古诗谁比我体会得更深刻！

父亲在外工作同样如此。每月六十五元工资，一领到手先寄回四十块，由母亲安排生活，若哪月少寄十元，事先在信中说明，如为家中添衣被布料什么等。五七、五九年两年暑假全部让我在黄山度过，目的不说也很清楚：可怜天下父母心——盼子成龙。如今儿子事业未成，"寸草之心"今生今世难报"三春晖"了。思之真不是滋味。

汪友农1955年考入中学，且又有绘画专长，父亲自然希望儿子到黄山这座大自然博物馆里接受美的熏陶，而在那个年代，即使父亲在黄山工作，这样做也很不容易。1957、1959年两个暑假，来回路费不说，三个月生活费对月薪65元的汪寄清来说就是巨大经济压力。黄山的生活经历对汪友农一生艺术道路至为关键，只有他本人理解父亲"盼子成龙"的心情。

6月29日，父亲回信称："读罢你的来信，不禁引起我和你母亲多少痛苦的回忆，好像电影一样，一幕一幕地展现在眼前。"但这位85岁高龄的老人思想豁达，令人钦佩，他接着说："但我总觉得过去的事已经过去了，我们应该向前看吧。"

他在信中还说："从你寄来的几张照片上看，你和振清二人身体都还好，这给我和你母亲带来一点安慰。希望你二人在深圳要安心休养，一定要把身体休养好，不要过多地挂念我们。"然后谈到刚刚过去的端午节，也是为安慰汪友农："你和振清在深圳同吴忠、田霖、一尘欢度端阳佳节，过得幸福愉快。我们在合肥也同样过得好。这一天欣早和小徐，本保和小陈，连同我们老两口一共八人，正好满满一桌在我处吃的午饭。荤蔬菜和啤酒等都是欣早买来的，小徐执厨，大家过得欢喜快乐。"

1997年春节，对汪友农来说是一场亲情的考验。2月4日，他在给父母的信中写道："我八六年由南陵调到合肥，算起来陪同你们一起度过十一个春节。今年春节我想安排姐姐陪同你们一起欢度节日。"后因姐姐要照顾自己的家庭未能如愿，只有孙儿国庆和女朋友陪老两口吃年夜饭。2月13日，正月初七，汪寄清复信："你和振清二人身体都好，甚感欣慰。我们老两口的身体也都还好，虽然小有痛痒，无关重要。我们的生活也很方便，油盐菜米，出门就是，不用多跑路。我和你母亲二人年龄大了，体力差了，但在日常生活琐事上尚可勉强处理。姐姐回去过春节，节后很快就要来的。你们可放心。"可以看出，他写信时字斟句酌。汪寄清的家书永远是娟秀的蝇头小楷，一丝不苟，满怀关爱，叙述日常家务也充满温馨，读后令人感动。

3月29日，他在信中再度安慰儿子："你信上说，要我们生活上不要太苦。其实我们生活并不苦，虽不是上等，也可算是中上等。我们的退休金包括各项补贴共409元，加上在你的工资中每月给我们400元，每月共有809元，我们的生活过得相当富裕。除你和振清给我们可观的补贴外，吴忠、田霖也为我们花了不少钱，确使我有点于心不安。"

五十八、珍藏在心中的最美画卷

汪寄清夫妇对子孙高飞远走的选择表示理解，但作为空巢老人，还是能感觉到他们内心凄凉。1997年3月29日，他在家书附言中写道："今天下午姗霖来讲，她在四月下旬就要离开合肥去深圳，李锋要等7月份毕业后去深圳。看情况欣早也不是合肥常客，最后只剩下我们老两口了。"

1998年春节，汪友农回合肥陪父母一起度过，而妻子韩振清则与女儿一家留在深圳。年前与父亲聊天时，他得知1988年版《黄山志》中，竟称1957年6月出版的《黄山》导游图书是由王君华编辑。他为父亲抱不平，想写文章在报纸上澄清事实。但父亲宁愿自己委屈也不愿生事，坚决不同意写文章。他软磨硬泡，父亲最后终于同意，并录写整整两页纸交代事情经过。父亲对当时所得130元稿费印象深刻，汪友农在草稿上有这样一段："因何悟深同志帮助搜集资料，父亲将稿费30元给了他。他自己另加61元，以161元在南京购瑞士依那克手表（三级）一只。"这一段后来没有写入文章中。

1月23日，汪友农撰写《家父与初版〈黄山〉导游》一文交老友鲍义来。他在写给韩振清的信中说："动笔前我也没想到能写得这么好。这不仅使我出口气，也给老父亲出了口气，他已活了八十八岁，几乎是低头活一辈子，认真工作一辈子，谁知道？黄山领导、广大群众都需要他留下，可是个别人'左'得可爱就是不同意！到了省图书馆，原文化厅也有这么几个人就是千方百计刁难他，工作做得再好也不行。我的文章写好后，他老人家还是忧心忡忡。我把稿子送给鲍义来看了，他说写得很好，并表态，尽自己能力加工，赞扬我父亲这种高尚的人品。这个消息带给老父亲，他才略感欣慰。我可怜一辈子的父亲……我要下决心自己晚年不能像他那样活下去！"

1998年2月2日，《安徽日报》以《解放后的第一本〈黄山导游〉》为题将此文发表，有删节。

汪寄清不善交际，很少外出打搅亲朋好友。88岁高龄的他，每天凌晨5点钟起床，去逍遥津公园散步，7点回家听新闻，读书看报。"争名逐利情偏淡，读画论诗兴转浓。却喜公园近咫尺，朝朝散步自从容"，这是他应刘夜烽之邀所作《八十书怀》中的几句诗。还有一首更能看出其超然心态："诗调年来久未弹，怕牵旧恨上毫端。只求养性书常读，犹恐招尤话少谈。不合时宜惟守拙，但能健在且加餐。到头剩有空空手，心地无私梦也安。"

1998年9月24日，汪寄清生病住院，三子友农随侍左右，其他子女也纷纷前往探视或表示关怀。长子为炳身体也不好，1999年3月23日，他写长信问候父亲："我每个星期总是同友农、为冰通话，您老人家的病体还没有完全康复，加之目前气温太低，确实需要一个康复的阶段。建农、友农一直在侍候您老人家，我时刻惦念，但又无能为力，为冰也一直未离开合肥，我只能向建农、友农、为冰表示敬意，也使我内心有负疚感。"他还惦念着父母的九十大寿，说即使不搞大规模庆祝，也应该全家合影留念。遗憾的是，至临终这一愿望也未能实现。

1999年3月26日凌晨，汪寄清与世长辞，享年90岁。临终还有一幕动人情景。他躺在病榻上，突然用手指着身边一个旧枕头，示意汪友农拆开。原来枕头里面有一件缝了很多补丁的棉背心，口袋里有一本银行存折，里面有他的补偿款和平时积攒的一笔钱。此刻他已口齿不清，友农慌忙拿来纸笔，让他写出对这笔款的处理意见。他握笔非常困难，只见笔尖颤抖着在纸上吃力地挪动，笔画如蚯蚓，写出的字东倒西歪，但友农能认出："给你老师黄叶村出画册"，最后的"册"字写了一半，手中的笔滑掉了。友农正在筹措出版《黄叶村画选》资金，父亲这笔钱虽如杯水车薪，但仍令他感动不已。他凑到父亲耳边保证："爸爸您放心吧，我会按您的意愿完成这件事的。"他知道，这是父亲在世想做的最后一件推贤举能的事。

遵照汪寄清本人生前遗嘱，丧事一切从简。安徽省图书馆为他召开追悼会，悼词说：汪寄清"1959年调到省图书馆古籍部工作，他刻苦钻研业务，为古版善本、孤本国宝书籍的整理、抢救做了大量的工作，作出了突出贡献，并获得过奖励。在省图书馆多年工作中，他勤勤恳恳的工作态度，诚实待人的精神，得到了领导和同事们的一致好评和赞扬。由于历史原因，曾两次受到打击，在'反右倾'时期，他受到当时'张恺帆事件'的牵连，遭受劳动教养，身心受到摧残；

'文化大革命'中又遭到冲击，下放回乡，在这非常时期，受到家乡父老对他百般的保护和关照，使他平安地度过了这难忘的十年"。

3月29日，鲍义来给汪友农寄回借阅的材料并寄上自己文章。他在附函中致候："一家都好吗？令尊大人可还硬朗？念念。"又在同一封信中附言："前些天，在省图看到令尊讣告，不禁潸然泪下，我后悔这几年没有去看看老人。又及。"鲍义来曾是汪家常客，与汪寄清也十分投缘。寥寥数语，情真意切。

汪寄清的遗体在合肥火化后，骨灰被护送回老家，按地方风俗摆放在汪家老宅堂中三天，供乡亲们缅怀、悼念。骨灰安葬那天，前来送葬者多达千人。

父亲去世后，汪友农悲痛不已，久久难以释怀。他在一篇《亲近泥土》的剪报上写道："家父悄悄离去……母亲梦见父亲穿着破衣，'入土为安'。融入泥土，死者亲近泥土，'化作春泥更护花'。"他还写过一句话："固执，执拗，与社会环境格格不入，父亲有古代高士般的旷达豪情和侠义心肠。"

大哥汪为炳整理父亲诗歌遗稿，他并作说明："老父亲的诗稿我仅仅收录28首，是改革开放后的部分。由于历史原因，1949年前的仅仅回忆起4首，在无为县作的也只能零星回忆起6首，大部分已记不清，甚为憾事，无法补救了。其余部分还是我90年代当着老父亲面记录的，最后一首《九十述怀》乃是老父亲初病中写的，我作了点修正。"汪寄清留存自己诗作不多，但与诗友潘效安、何悟深等人的唱和之作他都保存着，后来淮南图书馆同人编辑《笑安诗记》，全部收入。

汪友农曾为父亲诗词留存不多而惋惜："我只知道父亲能写点诗，至于赞他的诗写得很好，我还是听别人说的。我省著名书法家兼诗人刘夜烽曾问我要家父的诗，但家父不愿动笔。在我再三催逼下，他给刘夜烽写去了三首，刘读后啧啧称好。我带几首呈给书画家葛介屏看，葛老也说写得好。我后来要家父把写的诗集中起来编印成册，他只是摇摇头。"

母亲何亨云一生相夫教子，操持家务，任劳任怨。1978年3月，汪寄清复职回安徽省图书馆工作，她于5月离乡随同去省城合肥定居。老夫妇俩互敬互爱，和谐相伴。她不问政事，不拖后腿，汪寄清得以在工作上专心致志，生活上舒心安逸。

汪寄清病逝后，何亨云已九十高龄，一人在合肥生活不方便，于2000年回故乡与子女、孙辈们一起生活。五代同堂，共享天伦之乐，晚年倍感舒心。汪友农寓居深圳，时常回乡与母亲团聚，随侍左右。

何亨云于2007年2月10日在南陵弋江镇大女儿家中安详去世，终年98岁。母亲临终前，汪友农已经开始编辑《中国近现代名家画集——黄叶村》，他在《珍藏在心中的最美画卷》一文中写道："我的老母听到这个消息非常高兴，并主动要求回老家姐姐家，好让我同爱人全身心地投入编书工作。我们在北京和合肥两地奔波，历时两年，终于将书稿编成。"他写好编后记，刚放下笔，突然接到老家来电，得知母亲病危！他忙将样书托朋友寄往北京，便偕夫人匆匆搭车向老家奔去。他在文章中写道："我同爱人跑到母亲床前哭喊着，此时她已经不能说话了，但神志还清楚，眼角淌下了泪水。我握着她的手抽泣道：'妈妈！你不要难过，我们都在你身边，为你送行，你到天堂告诉爸爸，他临终前要我做的事，儿子完成了……'话音刚落，母亲就闭上了眼睛。"

何亨云出殡时，送葬队伍达上千人，场景令人感动。其子女送挽联："勤劳善良一世纪，精心养育五代人。"

1999年父亲去世后，汪友农正式退休，并已作好定居深圳的准备。母亲逝世后，他居住深圳的时间更长。2009年，父亲逝世10周年之际，他撰写《珍藏在心中的最美画卷》一文以为纪念，该文发表于4月4日《深圳特区报》。他在结尾深情地写道："父母去了天国，我同爱人来到儿女工作的深圳。我们寓居的地方离中心书城只有几百米远，常去看书。当我看到书架上《中国近现代名家画集——黄叶村》时，脑海里就浮现出父母欣慰的笑容，那是一幅珍藏在我心中的最美画卷。"

五十九、编辑黄叶村遗作

其实汪友农早就有自筹资金出版黄叶村画册的想法了。1990年初，曲冠杰来信谈及出版画册的事："黄先生的画集及纪念馆之事吾兄尚须努力，以促其成。黄秋园画集已出版，选印皆不精，可为殷鉴。"汪友农深有同感，为避免重蹈黄秋园画集覆辙，已把"精"字摆在首位。

1994年2月15日，他致函佘建中说："关于出黄伯伯画册事，不知您可同省政协联系了？他们什么意见？其实他们是不愿让我介入进去。他们能出我没有意见，如不愿出，我看你们也不要太求他们。只要你们把画保管好！等年把，我会给黄伯伯出画册的。请放心好了。"

同一天，他致函刘昌仕也提到此事，并提出详细计划："黄叶村老师谢世后，我给他办遗作展，当时只是觉得他的画传统功底深厚，画坛很少人能为之。通过这七年舆论反响，加之我自己反复琢磨，如今看来他的确是这个时代屈指可数的大画家之一。等再宣传一段时间后，我想撇开省政府拨的十万元，自筹经费给他出书画册。计划分两步走：先筹三万元，出十几页散张，等资金回笼后，再确定是私人或找合作单位，出一本精装本。合肥好多画得不怎么样的人，敢贷款出画册，我就不信出黄的画册我垫下的钱会收不回来。"

韩振清告诉笔者，汪友农书生意气，他对出版及图书市场行情完全不了解，以为画册出版后能收回成本，甚至能赚钱，完全是异想天开。

3月19日，汪友农致函赵朴初，请其为自己选编的黄叶村画册题签："安徽省政府已拨十万元专款为我老师出画册，我认为钱少了，现自己在筹资，也想请您写个书名。其全称是'黄叶村金石书画选'和'黄叶村金石书画全集'。"但此事未果。4月4日，他又致函赖少其，请其题签并作序时说："郑家琪同志从北京回合肥，曾打报告给省政府，要求拨专款出黄叶村书画册，不幸郑老出车祸身亡，加上当时安徽又遭水灾，致使此事拖了下来。黄老师在病重时，我曾向他保证过，不仅给他办展览，还要给他出书画册。两件事到今天为止，我只做了一半，心中十分不安。所以我打算私人筹资，为老师出书画册。"可见，他此时已下定决心。

1995年11月10日，黄道玉、佘建中来访，汪友农提出自己的出版计划，以黄道玉和他本人所藏黄叶村国画精品为基础，他自称所藏只有八九幅是精品。汪欣早也在场，他已经被父亲列为出版计划的执行者之一。12月24日，黄道玉、佘建中来函："上次在合肥你与欣早侄所说打算，我回来后与两个妹妹谈过，都觉不错，我们觉得请兄长抽空写个完整的计划草案，等你稍闲时来芜我们共同讨论，使之臻于周密，也使应做的事有条不紊，应履行有关法律手续的也予以办理。你看如何？"

不久他即复函，以书面形式提出出版计划。1996年1月14日，黄道玉来函，希望双方"相互信任，精诚合作"，"假如别人说三道四，或是恶语诋毁，便偃旗息鼓，那么，你这美好的计划便会成空谈"。她并就草拟委托书及出版分集等具体事项提出自己的看法。

1997年1月，黄道玉给在深圳的汪友农寄来自己和妹妹的委托书。她在信中说："画集的质量好坏与否，关键还得由您来把关。当然，我会尽量协助配合的。给父亲出画册，为他扬名，我们做女儿的理应尽责出力，因此我们姐妹三人一致同意由您来在我们家所藏作品中挑选您满意的入画册，至于其他的事也以您为主并共协商，只要能提高老人家的知名度的事我们都愿意做。历年（自1988年）以来的报刊评论文章我也复印好了，现一同寄出。"

1999年春天，编辑黄叶村画册进入实际操作阶段。汪友农全身心地投入这项工作中。他在《珍藏在心中的最美画卷》一文中说："我办完了父亲的丧事后，就投入编黄叶村画册的工作中。我在朋友的帮助下，几乎走遍老师当年工作过的皖南各县，拜访了无数老师书画的藏友，搜集拍照了大量资料，历时一年多，终于在2002年由安徽美术出版社出版了《黄叶村画选》。"

实际上搜集资料开始得更早。何凝是黄叶村旧友，1998年12月20日来信说："在黄道玉先生住处，有幸识见先生，并聆听先生与叶村交往及不遗余力搜求黄老资料情形，令我十分感动敬佩，兹奉寄豆丁小文两篇，以博先生一粲可也。"28日，汪友农复函："大札和剪报复印件拜读，文章写得十分真切动人。您与老师黄叶村先生来往甚密，神交之情溢于纸上。希望今后多写些这方面回忆文章。"

汪友农曾对刘渤说过，从前出过一本《黄叶村画集》，但不能反映他的真实水平。安徽美术出版社总编办主任王景琨是刘渤的朋友，他俩与汪友农、张和平等多次谈到出版黄叶村画集的事。王景琨认为，有人说黄叶村离艺术大师只有一步之遥，那是因为人们没有看到他的好东西，黄叶村过去为生活所迫，流入市面的东西大都属应酬之作，过去那本画集没能反映他的艺术水平。他认为黄叶村够水平，要出画集，就是要让人们看到他们所不了解的黄叶村。凡不能达到这一步的作品一律不入册。他的想法与汪友农不谋而合。

2001年2月10日，安徽美术出版社向汪友农发来约稿函，邀请其主编《黄叶村中国画精品集》，请其抓紧组织稿件，绘画作品初选后由出版社负责拍摄。书稿要求如下：1. 精选黄叶村先生中国画精品80件左右；2. 约薛永年先生作序；3. 组织撰写《黄叶村先生艺术生平简介》，并附其各时期代表作品若干幅。要求书稿于5月10日前完成交付。

编辑画集期间，刘渤有一段时间住在汪友农家，他们曾有过深入交谈。

汪友农记得老师黄叶村最喜欢吃鮕鱼烧豆腐，老师在世时条件有限，烧一次也不容易。他总是想办法把这道菜烧好，慢慢自己也喜欢上了这道菜。他说："自从老师去世后，我就不做这道菜了，今天为给老师出画册，我来做一次鮕鱼烧豆腐，纪念我的老师。"吃饭时，汪友农先祭奠了老师，说话间眼眶已湿润。他没有吃那道菜。

那顿饭他们吃到很晚，谈了很多。汪友农谈到自己的父母、家事，谈得最多的还是黄叶村和丁宁。他说要多收集老师的画，便于将来办画展。

汪友农说，中国文化太讲究功夫，讲究手艺，讲究传承。外国武师练几个月或几年就能出风头了，中国武师练一辈子还讲没练好。中国画就是这样一门手艺，有些人画一辈子都没画成。中国画对画家本人要求太高，很多人开始不知道，入门后方觉困难。不少美院毕业生都改行了，因为他们系统地学习绘画后，就明白其中之难，也不愿吃那份苦，知难而退。画画要有感觉，要有灵性、悟性。中国画讲究诗书画印，讲究画外功夫，讲究意境，入门很容易，画好太难。像运动员一样，几千人上万人跑马拉松，成功的只有几人。画画就是马拉松，追求过程固然很好，目的应当是追求成功，但成功太难，中国画太难了。汪友农称他就是一只蝉，所有的等待就是为了那一鸣。

编辑《黄叶村画选》时，汪友农原先准备将六尺斗方《山雨欲来图》排在最后，出版时排在第一幅。此图作于1981年，黄叶村落款："山雨欲来云似愁，群鸟归巢入平林。辛酉三秋赴泾，便道南陵，寓中寂寞，兴来研墨，写为友农弟参考，叶村并记。"当时画成时，他曾问老师怎么能画得这么好，黄叶村回答："一是心中要有丘壑，二是得力于写大字。我早年打算'十年点，廿年线，卅年见意境面'，未料七十岁后才知中国画点线最难攻。"

为编印黄叶村画集，韩振清也付出了辛勤劳动。2001年10月，她专程前往芜湖，到黄道玉处选画及洽谈有关事宜，同时还拜访了南陵县老领导刘葆玉及妻子奚孟云，征求他们对画集的意见。

2002年1月，《黄叶村画选》由安徽美术出版社发行，第一次印刷2300册。韩振清说这次出版属于自筹资金。薛祥林称也出过钱，买了几百本。这本画选，请薛永年撰写长篇序文《从传统走来》。汪友农撰写题为《"中国凡·高"——黄叶村艺术生平简介》的长篇编后记。他在结尾写道："21世纪伊始，安徽美术出版社再次编辑出版《黄叶村画选》，旨在提醒20世纪的中国美术史，切勿疏漏了这位寂寞笔耕的真正艺术匠师。黄叶村的艺术不只属于20世纪，还是属于未来，我们把他部分有代表性的作品奉献给广大读者，深信历史会作出公正的评判。"

2002年6月19日，汪友农在《安徽日报》发表《根植传统，走向辉煌——编〈黄叶村画选〉有感》一文。6月15日，他在《深圳特区报》上发表《一条通向辉煌的大道——编〈黄叶村画选〉有感》一文。后来他在一封信中说："客居深圳，在几个大新华书店没有看到我编的这本《黄叶村画选》，所以我给深圳最大的报纸写了这篇拙文，未料该报将此文登在阅读版头条，并给我寄来稿费325元，还附信邀约我给他们多写文章。二周不到，深圳最大几家书店书架上都有了我编的这本《黄叶村画选》。内心对《深圳特区报》充满了感激！"

第八章　痴迷书画　一生无悔

六十、太极洞谈艺

2003年4月5日，安徽广德县太极洞奇石馆及中国名人字画馆开馆。字画馆展出名人书画近200幅，包括沈鹏、林散之、费新我以及汪采白、赖少其、黄叶村和汪友农等人作品。据《汪友农艺术年表》，2003年，他收藏赏玩灵璧石"梦笔生花""情侣"两块，在太极洞和友人合办书画奇石展。

广德太极洞是庞大的喀斯特溶洞群，位于苏浙皖三省交界处，有"东南第一洞"美誉，洞内景观奇特，引人入胜。刘渤对笔者说，2003年夏天，与汪友农在太极洞景区住了十几天，时隔13年，还能清晰地记得当年谈话情形，他还笔录了谈话的大致内容。太极洞谈艺，是汪友农对人生及艺术道路的反思，显得弥足珍贵。以下内容主要根据刘渤回忆。

汪友农每天作画，写成老虎、鹰、花鸟等大写意画近二十张，泼彩山水十几张。离开的时候，只保留一张泼彩山水和一张紫藤小鸟，欲将其余全都撕毁。刘渤眼疾手快，抢下来三张，现在仍珍藏在家里。刘渤当时很惊讶，也很生气，说："这些作品可以进市场，也可以送朋友，你为什么要毁了呢？"汪友农说："我要对自己的艺术负责，不成熟的东西怎么能拿出去？"刘渤说："你都是老头子呢，还没有成熟？40多年前你的画就已经得到社会的认可，后来又刻苦画了几十年，还要怎样成熟？"

汪友农说："那时年轻，一些领导和文化人说我画得好，自己也一时轻狂……认识黄叶村后，我一下就清醒了。我老师水平那么高都不被认可，为什么我反而被认可？恰恰说明我的路错了，我不是在做学问，不是在潜心钻研，而是在跟风。现在被认可的东西是经不起历史检验的，都会被风吹雨打去！"

他又说："少年出名为人生之不幸。我如果没有遇到黄叶村，一定像他们一样，在艺术上不会有成就。黄叶村说过：'他们都很忙，我要沉下去做点学问。'"

他对刘渤说："我一定认真画一幅画，感谢你父亲，也感谢你对我老师的帮助！"刘渤说："黄叶村也卖过画。"汪友农说："他是为生活所迫。他从未放弃过对艺术的追求。我困难时也让孩子到地摊上卖过画，也是出于无奈。（改革开放之初，市场非常活跃，有一年春节前，汪友农让欣早拿一些年画去卖。欣早不好意思，看见熟人就躲起来。韩振清感叹：那叫什么地摊上卖画？简直是受罪！）现在子女们都过得很好，我除了吃几口饭穿几尺布外，没有什么消费。我过去的画印在书上、杂志上、宣传画上，都是入门的一段历史。认识黄叶村之后，我才开始艺术生命新历程。经过多年磨砺，我才知道现在还差得很远。"

刘渤说："谁也说不清自己能有多少年艺术生命。"汪友农说："多少人都在声色犬马中浪费生命，老天爷却眷顾他们。我这样执着，这样刻苦，祖祖辈辈积善积德，家里又有长寿基因，我自信能活到90岁。那时我人画俱老，不敢说能达到老师的水平，但也算是对自己的艺术负责任了……"

他们默默走了好一会，汪友农突然说："'能读书人天下少，不如意事古来多。'我需要时间，排除一切干扰，全面提高自身艺术修养。功夫在画外。我要学习练习的东西太多。老师的书要出，丁宁的书要出。"刘渤记得，当时他说天津一位女学者水平很高，眼光也很高，那位女学者的名字我想不起来了。（按：女学者当指叶嘉莹。）

汪友农说："我的生命是为了成就我的画。人生有太多不确定因素，一切困难都不会成为我退缩的理由。如果天不假年，壮志未酬身先亡，那就太遗憾了！"

汪友农谈到生命的意义："生命是一种自然现象。生命的价值和意义是后来人们附加的。生命的本质一样，但价值和意义不同。我生命的意义就一件事——画画，画画，再画画。我的生命就是我的艺术生命。"

谈到未来设想："我要像我老师一样，但我的生命一定比他长，我家有长寿基因，我的生活和医疗条件都比他好，我应该活到90岁，因为艺术需要时间，70多岁后才能进入境界，80岁后才能达到水平。那时才能有高水平作品，才能传世，人画俱老。我力争活过90岁，我对我的寿命很乐观。我的艺术需要时间，我的时间是宝贵的，是艺术的生命。"

汪友农沉思一会，背诵老子的一段话："天地不仁，以万物为刍狗；圣人不仁，以百姓为刍狗。"说："天是没有意识的，不能保佑人。"又背蔡文姬的《胡笳十八拍》："我不负天兮天何配我殊匹？我不负神兮神何殛我越荒州？"

鲁迅说："中国根柢全在道教。"汪友农认为，道讲养生、讲长寿。天没有意识，不会因为你努力，因你的事业需要时间而给你时间和生命。

《荀子·天论篇》曰："天有常道矣，地有常数矣，君子有常体矣。君子道其常，而小人计其功。"老子曰："道可道，非常道。"

汪友农理解，道就是规律，常是固定的法度。天行有常，自然界有其自在的运动规律。

他对自己的寿命非常自信，说再怎么样也能活到90岁，他不怕死，他的画需要时间。生命对每个人的意义不一样，对于立志奋斗的人，老天不会照顾他。他只有奋斗，奋斗，还是奋斗，没有停下的理由。

他说："我这一生很幸运。少年时父亲在黄山搞接待工作，使我有幸遇到很多大艺术家，能跟黎雄才一同写生作画，受到他的指点。后来父亲到省图工作，我能看到别人看不到的书、画册，有学习的机会和环境，能接触到许多有文化有学问的人。父亲让我跟随丁宁学习，后来认识了黄叶村，在那个年代谁有我幸运？我有幸拜这两位大师为师，如果一事无成，怎能对得起他们？百年之后如果没有东西留下来，怎样去见我的老师？丁宁没有后人，我就是她的后人。我要把老师的东西宣传好。黄叶村中年丧子，我是他的学生，也是他的儿子，是他艺术上精神上的儿子。"

刘渤认为，汪友农非常重情谊，他确实继承了老师的艺术精神。

汪友农多次与刘渤谈起丁宁谈诗、填词的情景：破屋，几只猫，灯光昏暗，一老一小，汪友农读自己的作品，听老师分析讲解。他说下半生有三件事：第一，出黄叶村画集；第二，写一本丁宁的书；第三，就是画画。他说："黄叶村的事办得差不多了，北京画展办了，画集也出了。丁宁的事有点难，能帮忙的人太少。她有一部分词，由于历史、时代、政治等原因，流散在外，甚至佚名。她生前也说这些词不合时代风貌，没有刻意留存。父亲出油印本《还轩词》时，她也没让收进去。她的朋友在江浙居多，很多人不在了。"

在太极洞时，正值夏天。由于没有冰箱，刘渤每天去买菜，汪友农做饭。刘渤说，汪友农手艺很好，他们晚饭有时吃很长时间，说很多话题。由于没有干扰，可以谈得很深。

汪友农多次谈到自己的诗，及向丁宁请教学词的事，也时常背丁宁的词，说到精妙处，常有感慨。他说自己对诗词的理解和感觉很好，年少时拜丁宁为师，在黄山、在省图、在学校，都有相对好的条件，很想认真学习写诗填词；但鱼与熊掌不可兼得，他选择了画画。

刘渤说："你对诗词有领悟，文化功底深，完全可以兼顾。"汪友农说："所有的成功都要经过100%的努力。我生命的大部分给绘画不行，必须是全部。到我80岁时，你再看我的画，我十分自信。我舍弃了那么多去画画，会不成功吗？我不敢说自己是苦行僧，但我对物质生活没有追求。物质对我是为精神而存在的。我的精神需要就是艺术，就是画画。我的生命就是艺术生命，生命为了艺术。过去讲艺术生命，现在许多人不讲了，因为他们把艺术当成谋生手段。我现在的物质完全能满足我的艺术需求。我要搬离合肥，到山野没人打扰的地方，除了你和少数朋友外，闭门谢客做学问，我的时间宝贵，一寸光阴一寸金啊。"

六十一、君子之交

在编辑《黄叶村画选》和《中国近现代名家画集——黄叶村》过程中，汪友农与中央美术学院教授薛永年结下了深厚友谊，可传为学林佳话，值得一书。

1988年12月，汪友农北上进京，在中国美术馆筹办老师黄叶村遗作展，薛永年就是在展览中与他相识的。

黄叶村遗作在北京展出获得很大成功，汪友农认为与孙克和薛永年等人的首肯、支持有很大关系，因此心存感激。他到北京后就给薛永年写过信，薛参加香港董其昌国际学术研讨会，赶回北京后特地来看展览，又把汪友农和黄道玉邀到家中，作长时间交谈。他对黄叶村产生浓厚兴趣，答应写一篇长文介绍，汪友农也因薛永年与自己的艺术观点相似而感到高兴。

回到合肥后，汪友农将自己记忆中的黄叶村论画相关文字录好后寄薛永年，薛永年据此撰写《黄叶村的江南山水》一文，刊发在1989年3月12日《经济日报》上。他在文章中说："在近年的'人亡业显'的画家中，安徽的黄叶村，是继江西黄秋园后又一个在贫困坎坷的生活道路上锐意继承山水传统的画家，以深厚的传统功力学古而化，创造了一些笔墨浑化、新意盎然的优秀作品。"

事隔12年之后，2001年3月6日，汪友农主编《黄叶村画选》，"第二次呈书打搅"薛永年。他在信中说："在这千年伊始，安徽美术出版社拨款25万，计划出一八开本《黄叶村书画精品选》，列省重点图书，全国公开发行。现约我任主编，责任编辑是去年被评为全省十佳美编之一的王景琨。"并力邀薛永年作序。薛很快复函，建议仍由孙克来写序文。

4月至6月，汪友农又多次致函薛永年，仍恳请其拨冗作序，其中4月8日函称："记得我去年在深圳遇见他（指孙克），十分感激他为先师写了一篇析理精深、热情洋溢的序文，分手时他还主动给了我一张名片。但是我把您这建议转告了出版社领导，他们认为两本画册出自一社，最好不再由一个人去写序文。他们久仰您的大名，诚恳地想请您在百忙中挤点时间写一篇。"他称，出版社原计划6月底出书，赶7月份全国图书订货会，若薛永年答应作序文，可按交来序文的时间开机印刷。

他在信中表白了为老师出版画册的决心："薛先生：我为了给黄叶村出这本画册，十几年来，花了很大精力，又投入了大量财力，为搜集先师流失在外的有代表性作品，我往往豁了出去。芜湖三百年前出个萧云从，但他的代表作品全流失了，连《太平山水图》木刻版本，现在只有日本和美国各有一册，中国一本没有，这是无法弥补的遗憾。三百年后的今天，我能让悲剧在先师黄叶村身上重演吗？"

薛永年应台湾艺术学院之邀前往访问讲学，7月1日回到北京，7月5日回函称："先生为老师身后办展出书奔走，令人感动。我多年前看过黄先生画展，记得功力深厚，笔墨老到，但时间太久，已不能详细记忆。依照这种情形，本人又欠债累累，多数撰文一概婉言谢绝并荐高手。惟先生命我写序之意殷殷，信任有加，虽惭愧不敢当，外出讲学，未能及时读到来信、及时回复，尤所未安，故如时间许可，只好勉力著一短文。"

薛永年被汪友农的真诚感动，终于答应写序。出版社非常满意，汪友农也兴奋不已，他在14日给薛永年的信中说："您在百忙中答应给《黄叶村画选》写序，使人们非常高兴！该书八开全彩精印，是我省今年推向全国重点书。现已编写，书前留了多张空纸，接到您的序，一万、二万、三万我们都将一字不删付梓。"

9月1日，薛永年致函汪友农："文稿写就奉上，发排后请寄我校样，不希望编辑擅自改动也。"

薛永年所撰长篇序文题为《从传统走来》，从中国美术史论角度分析黄叶村的意义及其对中国画未来发展方向的启示。他在文中说："为了在新世纪中创造出经得起历史考验的传世之作，我们有必要研究各类有建树的已故画家，包括像黄叶村这样的传统派画家，从他们的艺术道路中去寻求有益的启示。"汪友农认为他说出自己心中想说而说不出的话，收到序文后，于9月12日激动地回信："惠序盼到，感谢之至！拜读数次，心喜不已。您用廿世纪中国画坛出现的利弊，巧妙地阐明吾师的画给今人几点启示，宏观概述，高屋建瓴，微观剖析，精辟、透彻、独到。您史识高深，旁征博引，更发人深省，讲出了我多年埋在心中想讲而讲不出的话。您的序同吾师的画珠联璧合，相得益彰，我衷心祝愿双双永载中国美术史册！原序只动了几个字和标点符号，现将校样呈上，盼阅后明示。"

9月23日，薛永年复函称："自香港归来，见拙序校样。已看过，兹寄还。"

2007年，汪友农主编的《中国近现代名家画集——黄叶村》由人民美术出版社出版，薛永年又为其撰写题为《重自然重复自然不自然》的长序。他收到画册后给汪友农回信："时逢戊子元旦，窗外爆竹声声。收到黄公画册，多谢远道来鸿。薛永年春节回拜。"

2010年，深圳关山月美术馆隆重举办"梦笔生花——黄叶村书画展"，汪友农曾邀请薛永年前来观展，顺便看看自己的画作，饮茶叙旧。薛永年因故未能成行。他在序言中说："可惜我当时事情太多，未能成行。其后没有一年多，就传来了他去世的消息，使我感到非常遗憾。"

汪友农去世后，薛永年于2016年秋来深圳参加艺术活动，特邀汪友农长女汪田霖见面叙旧，并为汪友农部分中国画遗作题款。他对汪田霖说：你为父亲做的事情我必须支持，我跟他也有数十年翰墨交情。他一口气为老友的五幅遗作题跋，希望借此稍稍弥补遗憾。

他看了几幅汪友农临终前在病床上的题款，对其逝世表示惋惜，说寿命真是很难说很难把握，齐白石如果不活到90岁就不是齐白石了。又称赞汪友农的字越老越辣，臻于化境。

他展开一幅秋色图，略加沉思，为题引首："皖南秋色，丙申深秋薛永年。"汪友农作于甲午年的山水长幅，画面右下方有一角长城，往左展开，但见江山辽阔，老树新枝，舟楫轻荡，行旅悠然……可能是汪友农生前宏大构思中的一种，画面上一行"农历甲午之秋友农画"正是他临终当天所题。薛永年为此画作引首："春满水乡。汪友农先生绝笔。丙申秋薛永年题。"

一幅竹画，有墨竹，也有朱竹，有黄叶村的笔法，也有汪友农本人的感悟，是他晚年得意之作，原题《竹生空野外》。薛永年说，中国画原有墨竹，苏轼始作朱竹。他为此作题："老笔纷披，朱墨交辉，此汪友农晚年之作也。"汪友农另一幅纯水墨山水，无题无款，可见水面小舟、低垂的杨柳和远处的村舍。薛永年说，小舟正急急回游，感觉一场暴雨即将来临，于是题作"江山欲雨图"。

汪友农根据儿时自撰诗意创作的巨幅山水画，原诗为："不看满山繁花艳，偏爱道旁嫩草鲜。小路盘到峰顶上，我放牛儿在云天。"薛永年认为，此图结构宏大，意境高古，颇有沈周《庐山高》韵味。他在左上角留白处题道："小路盘到峰顶上，我放牛儿在云天。此老友汪友农诗句。此图写其诗意，丙申薛永年。"他说："这既是补白，也是对原图的提示说明。这样图画就完整了。"

薛永年一鼓作气题跋五幅，休息的时候他说，合肥很多画友都曾找他题画，但汪友农都是找他为老师黄叶村题画。汪友农为宣传老师、搜集老师作品而奔忙，很少提及自己作品，也从没让薛永年题过画。

六十二、梦笔生花

关山月美术馆馆长陈湘波在《梦笔生花——黄叶村研究文集·序》中说，2007年1月14日，著名学者王鲁湘在深圳关山月美术馆"四方沙龙"演讲"50年代中国山水画为什么会走向写生"，介绍1949年以后中国山水画创作的相关问题。讲座结束后，坐在听众席上的汪友农带来一幅黄叶村山水画和他编的黄叶村画集给王鲁湘看，陈湘波也被这幅画所吸引。陈湘波接着写道："当时作为艺术总监的我就觉得应该在馆里为黄叶村先生办个展览。因为关山月美术馆长期致力于关山月艺术与20世纪中国美术的收藏与研究，黄叶村先生正好是我们研究20世纪中国画的一个有价值、有意义的个案。"

陈湘波所述有误差。据韩振清说，汪友农出席"四方沙龙"并展示黄叶村画作，不是在王鲁湘的演讲会场，而是在尚辉演讲《当代艺术品的鉴赏和投资》时。2009年3月，美术评论家、《美术》杂志主编尚辉在"四方沙龙"作此演讲时，韩振清一起前往，随身携带刚刚花重金购回的黄叶村山水画《皖南秋山风貌图》。演讲结束后，汪友农夫妇在现场与尚辉交谈，请他观看此画并提出鉴赏意见，她还记得尚辉说过"时间还早"的话。她与汪友农当时听了此话一头雾水，不明其意，但回头一想又似有所悟。

到南方举办黄叶村画展，一直是汪友农的心愿。早在1992年10月26日，在向黄道玉报告吴忠、汪田霖将去深圳工作时，他即在信中说："吴忠昨天从深圳回来了，正式调令已拿到，下月中旬上班。田霖要到春节后去深圳。等您爸爸画册出了，我们再去深圳为他办个展览。"1993年6月4日，他在给孙克的信中又说："最近省政府才拨了十万元，香港一出版社想收藏我老师两幅画，愿增加廿万，这样可望年内将画集先出出来。等书画集出版后，我打算再去香港给老师办次展览。"他在给《中国书画报》编辑的信中也表达了同样的意思。

汪友农一直在奔波努力，寻机为黄叶村在深圳举办画展。2001年，还在编辑《黄叶村画选》时，他经人介绍认识了关山月美术馆的李普文，请其鉴赏黄叶村作品。李普文是安徽青阳人，南京艺术学院艺术学博士，时任关山月美术馆研究收藏部副主任，后任广西艺术学院人文学院院长、《艺术探索》杂志执行主编。2002年5月13日，汪友农致函薛永年："深圳关山月美术馆研究部李博士在我省美术出版社偶尔见到我编的《黄叶村画选》反转片，非常感兴趣，说发现了'新大陆'。馆里决定免费邀请举办黄叶村画展，时间九月或十二月，因您的序文不知道何时寄来，只好要求推迟展期。我上次北上办老师展览，因第一次没有经验，这次南下一定要认真选出精品，献给广大观众，到时恭请您与孙克先生光临指导！"韩振清回忆，《黄叶村画选》出版后，她与汪友农带着画册再次拜访李普文。虽此办展计划最后没有下文，但能受李普文接待，他们已经很感激，当时也并没有太失望。

同年6月25日，汪友农致函黄道玉："去年深圳关山月美术馆办事员想给你父亲举办画展，经向领导汇报没有批准，主要是你父亲知名度小了。但我心不死，最近给深圳最权威报纸写了篇文章，造舆论。前天我又给关山月美术馆送了画册，因为这儿离香港近。现随信寄来报纸一份，还有我写的文章底稿修改稿。不知你们可写了文章给《芜湖日报》？如没写拿我这篇文章推荐给《芜湖日报》刊登一下，对宣传你父亲和画册发行有好处。""深圳最权威报纸"指《深圳特区报》。6月15日，汪友农《一条通向辉煌的大道——编〈黄叶村画选〉有感》一文在《深圳特区报》发表。

2007年，《中国近现代名家画集——黄叶村》由人民美术出版社出版。编辑此书是汪友农为宣传黄叶村做的另一件大事。他在《珍藏在心中的最美画卷》一文中说："北京很多专家看到了这本书（《黄叶村画选》），纷纷向人民美术出版社举荐，选入《中国近现代名家画集》，并邀请我担任主编。入选这本系列丛书的全是近百年在中外享有盛誉的国画大师。"

汪友农三言两语带过，看似平平淡淡，而此事过程其实曲折复杂。薛祥林曾向笔者讲述其经过。他是在编辑出版《黄叶村画选》时认识薛永年的，电话是汪友农提供的。薛永年到芜湖开会，他专程从合肥赶去看望，请他题款。此后薛永年多次到合肥，都曾与汪友农、薛祥林相聚，并应邀到薛祥林家做客。

《中国近现代名家画集》俗称"大红袍"，人民美术出版社对入选画家控制严格，黄叶村之前，安徽尚无画家入选。程大利时任人民美术出版社社长。在程大利个人画展上，薛永年与孙克受汪友农、薛祥林等人委托，向他建议将黄叶村画集列入"大红袍"，他答应还要研究。

薛祥林后来通过朋友介绍专程拜访程大利，带着两本《黄叶村画选》外加两百多幅作品的照片。程大利看了一半，一拍桌子说："哎呀，这个人我以前不了解！你们把东西放下来，我请专家来审。"之后事情终于定下来，汪友农与薛祥林也放下心来。搜集作品和编辑出版的过程更加艰苦。在编辑过程中，汪友农不断往返北京与深圳、合肥之间。薛祥林曾陪他在北京海淀牡丹宾馆住过十几天。薛祥林说："就这样陪着，我都患上了十二指肠溃疡，他的辛苦程度可想而知。"

2007年4月，《中国近现代名家画集——黄叶村》顺利出版。这是安徽画家第一次入选"大红袍"，有关方面十分重视。7月10日，首发式暨学术研讨会在人民美术出版社会议室举行，时任安徽省政协副主席赵培根出席并讲话。汪友农发言时补充介绍了老师黄叶村生平，最后谦虚地说："我从幸存的少量作品中编选了这本画册。由于我才疏学浅，恐难反映老师的真正水平，恳请专家指正。"他在编后记中说："在我编选老师幸存下来的作品时，我的心时时在战栗和疼痛！因为作品里面浓缩了深厚的中华文化，几乎被同时代的画家淡忘了的某些传统，尤其是极具生命力的笔墨，如今就更显得弥足珍贵了。"

《中国近现代名家画集——黄叶村》的出版，无疑对关山月美术馆举办黄叶村遗作展具有很大推动作用。

汪田霖回忆，关山月美术馆经常有来自全国各地优秀艺术家的作品展，有一次父亲跟她说，现在很多人对传统中国画有了新的认识，他愈发觉得必须要在深圳这个国际化前沿城市举办一场黄叶村作品展，使更多人认识和关注到黄叶村艺术。

陈湘波接任关山月美术馆馆长后，全力推进黄叶村画展有关事宜。他在《梦笔生花》序文中说："2009年，在得到深圳市宣传文化发展基金的资助后，馆里正式启动了这个项目。我的同事黄治成带领相关的团队经过一段时间的努力，在黄老的学生汪友农先生和女儿黄道玉女士的鼎力支持下，使得‘梦笔生花——黄叶村书画艺术展’于2010年3月5日至21日在我馆隆重举办，展览共展出黄叶村先生的书画作品约120件。同时，还成功地召开了黄叶村书画艺术研讨会。来自全国的20余美术史论家、画家出席了会议。"

关山月美术馆以岭南画派著名画家关山月名字命名，1997年6月25日落成开馆，位于深圳市福田中心区，北依风景秀丽的莲花山，占地8000平方米，建筑面积15000平方米，拥有8个室内标准展厅，一个中央圆形大厅和一个户外雕塑广场，是我国第一批9个国家级美术馆之一。该馆以收藏与研究20世纪中国美术作品为己任，"梦笔生花"即是该馆"二十世纪中国美术名家"的系列展览之一。2009年底，黄道玉给汪友农寄来黄叶村生前9张生活照，一一编号并作说明，作为筹备画展之用。

此次展览命名为"梦笔生花"，是黄治成提议，缘于汪友农珍藏黄叶村所绘《梦笔生花》。汪友农还曾收藏一块灵璧石，亦名"梦笔生花"。此次展览由深圳市关山月美术馆主办，安徽省政协、安徽省美术家协会、芜湖市委宣传部、芜湖市文化委员会和《国画家》杂志社协办。

为配合展览和研讨会，同年第3期《国画家》杂志发表主编杨惠东的《化古以出新——黄叶村的艺术实践及其意义》、刘继潮的《黄叶村山水——古典续编的延续和图像记忆》专论，还刊载黄叶村多幅作品；第4期又发表黄治成《岭南又梦笔生花——写在"黄叶村书画艺术展"之后》、薛扬《黄叶村研究现状》，这也是迄今为止专业期刊关注和报道黄叶村最集中、规模最大的一次。

黄治成在《梦笔生花——黄叶村研究文集》编后记中对汪友农的贡献有简短交代："叶村老人的高足汪友农先生自20世纪60年代即追随先生，尽最大可能收集、保存老人的遗作及相关资料，并亲笔撰写了多篇回忆文章。我们目前对叶村老人的了解大多源于汪先生所提供的背景资料，并不断有新的补充。冯怀远先生的《黄叶村论画》就是汪先生最近从书箧中翻出来的。他还邀请徽学专家鲍义来先生撰文评述黄叶村与徽州汪家的师承关系，追溯黄叶村与黄宾虹的艺术渊源，鲍先生的大作终于赶在付梓前收入文集，他的史海拾遗不仅为今后黄叶村的研究提供了深入下去的路径，同时也为徽州文化和新安画派源流的追考开拓了空间。"

汪友农除将万字长文《高处不胜寒》收入该书外，还与黄道玉合作整理《黄叶村艺术年表》（原载于《中国近现代名家画集——黄叶村》），独立整理《〈中国近现代名家画集——黄叶村〉首发式暨学术研讨会纪实》（根据《安徽经济报》记者聂成华女士提供的录音带整理，2009年8月22日校正于深圳莲花山南麓寓中），其中黄叶村《叶村自述》、冯怀远《黄叶村论画》及部分黄叶村国画作品也都由他提供。这一时期他还在《中国文化报》《安徽日报》《深圳特区报》《深圳商报》上发表介绍黄叶村艺术的文章。

六十三、天伦之乐

1993年10月1日，汪友农在给沈为建的信中说："我有三个孩子（中间是男孩），全部上了大学本科。大女婿是研究生，原在省社科院，去年与我大女儿一起调深圳大学。老二毕业后原分配在合肥一中任教，三年前闯海南，现在海口自己办了个公司。小女儿在安大读生化系，已上三年级了。如今我最大的安慰是没有后顾之忧了。子女的翅膀全硬了，飞出去了，我也老了。"

汪友农夫妇教子有方，他们的三个子女勤奋好学，逐步成才。他因此没有后顾之忧，而且倍感欣慰。

长女汪田霖1983年考入安徽师范大学艺术系，父亲正是她的第一个启蒙老师，不仅亲自对她进行美术基础教育，还设法为她创造更好的教育条件。汪田霖1982年春天到芜湖，一边在安师大跟赵萌老师等上素描课，一边跟黄叶村学习国画。此后几年，她一直是黄叶村家常客，得到过黄爷爷手把手指导。她在学校德智体全面发展，品学兼优，还是学校篮球队和排球队队员。

　　1985年，汪欣早紧跟着姐姐的脚步，考进安徽师范大学艺术系。8月13日，安徽师大录取通知书寄到合肥家中，韩振清当天即给汪田霖、汪欣早写信："今天上午接到安师大寄来欣早的录取通知单，合家欢喜，尤其是爷爷奶奶万分高兴，喜得合不拢嘴。打前天晚上接到小早的电报，我们就围绕这个中心谈前说后，喜滋滋，乐颠颠的。南陵奶奶（应指外婆）也一定高兴得流出眼泪了吧，她老人家终于盼到这一天。"韩振清嘱咐欣早9月16、17日报名入学，并带上户口粮油关系（在合肥办）、入学通知单和准考证、团员关系、一寸照片5张、一个月的粮票及15元报名费。

　　她在信中写道："考取大学，这仅仅是个起点，仍需要继续努力不断学习。此时你们必须保持清醒头脑，不怀杂念，刻苦攻关。尤其是欣早要向姐姐学习，四年之后一定要报考研究生，因为你文化基础好，年龄较小，精力充沛，要把所有精力集中在学习上，准备四年后继续深造，这是定下来的。奋斗吧，孩子们，在知识的海洋里遨游吧！"汪友农、韩振清夫妇年轻时因为客观原因没有得到深造求学的机会，希望孩子们能免此遗憾。

　　她在信中还说："欣早考取大学对我们家来说是一大喜事，但我们不宣扬，问之则答，不问则装，人家贺礼一律不收，因无力操办，谢谢大家的好意。"这就是汪家的低调风格。结果亲友盛情难却，9月3日，她回到南陵，下午清理贺礼名单，"有2元、5元、10元、15元、20元的，计56人次"。她在给汪友农父母的信中说："反正我不办酒，明天买糖（软糖带少了）、烟、酒回礼，我真怕这一套，但有什么法子？不能不回礼呀！"她还写道："今天我一路平安到家，南陵毕竟比合肥凉爽得多，前天、昨天两晚我汗一直不干，今天晚上点汗未有。房间里飘进阵阵茉莉花、喇叭花的香气，沁人肺腑。我坐在临窗边，深深地贪婪地吸着，此时我想到若能将这新鲜空气输送到三孝口，让我们大家共同享受一下，那该多好哇。"这也充分说明她对家乡的留恋之情。

那一年暑假，汪友农还曾动员汪田霖、汪欣早及安徽师大一位同学为南陵师范美术爱好者进行素描等美术培训，后来徐成平、唐全明等几位学生得以考入艺术院校继续深造。

小女儿姗霖此时还在合肥上初中，韩振清在给汪友农父母的信中说："小三子上学、放学要注意安全，至于学习上如何抓紧三子自己会很好安排的，毋须我多讲。"果然，1991年，汪姗霖顺利考取安徽大学生物系。

姗霖在家中最小，但并不娇惯。她与哥哥姐姐一样通情达理，孝敬父母，尊敬长辈。她曾写信给母亲说："您在我眼里，永远都是完美的，固然，您有时会向我发火、生气，但这一切我都能理解。"母女俩关系融洽，更像是朋友，宿舍里的同学都非常羡慕。她还在信中说："不知你可记得，我在日记中说过的那段话——妈妈纯洁、天真、软弱、善良、正直……她只有和有修养、有学问、同样正直的人相处，才不至受欺。""妈妈您太善良了，您需要他人的保护。父亲是您的坚强后盾，不管从哪方面来说都是。儿女们将来也是您的一根根支柱。"

汪友农总是希望孩子们能继续深造，在艺术和学术道路上走得更远。那时，姗霖的男朋友李锋在中国科技大学读硕士学位，汪友农希望他硕士毕业后继续攻读博士，在信中鼓励他"要集中主要精力抓紧时间争取考博，我看就考本校，因科大在外面声望还可以。同时读博学制短，离家近生活方便"。

儿女们大学毕业后走上各自工作岗位，选择创业道路，然后结婚成家，生儿育女。1990年5月20日，汪田霖与吴忠的宝贝女儿吴一尘诞生，汪友农夫妇视为掌上明珠。1991年8月6日，汪友农作《题与外孙女照》诗：

小一尘呀，

你在干啥？

是想亲一亲外公，

还是在说悄悄话？

你说吧，

"我姓吴，

二岁，属马……"

其实你三个月会叫妈妈，

六个月会喊爸爸，

现已认识"5"和"8"。

三岁不到，

你说："外面下雨啦，

爸爸注意点，

不买菜了吧？"

会学公鸡咕咕叫，

卷起小舌学那青蛙呱呱呱……

还能趴在地图上，

指着海南叫阿舅快回家……

小一尘呀，

只有外公知道你，

你不是在亲外公，

也不是在讲悄悄话。

你弄痛了外公腮帮，

再给外公吹一吹，

这么小就把手腕"耍"。

这招数也真见效，

吹来风好和人，

暖融融，痒爬爬！

吴一尘此时只有一岁零两个月，诗中"三岁不到"系指虚岁。1997年2月4日，汪友农在给父母的信中说："吴一尘今年六岁半，上小学，在班里年龄最小，但成绩在前几名。学习很用心，深受老师喜欢，成绩单上评语是'机灵、聪慧，活泼积极，学习认真积极，求知欲强，成绩优秀，担任语文科代表，认真负责，是老师的得力助手，能团结帮助同学，尊敬师长，是个懂事积极的好孩子……'看来她是个读书的苗子。"吴一尘不负所望，她后来留学加拿大和美国，选择以牙医为专业。

2008年，编辑完成《中国近现代名家画集——黄叶村》之后，老母以98岁高龄往归道山，汪友农了无牵挂，以极其放松的心态与夫人韩振清前往加拿大，与小女儿姗霖一家共同生活半年，享受天伦之乐，并前往美国、加拿大各地旅游，包括洛基山脉、亚岗昆国家公园等。

汪姗霖与李锋育有三子，定居加拿大多伦多。多伦多是加拿大最大城市，也是加拿大经济、金融、航运和旅游中心。四季分明，风景优美。冬天白雪皑皑，春、夏、秋三季则绿草如茵。河流纵横，湖泊密布，而数不清的公园和博物馆更令汪友农流连忘返，放不下画笔。女儿姗霖回忆，父亲那段时间经常作画，仅亚岗昆风景就画了多幅。她稍感内疚的是，自己家没有画室和画案，父亲就用餐桌画画，画大尺幅作品比较困难。他在此创作的《加拿大亚岗昆》，收入《中国近现代名家画集——汪友农》，并参加过深圳关山月美术馆、合肥亚明艺术馆和北京中国美术馆举办的"梦回新安——汪友农中国画艺术展"。

六十四、远游近观

2000年，汪友农处理完父亲后事，携夫人韩振清及外孙女吴一尘游览故乡南陵及皖南各地，并登黄山采风。此行他对黄山又有新的感悟，2001年集中创作了一批以黄山为题材的山水作品，包括《黄山始信峰》《人字瀑》《山谷有声》《银河飞落》《黄山最美处之一》等。

2002年，汪友农参加由薛祥林等人组织的笔会，赴皖西大别山区天堂寨等地采风。天堂寨位于安徽金寨县与湖北罗田县交界处，有"华东最后一片原始森林、植物的王国"等美称。大别山是中国南北水系分水岭，山北流入淮河，山南流入长江；在天堂寨峰顶向北可望中原，向南可眺荆楚，巍巍群山尽收眼底。

是年，他们又往浙江千岛湖采风并参加笔会。千岛湖位于淳安县境内，东距杭州约130千米，西距黄山约140千米，是世界上岛屿最多的湖，因湖内拥有1078座翠岛而得名。

这两次采风游览归来，汪友农诉诸笔端，创作了《天堂美景》《天桥》《柳岸晓月图》等山水画作品。

2003年，汪友农偕夫人赴山东泰安，游泰山，观孔庙、岱庙等名胜。泰山位于山东省中部，主峰玉皇顶海拔 1545 米，气势雄伟磅礴，有"五岳之首""天下第一山"之称。自秦始皇封禅泰山后，历朝历代帝王不断在此封禅祭祀，建庙塑神，刻石题字。岱庙位于泰山南麓，俗称东岳庙，始建于汉代，封禅和祭奠活动频繁。坛庙建筑是汉族祭祀天地日月山川、祖先社稷的建筑，布局如同宫殿，建筑体制略有简化。孔庙位于山东曲阜，是历代王朝祭祀"大成至圣先师"孔子的庙宇，位于曲阜城内，又称"阙里至圣庙"。孔庙原为孔子故居，始建于鲁哀公十七年（前 478），历代增修扩建，是一组规模宏大、气势雄伟的古代建筑群，保持着宋金以来总体布局和金元以来数十座古建筑，与相邻的孔府、城北的孔林合称"三孔"。1961 年"三孔"被定为全国重点文物保护单位。

汪友农曾作《东安六朝松》赠送叶萌，落款题："六朝遗植尚幢幢，一品大夫应属公。吐出虬龙思后土，招来鸾凤诉苍穹。四山多石泉声绝，万里无云日照融。化作甘霖滋九域，千秋常愿颂年丰。友农画于寓中。"此诗原为郭沫若咏泰山普照寺六朝松，他稍作改动以为题款，说明他当年游泰山曾至普照寺观此奇松。2008 年，他再作此图，分为之一、之二，题款亦同，均收入《中国近现代名家画集——汪友农》。汪友农另有数幅山水赠叶萌，其中一幅引用髡残《江上垂钓图》的题款："大江之滨石壁之下，仰瞻高林，俯听波涛，不唯荡涤襟怀，实亦遗忘尘浊矣。丙戌年初冬，友农画汜上。"此外尚有《皖南雨后图》《清泉石上流》等。

2005 年，汪友农曾游览浙江普陀山。普陀为舟山群岛之一，形似苍龙卧海，面积近 13 平方千米，是观世音菩萨教化众生的道场，素有"海天佛国""南海圣境"之称，四面环海，风光旖旎，幽幻独特。

2006 年，汪友农偕夫人游览三峡等地。长江三峡西起重庆奉节白帝城，东至湖北宜昌南津关，全长 193 千米，由瞿塘峡、巫峡、西陵峡组成。此段长江山势险峻，江流湍急，山水风光交相辉映，自然胜景闻名中外。其恩师黄叶村旧游三峡，艺术风格大变，所以他自己说"三峡归来有叶村"。汪友农也同样有所感悟，这一年，他以三峡为题材创作了一批山水画作品，如《巴峡图》《运输忙》《碧水青山》《峡江帆影》及李白诗意图。笔者所见汪友农所作李白诗意图共有两幅，均题李白《朝辞白帝城》诗：

朝辞白帝彩云间，千里江陵一日还。
两岸猿声啼不住，轻舟已过万重山。

"梦回新安——汪友农中国画艺术展"在北京展出期间，中国美术馆馆长吴为山读此画深有感触，认为画写李白诗意，峭壁、急流都是旧景，但图中"轻舟"已经变成汽船。这也是汪友农将传统与现实相结合的典范。

按照薛祥林的说法，汪友农初到合肥很少参加艺术活动，以后与书画界朋友交往渐多，经常一起外出参加笔会，有时也在家中雅集。他们到过北京、海南、徐州、微山湖、保定等地。薛祥林说，在保定那一次，汪友农没吃早餐就开始画画，一口气画了四幅，两幅山水，两幅老鹰，留赠东道主。

2011年2月25日，汪友农应邀出席海南"中华艺术家书画交流大会"。该活动由中华艺术家联盟创意与海南省委宣传部、海南省文广体育厅、海南省文联共同主办。活动汇聚来自海内外200余书画精英和商界名流，受到广泛关注。这也是他参加过的规模较大的艺术活动之一。

2012年夏天，他应学生张绪祥邀请往安徽泾县参加笔会，游览皖南各地，写生作画，同行者尚有刘筱元、葛茂桐、陈丁佛、胡志辉等人。他们在泾县受到郑希平等人的热情接待，然后游玩查济古镇，参观著名画家柳新生工作室。柳新生为水彩画家，对中国传统笔墨也有独特领悟，与汪友农颇有共同语言。

他们此行还曾游览桃花潭及太平湖。桃花潭位于泾县境内，系青弋江流经翟村至万村间一段水面。此潭因李白《赠汪伦》著称，其诗曰：

> 李白乘舟将欲行，忽闻岸上踏歌声。
>
> 桃花潭水深千尺，不及汪伦送我情。

潭东岸有东园古渡，即为汪伦踏歌送别李白处，有踏歌岸阁，据称建于明代；西岸有垒玉墩、书板石、彩虹岗、谪仙楼、钓隐台、怀仙阁、汪伦墓等景点。溯桃花潭而上，就是闻名遐迩的太平湖，此湖位于黄山脚下，被誉为"黄山情侣"。

薛祥林记得一个细节。汪友农在小岭宣纸厂画画，感觉那里的陈纸好过其他厂家。小岭宣纸厂他并不陌生，1981年，应该厂之邀，他陪同老师黄叶村前往参观，完毕后准备稍事休息后返回。黄叶村因享有"江南一枝竹"美誉，工人们闻讯纷纷赶来求画。老师非常高兴地连声说："应该画，应该画。你们造纸工人劳苦功高。你们为书画家服务，书画家也应该为你们服务。"说罢便放弃休息，拿起画笔，一个多小时画了16张画，满足了大家的要求。时过境迁，韩振清说，汪友农他们此行，厂家开始不愿接待，因为来参观的人太多，但后来看到汪友农的画后，他们表示热烈欢迎。

汪友农最后一次重返故里皖南，创作了大批作品。笔者所见，收入《中国近现代名家画集——汪友农》中的有：《儿时家乡多美啊》《泉水一道带，风出半尺云》《山好乡也好》《梦回故乡》《山重水复疑无路》《西山行》《秋色秋色》《泾县江南第一漂》《远山图》等。

2012年10月，汪友农参加了合肥市庐阳区新徽书画院首届名家邀请展。2013年，他再次参加在南陵举办的书画作品展览，距上次在家乡办展已时隔29年。此次展出的两幅作品使家乡同人和美术爱好者感到震惊，慕名前来观展的专家也为之耳目一新。画家汪鹤年看完展览后表示祝贺："今天看到你的大作很受感动，尤其是《李白南陵行》，诗书画俱佳，堪称神品。现场多人观看，赞不绝口。当时汪海洋也在拍照，还有一汪姓青年要买你的作品。可见你的作品很受欢迎。你应该多画一些这样高雅的艺术品传世。祝贺你家乡书画作品展览成功。"

或许是厌倦了嘈杂的都市生活，希望找回乡居感觉，汪友农和韩振清于2011年选择在巢湖碧桂园滨湖城购置一套住宅。汪友农希望在此安度晚年，潜心绘画创作。他在《一生痴迷诗与画》一文中说："老伴退休后被深圳一家会计师事务所聘用，在合肥巢湖边为我购置了一幢三层楼别墅，别墅庭院二百多平方米。"

巢湖是中国五大湖之一，碧桂园滨湖城位于中庙半岛，南面一线临800里巢湖，三面环水，北依秀美连绵的四顶山脉，由观光大道与合肥市区相连。滨湖城周边有千年古庙——中庙，湖心岛——姥山岛，及庐州八景之一的四顶朝霞，名胜环绕，风景绝佳。

购置这一套美景别墅，汪友农非常兴奋，特请孙克为之题写"观湖楼"（笔者曾见此墨宝，尚未制成匾额）。观湖楼布置妥帖后，汪友农夫妇邀请合肥的朋友和学生来此参观，盛情款待，气氛十分热烈。

2016年金秋，丹桂飘香时节，笔者在韩振清、薛祥林、叶萌等陪同下参观了巢湖之滨的"观湖楼"。室中院内摆放了许多灵璧石，都是汪友农生前至爱。2003年左右，他与合肥一批文友交游时喜爱上灵璧石，曾收藏过名为"梦笔生花"和"情侣"的两方巨石。韩振清说，观湖楼这一批石头是用卡车拉回来的，拉了整整一车，他俩为此很是忙乎了一阵子。据介绍，其中一方纹石约两米次方，《西游记》

故事中的唐僧、孙悟空、猪八戒、沙和尚形象跃然石上，汪友农称为"神龟西游图"，又请孙克为纹石题写"神龟"二字。他曾突发奇想，认为殷商钟鼎上的饕餮纹是受到此类纹石启发而绘制的，可见用心之专。

六十五、新安画派传人

2002年5月28日，鲍义来在致汪友农的函中称："您对新安画派、对徽州文化的认识到位。黄叶村先生、林散之先生从师承来说，骨子里是得之于汪家，得之于徽州文化，黄宾虹对老师汪仲伊敬佩有加。"这一段话，可用来理解汪友农与新安画派及徽州文化的关系。鲍义来在另一通来信中又说："林老和黄老的艺术灵魂、艺术之根皆可溯源西溪汪家。"

"新安画派"最早由张庚于清初康熙年间提出，之后人多沿用，遂成定称。徽州与严州大部古称新安郡（280—758），位于钱塘江上游的新安江流域，包括今安徽黄山市、绩溪县及江西婺源县，浙江建德市、淳安县等。

汪友农根据自己理解，描绘出新安画派的发展脉络。明代丁瓒、程嘉燧、李永昌等，崇尚"米倪"之风，枯笔皴擦，简淡深厚，当为新安画派先驱。明末清初，以渐江为代表的"海阳四家"（渐江、查士标、孙逸、汪之瑞），高扬"师从造化"大旗，以神奇秀丽的徽州山水为蓝本，将中国山水无尽的情趣、韵味与品格生动地表现在尺幅之间，开创一代简淡高古、秀逸清雅之风，形成著名的新安画派。近代黄宾虹、汪采白等丰富发展了这一画派，尤其是皖籍黄宾虹，继承新安画派传统，广征博采，融合众长，建立起自己作品的抽象笔墨结构，进一步强化了山水画的写意精神，使新安画派拥有新的内涵。

在他记录整理的《黄叶村谈中国画》一文中，黄叶村也谈到黄宾虹、林散之以及他本人与新安画派及徽州文化的关系："抗日战争时我在歙县芜关中学任教，常去汪福熙老先生家求教书法。汪老家收藏书画很多，我看到了不少名家字画，新安画派的山水给我印象最为深刻，所以我那时也学习画些山水，但都不能示人。新安画派对当今画坛影响不能低估，黄宾虹和林散之都受其教益。黄老曾两次问业于汪福熙父亲汪仲伊。黄撰文称汪为近代国学巨子，汪是国学大师，书法功夫也非常好，隶书尤为突出。汪福熙是其长子，与黄宾虹应院试并列高等。他们俩书法间架结构十分相似。林散之早年的字也同他们一样，路子很正。"

汪友农留意搜集有关黄叶村的文字及新安画派史料，始于1988年底。那是在中国美术馆黄叶村遗作展上，已回到广州的赖少其建议安徽研究黄叶村，并写信问黄叶村的老师是谁，生前可留有文字。在展览会现场，他还嘱咐汪友农："如果没有留下文字，可请安师大艺术系组织搜集这些资料。建议省美协和画院要对黄叶村的艺术开展研究。"

但这项工作长期无人承担，汪友农只得勉力而为。他说："因老师生前遭遇十分悲惨，本人根本未想到生后会遭此殊荣。在他活着时，我也忽视此项工作。几年来我一直苦苦四方搜寻有关老师这方面的材料。"

1996年春节前夕，汪友农陪同张和平前往省社科联田恒铭家中购字画，碰巧发现老师黄叶村自传亲笔手稿，外加黄叶村老师汪福熙和师兄汪采白手札各一通，喜出望外，当即以400元购得。据田恒铭介绍，1978年他由部队转业到芜湖电视台上班，临行前，省博物馆的李明回建议他去采访黄叶村。李明回是黄叶村旧友，知其艺术水平。慎重起见，田恒铭又请著名书法家葛介屏写信引荐。田恒铭原打算登门求见，未料在合肥开往芜湖的火车上巧遇黄叶村。当年11月，田恒铭找到黄叶村所住新家巷318号茅舍采访时，老人手写此自传作为采访背景资料，被田恒铭收藏。

这份自传用毛笔行书写成，密密麻麻地写满三页纸，约2000字。汪友农珍若拱璧，读之颇有"抱荆山之玉，握灵蛇之珠"般的愉悦。后经整理，刊发于《梦笔生花——黄叶村研究文集》。他整理《黄叶村艺术年表》，这份手稿也是重要参考资料。

汪福熙与汪采白信札则有更为曲折的故事。1980年5月16日，田恒铭由芜湖调安徽省委宣传部工作，《安徽日报》的鲍义来将此两通手札相赠。田恒铭曾转赠黄叶村，未久又被退还。这两通手札，鲍义来当年赠田恒铭时未曾留底。2007年，他编发《高手在民间》一文后致函汪友农："您处的汪信二通和黄老的自传，很想能见到复印件为祈。"这两通手札现在仍由汪友农家人保存。

歙县西溪汪氏可上溯至元代，始祖为汪人鉴。汪氏农耕、经商之余，耽风雅，好读书，弦歌不辍，代有传人。第十四代汪泰安（1699—1761）因经商获巨利，不仅支持父亲汪景晃"振穷济困"，还在西溪创建不疏园，斥千金置书，礼聘江永、戴震来馆教其子孙。江戴之学由此发轫，不疏园成为皖派汉学发祥地。汪泰安次子汪鉴云也是著名徽商。他不仅给长兄汪凤梧治学提供物质保证，还为其四子建筑四大宅第，即善述、和义、善继、务本四堂，至今仍是徽派建筑翘楚。

鲍义来是安徽歙县人，曾任歙县县委宣传部干事，1981年调《安徽日报》任编辑，长期从事徽州文化研究，曾著《汪采白诗画录》并寄赠汪友农。与汪友农的通信，时常会谈起西溪汪氏、新安画派和徽州文化。如2007年5月19日来信说："今寄上汪宗沂（仲伊）书法二种、汪福熙书法一种。汪家书法代有传人，然富有创意，各人的书体皆不同，只是宣传不够，知者不多。"在另一封信中，他又说："汪世清先生写过一篇汪仲伊祖上的文章，他的上代追溯是不疏园之汪，而不疏园是皖派汉学的发源地，以后找到，当寄上。"

2010年，深圳关山月美术馆举办"梦笔生花——黄叶村书画艺术展"及"黄叶村书画艺术研讨会"后，准备编辑出版研究文集，因缺一篇有关黄叶村师承文章，汪友农打电话及写信给在合肥的鲍义来，希望他能撰写一篇。鲍义来复函称："汪家的资料，我收集了不少，很想按先生所嘱写出来，当然需要先生经常鼓励。"他在另一封信中又说："您对我的期望，我一定努力完成。"

汪友农委托鲍义来所写文章便是《有谁识得汪福熙——黄叶村的师承考察》，收入《梦笔生花——黄叶村研究文集》，是该书重头文章之一。该文详细考证黄叶村与汪福熙师承关系以及西溪汪氏历史，黄治成称其"不仅为今后黄叶村的研究提供了深入下去的路径，同时也为徽州文化和新安画派源流的追考开拓了空间"。

汪友农不仅研究新安画派历史，而且勤于艺术实践，冀图突破。早在1983年，他即创作了《黄宾老笔意》，当然也是受到黄叶村影响。晚年他对黄宾虹艺术风格有更多体悟。他曾将黄宾虹山水比作鲜美的河豚鱼，称会吃者能吸收其笔墨营养，不会吃者则将吞下忽视生活之剧毒。

新安画派并非抱残守缺，一成不变。汪友农对此有深刻体会。他曾说："写诗作画最怕模仿前人，也怕重复自己。"并曾作过一副对联："前学苏，后学美，美中不足忘国粹；昨仿齐，今仿张，张冠李戴无自己。"

六十六、博闻勤思

汪友农一生勤勉，学养深厚，见闻广博，对中西美术史、经典作品及画家掌故尤为熟悉，令学生为之倾倒，也令朋友和同人折服。

早在合肥师范学校任教期间，就常年订阅上海《新民晚报》和安徽各家报纸。他喜欢读《新民晚报》中短小精悍的文章，特别是"读书乐"专版文章。1992年9月6日，他致函该版主编米舒："我很爱读您的文章。1992年8月26日《神童的标准》一文中，'前辈沈周曾说唐寅之画能胜他人，因为画中多了书卷气'，其中'沈周'是否有误？我只知道唐寅的启蒙老师周臣的画，确实没有唐画画得好。据说有人曾问周臣，为什么不及学生，周臣答道：'只少唐生数千卷书'。特此函告，妥否？请赐教。"可见其读书之多之精。

他读书读报，喜作眉批，生前积攒了大批剪报，相信是留作创作素材和参考资料。而他平时一些心得体会和文章提纲，也都记于一些纸片留存，看似凌乱，但心中有数。笔者信手翻阅并摘录部分内容，可见其阅读关注之广泛，及对艺术、社会、人生感悟之深刻。

改革开放以后，由计划经济向市场经济转变成为必然，造成社会意识形态的深刻变革。他曾对此反思："市场经济潮起潮落，搅得人们情绪浮躁，有心赚钱，无心作画。美术市场鱼龙混杂，伪劣产品充斥，真正的好画不多，令人不忍卒观的东西却不少。"

1995秋季书画拍卖会上，浙江国际商品拍卖中心拍出张大千《仿石溪山水图》，最终以105.5万元成交，引起巨大争议。徐邦达认为是赝品，谢稚柳认为是真迹。1999年初，国家文物鉴定委员会主持对此图进行鉴定，十余位专家一致认为是赝品。汪友农十分关注，剪贴了《合肥晚报》等报的报道。

1996年，中国嘉德秋季拍卖会中国书画拍卖专场中，傅抱石《丽人行》以1078万元成交，创下中国近现代书画拍卖最高成交纪录。汪友农对此高度关注，似乎由此看到了中国书画市场的前景。

2007年2月2日，安徽知名水彩画家柳新生在《安徽日报》上著文称"线条是有生命的"。他说："画了一辈子水彩画，古稀之年，竟被单纯的线条燃烧得忘乎一切。石缝之间或长出藤蔓。我着了迷似地用水墨线条勾勒，宣纸上随着我抑扬顿挫、干湿缓急的笔触，留下了千变万化充满表情的线条。这种体验是我画水彩所未有的。这引发我对国画艺术作进一步审视，从更深层面去研究水墨线条的意义。"汪友农抄录这段话，可见他对中国画水墨线条的钟爱。

2007年1月5日，《皖江晚报》刊载汪友农一幅山水作品，同一版上又载《紫砂壶鉴赏有学问》一文，配有顾景舟作品《雨露天星提梁壶》图。这可能是一个巧合，可见传统工艺美术与中国画之间的关联。

2012年3月，学者郑也夫做客深圳大学城，纵论中国教育的"硬伤"，认为"孩子们在考试中丧失了想象"。《深圳晚报》15日发表采访文章，令汪友农想起1987年他为安徽省民办教师转正所出美术题，题中强调素质教育。他在剪报上作了眉批。

2013年7月6日，《美术报》发表殷立宏《中国画的底线在哪里》一文。文章说："中国画作为中国的国学，使其得到传承和发展，是一个真正的国画家必须肩负起来的使命。艺术当随时代，但艺术离不开个性的张扬。中国文化是中国画的血液，这种血液决定了中国画的个性。'骨子里流淌着中国文化血液的绘画，就一定是中国画。'相反，那些与之背道而驰、没有任何中国文化元素的绘画，即便是毛笔的、宣纸的、水墨的也算不上是中国画。中国画画的是中国文化，是中国精神，是中国理念。中国画画的首先是中国人的生活——现在的、怀旧的、未来的。"文章又说："中国画要想永远焕发起青春活力，就一定不要离开三大方面，一个是传承，一个是生活，另一个就是理想。好的艺术是永远值得回忆的，也永远不会过时。人类记忆中的东西是永恒的，永恒就是生命力。中国的艺术值得我们回忆的东西太多太多，没有这种回忆，中国画就会变成没有爹娘的孩子。"汪友农对此深感认同。

汪友农曾笔录一段话，可能是对黄叶村山水画作的品评，也可能是自己山水画实践的感悟："得南宗正脉，笔墨功力深厚。融古化今，意境深邃，造化神奇、苍茫，可读可品，可居可游。作品里有尘埃落定的宁静气质。这种气质不但基于他多年习画的深厚功力，也由于他遍阅山川的游历经验，以及对山水画历史的深刻了解。在如今充满喧嚣的世界中，画中山水仍然意味着每一个心灵都可能获得栖息与更新。"

报载《〈江山如此多娇〉问世经过》，介绍傅抱石、关山月在人民大会堂所绘巨幅山水画。汪友农作眉批谈心得："创新与守旧，不准确，只有好与坏为准。创新，三十年后就变旧了，不好的画再新也短命。人家能学的画不是好画。好难学，个人风格是学不到的。"

在登有凡·高《向日葵》及其简介的报纸下方，汪友农写道："凡·高画出角形的、脆裂的笔触，表达出他那精神紧张的激动性格，并在画面中创作出紧张的气氛。"

报载《书法艺术的个性表现》称："用极其简单的材料，一样的笔、一色的墨和同样的宣纸，却创作出极个性表现之能事的难以计数的佳作，究其原因在于书法家即创作主体对表现对象（诗词文章等）即创作客体的由表及里的理解和把握，同时以心灵的感应和多层次的感情，把喜怒哀乐等种种内心感受和情绪倾注在笔墨上。"汪友农批注："技法应用自如才能心手双畅，不然，丰富的内心历程无法显露。"

看到清代张潮《幽梦影》中关于读书的妙喻，汪友农写道："读诗如观花，少时观花貌，见花艳，中年闻花香，老来看颜色。"

2014年5月16日，《光明日报》发表许振东《真善美归来兮》一文。文章指出："很多文学创作者过于急功近利。他们的创造力和想象力被紧紧绑缚在名利的巨桩上难以逃离，通过裸露或挑逗人的原欲，成了他们吸引读者眼球或网络点击的妙招，这样就更加大了文学人物的平庸化、原始化、野蛮化、类型化，并使作品中美和善的成分受到更深的挤压，甚至完全丧失。"汪友农评论："睁眼满目假丑恶，闭目画出真善美。"

同期《光明日报》载有苏叔阳诗《杏花春雨西湖》。诗中有句："我们走过一切苦难与辉煌，最懂得从容和梦想的力量。"汪友农批注："走过苦难，珍惜辉煌。"又载林峰杂文《千年至美莫如诗》，称："诗是最精美的语言，诗是最华美的乐章，诗是最绚美的画卷。"汪友农批注："画是诗的乐章。"

2014年，孙振华在《深圳商报》发表《大风大浪》一文。文章说："一个艺术家没法选择他所生活的时代，任何时代的艺术如果退远来看，都可以成为解读那个时代的钥匙。""唯有不朽的艺术作为一个时代的图像证明而流传千古。"文章勾起汪友农对自己青年时代创作历程的回忆与反思，显然，他对孙振华的观点极为赞成。他在上述语句下划线，并特别批注："解读那个时代的钥匙。"

女儿汪田霖回忆，父亲晚年在深圳经常看展览、泡书城，感叹好的作品太少。他称那些太难看的作品为"聋哑人"画的画，而那些玩弄技巧的作品中所谓的创新只是做表面文章，不精彩不耐看。他说这种所谓的创新没有扎实的笔墨功夫，不是中国画需要的。他感叹：画好中国画太难了。

六十七、莲花山下夕阳红

汪友农夫妇在深圳曾数度搬迁，2005年，他们倾其所能购得莲花山下中银花园一套寓所。他在《珍藏在心中的最美画卷》一文中说，此地"离中心书城只有几百米远"，他"常去看书"。此后10年间，汪友农在此创作了大量山水画和花鸟画，他的中国画创作水平达到新的境界。

汪田霖也说："父亲曾长期奔走深圳、合肥两地之间，他和母亲在深圳买了一小套房，选择定居在这个包容度高、创新能力强、快速发展的都市。这里的新思想吸引了他，更坚定了他扎根于传统中国画创作的想法。后来为了更方便看画展和学习，更好地促进自己的美术创作和研究，他索性把房子更换在中银花园，那里靠近关山月美术馆。"

中银花园离中心书城近，离莲花山公园也近。莲花山公园筹建于1992年，1997年香港回归前夕正式对外开放。山顶面积4000平方米的广场上，立有邓小平全身铜像。广场北部入口处有一面主题墙，刻有邓小平1984年初为深圳经济特区的题词："深圳的发展和经验证明，我们建立经济特区的政策是正确的。"

沿邓小平塑像往南数百米，即是位于中心区中轴线上的深圳市民中心——深圳市政府办公大楼，占地面积21万平方米，是深圳的标志性建筑，也是中心区地标，于2003年底完工。在市民中心及市民广场附近，分布着图书馆、博物馆、音乐厅、中心书城、青少年宫、关山月美术馆等诸多文化及市政建筑。坐拥书城是传统中国文人的梦想，现在甚至有坐拥城市文化中心的感觉，这正是汪友农选择居住此地的主要原因。在这座年轻的、现代化国际化的城市中心地带，潜心创作的同时，也开始向传统文化最深层次回归。

中国传统书与画同源。黄叶村当年告诉他："学中国写意画，字写不好不行。"他因此深知个中三昧，晚年于此用功尤勤。薛永年后来赞他这个时期书法达到化境。

汪友农说，书法的技艺玄妙莫测，一点一画，即使你终身追求也未必可得。书法的意境，即它所包容的精神、意识、情感的艺术创造部分，绚丽非凡，魅力无穷，一点一画，会使你顶礼膜拜，陶醉终生。临摹碑帖，熟能生巧，自然高妙，而非矫揉造作。汉魏有钟张之绝，晋末有二王之妙。

由书而画，古人笔墨一脉相承。汪友农有感而发，称道："徐渭暴风骤雨般快笔节奏；董其昌古淡雅逸用墨；王铎不践古人，唯我独尊的大胆用笔。"

汪友农作画，不依赖渲、染、烘、托，更不屑于工艺性特技，悉以正笔中锋出之。黄宾虹常常教导学生："用笔以万毫齐力为准，笔笔皆从笔尖扫出，用中锋屈铁之功，由疏而密，虽重叠数十次，仍须笔笔清疏。"又说："万毫齐力，由疏而密，画笔不能偏左或偏右。笔锋一偏，笔墨就不能圆润自如，而鹤膝、蜂腰等毛病丛生。墨色浓淡干湿往往失当，难免有春蛇秋蚓之弊。"又说："笔不要捏死，要能圆转。"正因为如此，汪友农评论道："笔走蛟龙，笔端跃动着强劲的生命活力，他的画大可播扬国华，弘我精粹，力挽当今颓风。"

汪友农晚年对黄宾虹推崇备至。他于2011年前后创作的山水画都有黄宾虹的影子，其中一幅题作"宾虹之笔意，友农追之"。

汪友农晚年还创作了一批风格各异、构思新颖的花鸟画，如《鹏城月月红似锦》四条屏、《春夏秋冬》四条屏，以及《老来喜艳色》《兰竹图》《翠竹风影》《竹生空野外》《亭亭立春风》《春意阑珊》《咏梅图》《幽芳》等。

汪友农临摹古人，从早年的《拟徐崇嗣笔法》算起，历时近半个世纪，晚年功夫更大。2011年，他创作了巨幅《仿范宽溪山行旅图》《仿李唐万壑松风》和《临沈周庐山高》。2014年，临终前一年，他还创作了长达6.5米的《仿夏圭溪山清远图》。薛永年认为，汪友农临古，继承了新安派传统，重视对临而不是死摹，善于通过临写，领悟变自然为艺术的奥妙，掌握前人提炼自然而形成的图式，吸取前人以程式化手法进行艺术提炼的经验。

2011年5月13日，第七届中国（深圳）国际文化产业博览会开幕，安徽30多位书画家展出100多幅作品，汪友农受同乡书画家力邀，呈现珍藏多年的《迎春》图。在展览会现场，他接受记者采访时说："这幅画已经在家中的箱底存放30年了。我选择在参加文博会的时候让它首次公开亮相，因为深圳开全国风气之先，是改革开放的前沿，是春天故事的热土。"多名藏家表示有意收藏《迎春》图，均被婉拒。他说："这次参加展出，主要是想听听批评意见，交些绘画朋友。"

汪友农在此次文博会上巧遇聂邦瑞①。1994年7月9日，汪友农在《羲之书画报》发表《庐山真面目，朱翁笔墨情》一文介绍朱白亭。1995年3月24日，他又致函该报总编的聂邦瑞："我的同乡同学戴维祥先生让我为他也写一篇。我不好推辞，只能挤牙膏似的又诌了一篇，硬着头皮寄给您，不知能否采用？"4月29日，《羲之书画报》登出《通向辉煌的大道——读〈戴维祥画集〉》一文。2004年后，聂邦瑞南下，在香港先后创办《亚太时报》《香港晚报》《世界遗产旅游报》和《中国美术报》，均任社长、总编，其中《中国美术报》是其与香港《文汇报》合办。

汪友农对聂邦瑞心存感激，两人神交已久，并未谋面。聂邦瑞前来采访文博会，巧遇汪友农，叙及前情，相见恨晚。他看了汪友农画作，主动提出要著文为之宣传。是年10月，汪友农和书法家薛祥林在深圳宝安区群众艺术馆举办书画作品联展，聂邦瑞在《中国美术报》发表《新安画派法乳滋养的文人画家汪友农》一文，回顾汪友农的成长道路和艺术经历。他写道："他心里始终不忘师恩，却唯独没有自己。几十年来汪友农从不包装自己，居住深圳十多年期间，从未办过个人画展，也未出过画集。有企业家曾多次找上门要给他出画册，他都笑着推辞了。汪友农的作品只有少数学生和同人能够看到。""汪友农心中有一座自己绘画艺术的珠穆朗玛峰。汪友农坚信，'成功永远属于那些在崎岖道路上的坚定而又执着的攀登者'。"文章称，最

---

① 聂邦瑞（1946— ），山东临沂人，王羲之及两晋历史文化研究专家，书画评论家。1989年创办《羲之书画报》，任社长、总编。

近汪友农终于被朋友劝说成功，要合作在深圳市宝安区群众文化艺术馆举办书画作品联展。

聂邦瑞著有《书圣王羲之》一书，2013年，他希望将其改编成电视剧。汪友农当时已检查出癌症并做了手术，但听到这个消息十分兴奋，不顾病痛，为之奔走呼吁。他告诉聂邦瑞："我从小就练习二王字体，我要为弘扬王羲之做点贡献，我要想法支持你拍王羲之电视剧。"聂邦瑞听了此话，感动地流下热泪。2017年4月5日，他在北京中国美术馆汪友农中国画艺术研讨会上发言时谈及此事，依然十分动情。

2011年11月5至10日，"从传统中走来——汪友农、薛祥林书画作品展"在宝安区群艺馆展出，展览由宝安区文体旅游局、安徽省美术家协会、安徽省书法家协会联合主办，宝安区群艺馆和老干部书画院承办。此展"新安画派"和"行草佳作"相结合，引来诸多观赏者。这也是汪友农南下深圳后的第一次画展，他的《和平富贵》赠予该馆收藏。一位叫孙瑞祥的画友参观后对他说："您来深圳十多年了，我怎么不知道呀？深圳所有画得好的画家我都认识，像您山水、花鸟和人物都能画的画家我还未遇见过。"

2012年5月，汪友农参加第八届中国（深圳）国际文化产业博览交易会，展出《李白南陵行》等作品，受到专家和观众的青睐。在此期间，笔者有幸采访了汪友农，地点正是莲花山麓中银花园寓所。那一次，他亲自在楼下等候，印象中，是一位身材颀长、面貌瘦削、头发灰白，但精神矍铄的蔼然长者。来到家中，他的夫人韩振清热情地端茶倒水。访谈始终充满温馨的气氛，他浓郁的家乡口音更拉近了我们的距离。他介绍文博会场馆布展情形后，谈了对文博会的观感，然后介绍自己的艺术成长经历。谈得最多的，还是当年在黄山跟黎雄才学画，和以后矢志不渝追随恩师黄叶村的经过。其时他与薛祥林在宝安群艺馆举办书画联展未久，笔者还见到赖少其题签的《汪友农先生诗书画选》印刷册页和其他相关文字材料。

5月22日，文博会闭幕次日，笔者采访文章在《深圳商报》发表。文章结尾写道："忙完老师的事，汪友农又开始潜心自己的创作。他谦逊地对记者说，自己的画还不够精，还达不到老师的要求，但他有信心'再埋头画几年'。"虽然身居闹市，虽然出入熙熙攘攘的会展中心，但年逾古稀的汪友农并不浮躁，他参加文会主要是希望加强与同行及读者间的信息交流。想"再埋头画几年"，这是他内心的真实想法，也是他当时艺术实践的写照。

正是这次采访，笔者有缘识荆，并聆教诲，感觉如坐春风；也正是与先生唯一一次会面，埋下今天写作汪友农传记的伏笔。

2014年5月14日至18日，第十届深圳国际文博会名家书画展在龙华新区分会场展出，汪友农也有作品参加展览。

早在1979年底，汪友农已加入中国美术家协会安徽分会（安徽省美协前身）。时隔35年，2014年，他正式成为中国美术家协会会员（编号为14400，笔名汪为乐、汪有龙，服务单位为安徽省合肥学院）。加入中国美协，除要求作品参加相关展览、获得相关奖项之外，尚有一条"获得艺术类正高职称，即获得研究员、研究馆员、教授、编审、一级美术师等正高职称"，可见入会之不易。加入中国美协，也使他了却一桩心愿。

六十八、病榻题款

进入古稀之年，汪友农开始静心回顾自己走过的道路。他还记得年轻时写过一首诗《吾家书楼图》：

分粮仓前人沸腾，窃喜书楼无人登。

"文革"劫难未逃过，惟存伴读锈马灯。

关于马灯，他有一段注释："我们儿时，家用竹架筒草芯菜油灯，马灯则用洋油（煤油）外加玻璃罩，风吹不灭，能用手提的夜行灯。祖父用马灯夜诊，父亲用马灯夜读，他见我也爱看书，就把马灯擦亮让给我。"

他在《一生痴迷诗与画》一文中写道："过往岁月纷繁复杂，唯有读书、写诗、作画是永存心底的最美爱好，伴随终生。写诗让无声的画增添几分意境，让平淡的生活添加一丝雅趣。一生与诗画结缘，我无怨无悔。我的一生起伏在风口浪尖上，习惯了在风浪中寻找着真善美的浪花。"

他平生创作的绘画和诗歌作品，多半是在熬过通宵之后完成，曾写诗记叙："一更腹中孕初稿，二更三更情丝搅。谁诗写到四更黑？我画破茧五更晓。"并感慨："听诗入眠，见画出尘，补救时弊，芳泽后世，在喧嚣中找到安宁，知足矣！"

汪友农的学生、同事兼好友郑希平认为，这首诗是其破茧化蝶的夫子自道。郑希平说："其实，他作画的路更苦更累，一更、二更、三更、四更，情丝搅动，眼不见亮。但他不放弃，蚂蟥叮住鹭鸶腿，为伊消得人憔悴。终于，灵感眷顾了他，他的画作于五更天晓处，破茧而出，飞临云天，风光无限。"

薛祥林曾对笔者说，汪友农一生花了大量时间在他老师黄叶村身上，为老师的艺术奔走呼吁，殚精竭虑，而这是他人生最美好的一段时光。到了晚年，他对人生和艺术有了深刻感悟，开始朝着自己既定目标全力冲刺，他为此消耗了太多的精力和体力。

2012年5月，第八届文博会结束后，汪友农偕夫人回到安徽，探亲访友，参加笔会。在合肥，他受到学生张绪祥、陈彪、王华兵等人热情款待。他心情很好，身体状况也不错，席间开怀畅饮，谈笑风生。学生赵承业任教于马鞍山特殊教育学校，邀请老师前往指导交流，陈彪、张育民等陪同前往。他们还参观了采石矶李白纪念馆和林散之纪念馆。采石矶是李白仙逝之地，元代辛文房《唐才子传》云："白晚节好黄老，度牛渚矶，乘酒捉月，沉水中，初悦谢家青山，今墓在焉。"牛渚矶即今采石矶，李白在此坠江而亡，当涂青山有其衣冠冢，留给后人巨大想象空间。林散之祖籍乌江，与采石隔江相望。他生前十余次放歌采石，心仪先贤，素有"归宿之期与李白为邻"之愿，百年之后移葬采石矶，有林散之艺术馆以为纪念。主馆名为江上草堂，内藏先生各个时期代表作一百余幅，大多为草书精品，其所作写生画稿及诗作手稿保存于副馆内。

是年夏天，汪友农夫妇受张绪祥等邀请前往皖南各地旅游观光，写生作画，一路兴致很高。他们参观了查济古镇、桃花潭、太平湖等山水名胜，在泾县还受到郑希平等人的热情接待。他们此行结束于肥西三河镇。三河濒临巢湖，因有丰乐河、杭埠河和小南河流经而得名，也是著名的水乡古镇。

韩振清回忆，那一年的行程漫长而复杂，颇有道别的意味。汪友农在马鞍山看望弟弟汪为安一家，在泾县又看望大嫂阮桃珍，妹妹汪星怡一家。他还曾回到南陵，与二哥汪建农、二嫂何愈斌及众多侄儿、侄孙辈相聚，又往弋江镇看望大姐汪为冰一家。

12月中旬，汪友农感觉身体不适，经诊断患有胃癌，家人闻讯震惊，他本人更有天不假年之叹。

12月30日，汪友农偕夫人韩振清乘飞机回到深圳。2013年元旦后，他住进在深圳市第二人民医院，不久进行手术。手术相当成功，经过一段时间治疗观察，顺利出院。刘小秧回忆，汪老师身体恢复得不错，心情也很好，他们在电话里聊了很久。

但此后病情又有反复。2014年秋天，汪友农在病榻上写完长篇回忆文章《一生痴迷诗与画》。他在结尾处写道："近来总感觉有些累，也许我该休息了，'千载拜石数米颠，煮石山农事更鲜；吾死头枕灵璧石，巢湖浪底睡万年'。"

生命的最后一段时光，他在病痛之中依然笔耕不辍。2014年，他创作了如下重要作品：《山河万里》，题作"山河万里。农历甲午汪友农画于莲花山"；《吾心中的天堂寨》，题款"甲午初友农于莲花山畔"；《长城万里》，题款"农历甲午之秋友农画"；《儿时家乡多美啊》，跋曰"儿时家乡多美啊。汪友农作于莲花山之畔。农历甲午立春日题，爱女田霖参考"；《梦回故乡》，题款"汪友农甲午冬月于莲花山畔"；《山重水复疑无路》，题款"甲午友农，画于皖南"。

生命垂危之际，他躺在病床上仍念念不忘自己的作品，向女儿田霖说60年代创作的《哺育》已经破损，希望能找出来。汪田霖当天从家里翻出这张画，随即动手托裱修补。第二天拿到病床前，父亲看到后很高兴，要她拿出笔和墨，坐在医院的病床上，在画作上题写了一段"文革"时期求艺的经历。

汪田霖寻找这张画时，发现橱柜里一摞摞整齐分类地放着父亲的画，这些画作大都没有题款。对此汪友农同样惦记着，他让女儿把这些画带到医院，在病床上支起画板，铺上毛毡，支撑着羸弱的身体题款。从2015年2月1日至10日，他大约题写了一百多幅。笔者所见，后来选入《中国近现代名家画集——汪友农》中的即有数十幅，分别是：

作于2000年的古松苍鹰图（《梳理》）；2001年《黄山最美处之一》；2003年《天堂美景》；2005年《墨中有色》《百丈泉》；2006年《秋色好》《黄山天堂》《运输忙》（汪友农画于山间友谊林）；2007年《听泉》；2008年《南陵小工山图》；2009年《色在有无中》《何湾丫山丫末角上有花山》《加拿大亚岗昆》《双鹰立柏》；2010年《老来喜艳色》《小鸟可爱》《牧童晨曲》《我爱家乡山与

水》《皖南水乡》《江南远夯》；2011年《牧童横笛》《喜鹊登梅》四条屏、《旭日东升》《上天》《山居图》（中国画讲此可观，友农一挥）、《春山新语》（贤婿吴忠玩，汪友农作）、《宾虹之笔意》（友农追之）、《水墨水墨好》《谁都知秋色》；2012年《梦笔生花》《泉水一道带，风出半尺云》《山好乡也好》《秋色秋色》《西山行》（西山行汪友农于南陵）、《泾县江南第一漂》；2013年《皖南风貌》《大雁南飞》；2014年《梦来石》《飞天》。

这种高强度的劳作消耗了他大量的体力。2月10日中午，汪田霖见父亲题款十分辛苦，不忍心再让他题，劝他先休息几天，等回家过完春节，养好身体再题。他问还有多少，女儿安慰说大部分都已题完，让他睡觉休息，晚上再来医院看他。他安静地点头同意。

汪田霖记得，父亲作于2011年的山水长幅，题作"农历甲午之秋友农画"，可能是他所题最后一幅画作。2016年秋天，薛永年为该画作引首："春满水乡。汪友农先生绝笔。丙申秋薛永年题。"他称赞汪友农的字越老越辣，臻于化境。

汪友农患病后，家人尽全力抢治，夫人韩振清照顾有加，子女随侍左右，他本人也在病榻上与病魔搏斗着。即使这时，他还在一直为别人着想，心中一直惦记着别人。吴忠的母亲恰于此时患了重病，但他不忍离开。汪友农得知后，反复叮嘱女婿乘飞机回老家看望母亲。

他答应女儿等春节后养好病再为画作题款的，但几个小时后，2015年2月10日19时，他便在医院安详地去世了。

汪友农的一生以诗画始，以诗画终，孜孜以求，乐此不疲。他带着对艺术事业的无比眷恋，带着对家人的无限爱意离开了这个世界。

夫人韩振清难以割舍。当汪友农病情恶化被送进急救室抢救时，她失声痛哭，直到被架出病房。第二天到殡仪馆告别，只见他安详地躺着仍笑容可掬。韩振清感觉纳闷不解：他默默积蓄了一辈子的能量尚未完全释放，就忍心这么匆匆离去？他不为自己事业未竟而惋惜吗？韩振清猜测：可能是因为女儿田霖、姗霖贴着耳朵对他说了一番宽心话，使他感到欣慰。儿子欣早说，可能老爸已经见到黄爷爷了，他生前最崇拜黄爷爷，满脑子都是黄爷爷，他是因两人见面而高兴的。

汪友农临终前曾说，如果再给他两年时间，他在画艺上会有新的飞跃。韩振清在回忆文章中写道："我非常清楚，他说的一点没错，他这辈子学习积累和思考得太多。如果再有几年时间，他会创作出色彩更丰富、笔墨更厚重、内涵更深邃的作品，定会令人拍案叫绝的。他的去世，是我心里最大的痛，如果生命能够替换，我愿意换他留在这个世界，继续完成他未竟的事业。"

她在另一篇文章中写道："汪友农离开我们一年零八个月了，然而我依然觉得他没有走，就在我身边。我与他共同生活了半个多世纪，他的衣食住行需要我打理。在生活上，我是他的妻子；在绘画事业上，我是他的助手和秘书。他离不开我，我也离不开他，他以人格和艺术魅力吸引我，让我崇拜，让我虔诚地为他服务。他是一个好丈夫、好父亲，更是一个才华横溢的艺术家。他这一走，让我失去了主心骨。我对他深深思念无法排解，我们不仅是生活伴侣，也是精神和心灵的伴侣。我总觉得他走得太早，他应该做的事情还有很多很多。"

2月18日，韩振清写信给汪建农说："友农他满腹才华，做了一辈子的准备正待展示，然还没有来得及表现就匆匆离去。尽管我们有再多的不愿、不舍，也无济于事。他经受数月的病痛折磨，我们看在眼里，痛在心里，焦虑万分。孩子们想尽办法救他，却无回天之力。他走了，留给我们的是无尽的悲痛和思念，我们肝肠寸断，心已碎……"

汪友农的朋友刘渤曾对笔者感叹：没有想到，所有的人都没有想到，一个这样勤奋刻苦的人，这样有理想有追求的人，一个现代社会上这样稀少的人，一个立志为事业奋斗一生的人，竟会早逝，老天不公啊！

六十九、子女心中的父亲

在汪友农夫妇心中，子女是他们最优秀、最伟大的作品；而在子女们心中，他们也是天下最优秀、最杰出的父母！

汪田霖作为长女，是父母的掌上明珠，被寄予莫大希望。汪田霖静心回忆，发现自己的生活乃至整个生命里到处都是父亲的影子。她从小受父亲的艺术熏陶，不自觉地走上了父亲走过的道路，她的艺术情怀、艺术追求乃至整个精神境界都受到父亲深深的影响。

小时候，父亲画画，她在旁边乱画。黄叶村和父亲诸多画友常来家里笔会，描摹"胸中丘壑"。有一天，她在一旁指着一幅画说"这是雪景"，但是画面上并没有雪，她已经感悟到中国画的意境。"在或粗或细的线条中，或白或黑、或疏或密的笔墨里，世界或许不可丈量，却可以被感知——那是我从小认识的中国画的笔墨意境！"

她记忆中的家永远是最好看的家——家中布置陈设很有特点，墙壁上总是挂着很多画。某天放学回家发现又换了一批新画，便感觉又像搬了新房子一样。家里有父亲摆弄的山水盆景；有他用树根雕成的盘龙台灯；花瓶里有新摘来的梅枝；玩的风筝上有他画的精美画作，飞在天空中的那个永远最漂亮。家里挂的灯笼也是他自己制作，并画上特色鲜明的画。

有一段时间，父亲爱上了摄影，晚上自己在黑黑的房间里冲洗照片。一天深夜，汪田霖发现父亲不知在黑暗中鼓捣什么，便随手开灯想探个究竟，没想到父亲忙了一晚的底片全部曝光作废，其中有一幅她和弟弟的黑白合影，父亲正准备染色！那是多彩亮丽的童年时光。

父亲给她和弟弟拍了那张照片后，拿着家里订的《人民画报》说，去投稿可以做画报封面了。她记得那期画报封面是一位女工转头微笑的半身像。

汪田霖刚上小学时，学校组织参加全县大游行，她被安排装扮朝鲜族儿童，要根据角色自备服装饰物。父亲买来竹条、铁丝、彩纸及半透明白纸，做了一只花篮。花篮上半部插着彩色花朵，错落有致，最突出的那支碰到后还可以有弹性地来回摆动。最让她得意的是花篮的下半部，由五个面组成，半透明白纸上是父亲画的一幅幅小画，梅、兰、竹、菊、牡丹花。更精彩的是，花篮还装上了带有开关的小电灯。她永远记得，那天天刚蒙蒙亮，外婆送她去上学。她手提着那盏带着灯光的小花篮走向学校，也走上自己光彩的人生道路。

父亲一生喜欢诗词歌赋，也想把传统文化精华传递给孩子，植入他们的心田。汪田霖和弟妹们常在晚上围着父亲，听他朗读讲解诗歌，读到动情处，孩子们激动得哭了。父亲也写诗，而且一直沉浸在诗歌氛围里。他去世后汪田霖回老家整理图书资料，看到他重新装订成册的六七十年代《诗刊》，还有大量他发表过作品的报刊，于是勾起自己的童年记忆。

汪田霖还记得一次特别的学艺经历。有一天吃完晚饭，父亲关好门窗，拉上窗帘，拿出几块玻璃镜片一个人忙碌起来。他用蓝色复印纸在镜片反面画上花卉纹样的轮廓，用化学材料涂抹在花朵叶子和茎中间，用小铲刀抹掉轮廓内的镜面涂层，再用油彩画上花卉图样，这样，镜片上一幅鲜艳的花朵便画成了。她觉得很有趣，便参与进去。看父亲做很简单的样子，自己学起来却不简单了，尽管学父亲按那几个程序去做，却怎么也不顺手。后来在父亲指导下，她坚持几个晚上，终于成了好助手。

每年除夕之前，家里总要忙忙碌碌好几天，父亲会让家里焕然一新——挂画贴门对子。汪田霖记得，有几年父亲特别忙碌，画了一批年画写了好多春联，年画内容有《福禄寿喜图》《孙悟空三打白骨精》《牡丹蜜蜂图》等，春联的内容也多种多样。这些年画、春联，除挂在自己家和送亲朋好友外，还让弟弟欣早拿到市场去卖，挣点小钱贴补家用。

汪田霖在安徽师范大学美术系读书时，有一天在校门口看见父亲提着一个大蛇皮袋，像逃荒的难民。她迎上前去，想接过那只蛇皮袋，感觉超乎想象的重，原来袋里装的都是黄叶村先生的作品。最后他们抬着袋子赶去车站，父亲说，芜湖一家装裱店裱画质量好，他把画送过来裱好再取回去，准备给黄爷爷做展览用。她把父亲送上车后，才想到他中午饭肯定还没吃。在父亲不遗余力的奔波下，黄叶村遗作展终于在安徽省博物馆和北京中国美术馆成功举办，后来人民美术出版社也出版了《中国近现代名家画集——黄叶村》。父亲兑现了自己的诺言，汪田霖是见证者，也在其中做了大量工作。

父亲随子女到深圳生活后，只要听说安徽有人要卖黄叶村的画，就赶回去看看是真是假，尽力用微薄的工资把它们收回来。2007年，汪田霖跟父母回合肥住了几个月，她发现父母家里满屋子都挂着画，父亲整天忙碌着，除了自己画画，就是与朋友聊天谈画。不知不觉地，她也随着去芜湖看画买画，把自己在合肥一个装饰工程上赚的钱全部用来买了黄叶村的画，父亲高兴得不得了。

汪田霖说，受时代潮流的影响，她在艺术实践和理论上时常与父亲发生冲突，总是挑剔他的作品，否认他的审美认知，嘲讽他崇尚传统的美学探索，轻视他所坚守的艺术审美观。但正是这些不敬、叛逆的批评、否认、对抗和嘲讽，以及与父亲不停的争辩，慢慢影响了她对中国画的认知。她逐渐认同父亲崇尚传统、崇尚笔墨功力的艺术审美取向，认同当代中国画只有扎牢笔墨功夫，在继承传统中创新创造才有现实出路。父亲的创作实践对她也有潜移默化的影响。某一天，有朋友请父亲鉴别黄叶村画作，画卷打开一半，她脱口就说是假的。

来人很惊讶，看着父亲又看着她，父亲点头认可了她的看法。汪田霖说，这幅画没风韵，线条都是僵死的，肯定是假的！

汪田霖调入深圳大学后，转而从事设计学的教学研究，父亲反复提醒她中国画不能丢，要抽时间写字画画。中国画需要积累，不是随随便便就能创新，笔墨功夫更不能丢。他甚至建议女儿去考绘画专业研究生，寻找机会拿起画笔。

汪田霖家里始终都有画案，不管房子有多大，画案上时刻准备着笔墨。现在，她更是感觉画案和笔墨宣纸的重要性，这是她不愿放弃艺术的标志，就像父亲在她生命中不能割舍一样。

父亲不止一次表示，他的艺术创作才刚刚开始。汪田霖感到惋惜，父亲经过一生积累，对中国画历史了然于胸，笔墨运用娴熟自如，正当他全力投入创作时，突然发现身患绝症。面对疾病，他极度地绝望、悲伤和痛苦。汪田霖说，有时候现实就是如此残忍，父亲才华横溢，但在无限的艺术追求和有限的肉体生命之间仍无所适从。

在她眼里，父亲是中国优秀传统艺术的汲取者、弘扬者和创新者，也是在艺术崎岖山路上孤独前行的自信强者。他的作品充满了人性光辉和慈悲情怀，且他已经挣脱了时代背景的束缚，这一点显得尤为难得。

汪田霖说，父亲终其一生都在探索时代精神和艺术表现的关系。他的人物画有高度的社会责任感、敏锐的生活洞察力和强烈的艺术表现力。父亲有一幅关于深圳的作品，以莲花山公园为背景，画面中有几棵粗大的榕树，公园里欢乐的人群，自由放飞着风筝……她认为此画笔墨酣畅淋漓，线条灵动欢快，父亲希望通过笔墨关系烘托出主题——改革开放中日新月异的特区建设。

汪田霖还记得女儿吴一尘2岁多时与外公的一次有趣对话。一尘问：“外公，怎么每次来你都在写字画画呀？”外公慈祥地说：“外公喜欢写字画画就像你喜欢小动物一样哦。”从此以后，一尘每次去外公家，都会在他的画案上涂涂画画。汪田霖感到骄傲的是，女儿后来尽管没学美术甚至文科，却也写得一手好钢笔字，毛笔字也写得像模像样，她认为这是外公艺术熏陶的结果。

作为儿子和学生，汪欣早认为父亲是永远的楷模，他用作品树立了一座丰碑。他对父亲的早期作品记忆尤为深刻，比如《哺育》《小球迷》《稻是队里的》《重任在肩》等等。他认为父亲的作品在那个特殊年代依然呈现出清丽脱俗的形象，具有悲悯亲切的情怀。

对父亲与黄叶村爷爷的深厚情谊，汪欣早也有自己独特的视角。他依稀记得，幼年启蒙时黄爷爷来家里和父亲一起吃咸豆角泡饭，然后他和姐姐等一群孩子围观他们的绘画早课，聆听他们讨论用墨用笔问题。父亲与黄爷爷的友谊持续了数十年，黄爷爷去世后，父亲立誓为他办画展、出画册，直到黄爷爷当之无愧地荣列"近现代绘画大师"庙堂。他认为，父亲与黄爷爷"如师徒，似父子，胜兄弟，想起来令人唏嘘感慨"！

汪欣早在追悼会上致悼词，他是这样评价父亲的："与其说您对艺术有着多么高深的造诣和成果，还不如说您对艺术有着一颗顽童追逐之心而让我震撼！你的痴迷和奋不顾身终究让您病倒了。您病重期间顽强不屈的意志让我们既感动又心碎。您带着深深的遗憾提前走了，带着我母亲的无比伤痛，带着儿女们的依依不舍，走了。"

小女儿汪姗霖虽然没有选择走艺术道路，但同样受到父亲的艺术熏陶，对他的艺术创作也有深刻的领悟。刚刚大学毕业时，她就计划到深圳发展，并准备购一套大房，接年迈的爷爷、奶奶来住，同时给父亲留一间画室，给他营造良好的艺术创作环境。1996年春，父亲在深圳成功地拍出两幅作品，汪姗霖得知后，立刻与丈夫写信向父亲表示祝贺，给了父亲以温馨的鼓励！

汪友农夫妇诗书传家，教子有方。他们的二女一子都受到良好的高等教育，成为社会栋梁之材。两个女婿吴忠和李锋也才华出众，事业有成，与岳父情同父子，对他的艺术成就十分景仰。他们撰写的挽联是真情流露。吴忠撰写的挽联是："一生爱诗画，夙兴夜寐求真谛，惜壮志未酬已远去；双肩担道义，善良宽厚讲正气，慰风骨精神励后人。"横批："典范长存！"这是他对岳父一生的评价和写照。李锋的挽联是："友缘墨色平常心，农耕净土自然人。"横批："友农安息！"

附　录

梦回新安　风光无限

——记汪友农中国画艺术深圳、合肥、北京巡回展

◎夏和顺

　　汪友农一生致力于中国画艺术的研究与实践，成就卓著，赍志而没。他生前极力弘扬老师黄叶村的艺术成就，曾四处奔走为老师谋求在合肥安徽省博物馆和北京中国美术馆举办遗作展，而他本人处事低调，不事张扬，生前从未举办过大规模个人画展。汪友农去世以后，他的人品艺品受到业界和社会各界的广泛颂扬，有关单位积极谋划举办"梦回新安——汪友农中国画艺术展"，分别于2016年6月、 10月和2017年4月在深圳关山月美术馆、合肥亚明艺术馆和北京中国美术馆隆重展出。三场展览均举办学术研讨会，众多国内一流美术评论家出席研讨，对汪友农中国画艺术给予极高评价。

一、深圳·关山月美术馆

　　2016年6月24日，"梦回新安——汪友农中国画艺术展"在深圳关山月美术馆隆重开幕。展览由深圳市文学艺术界联合会、安徽省美术家协会和关山月美术馆共同主办。时任国务院参事王京生，深圳

市委常委、宣传部长李小甘，中国画学会副会长、秘书长孙克，安徽省文联主席吴雪，安徽省美术家协会主席杨国新，深圳市文联主席罗烈杰，深圳市美术家协会主席、关山月美术馆馆长陈湘波等出席开幕式。

陈湘波主持开幕式并致辞。他说，汪友农是一位成果斐然的中国画艺术家。关山月美术馆作为深圳经济特区的美术机构，通过展览、研究，推介这位艺术家，将其作为研究传统艺术当代传承的具体而生动的个案。罗烈杰在致辞时说，汪友农先生是已故安徽籍画家，晚年一直在深圳生活，致力于中国艺术的传承与探索，他不仅是传统的守护者，也是诗书画全能，人物、山水、花鸟兼擅的艺术家。他晚年在深圳创作了大量作品，此次画展是他生前心愿，也是安徽、深圳两地艺术家敬重、纪念他的最好方式。他的作品中有一组四条屏《鹏城月月红似锦》，让人印象深刻，说明他对这座城市的浓浓深情。正是一批像汪友农这样的艺术家，他们的创作营造了这座城市兼收并蓄的艺术氛围、丰富多元的艺术形态，共同推进了这座城市的艺术发展。深圳正致力于文化强市建设，在建设现代化、国际化创新型城市进程中，美术工程将作为示范性工程加以推进，需要深圳美术家们继续努力，也需要全国美术界的关心、支持和帮助。

安徽省美术家协会主席杨国新在致辞时说，他最早从画册中了解到汪友农先生的艺术成就，现在看了画展，觉得汪先生是一位了不起的画家，而且是一位多面手。他的人物画的造型、山水画的笔墨都很出色。作为一名画家，他心无旁骛，致力于传统的中国画艺术创作，他的作品质量不亚于现在"安徽八老"中的任何一位。有些艺术家生前很热闹，身后很寂寞；有些艺术家生前很寂寞，身后很受敬重。汪友农先生无疑属于后者。

中国画学会副会长、秘书长孙克代表中国画学会及名誉会长刘大为、会长郭怡孮向画展表示祝贺。孙克回顾了与汪友农相识的过程。

他说，那是近30年前，他当时在《中国画》杂志工作，汪友农来到杂志社，推介他老师黄叶村先生的遗作，但是他却没有拿出自己的作品，可见他为人忠厚。直到汪友农过世之前，孙克才看到他作品，并为他的画册作序。现在通过这个画展，他的作品让美术界感到震撼。孙克还表示，深圳是一个兼容并包的城市，发展非常快，传统艺术和现代优秀艺术都在这里得到了很好的发展。

汪友农先生哲嗣汪欣早代表家属致答谢辞。他回顾和总结了父亲的创作经历，称其将一生奉献给了他挚爱的绘画艺术，读书、鉴赏和创作几乎是他生活的全部。他晚年居住在莲花山脚下，附近的书城、图书馆、博物馆、美术馆让他流连忘返。汪欣早说，今天的画展实现了父亲生前遗愿，呈现了这位执着于艺术的老人一生创作的轨迹。感谢深圳市文联、安徽省美协和关山月美术馆。

汪友农夫人及子女将其生前创作的三件艺术精品赠予关山月美术馆珍藏，分别是：《李白南陵行之三》，48.5cm×182cm，创作于2010年；《三棵松》，69cm×137cm，创作于2005年；《岁寒三友》，60.5cm×136cm，创作于2016年。此次展出的汪友农中国画作品，包含他各个时代创作的人物画、山水画和花鸟画，是他毕生艺术探索的结晶。开幕式后，与会嘉宾饶有兴趣地参观了画展。

当天下午，"汪友农中国画艺术研讨会"在关山月美术馆举行，孙克、陈湘波、朱万章、杨惠东、黄治成、陈俊宇、李普文、薛祥林，以及汪友农先生遗孀韩振清，子女汪欣早、汪田霖等出席研讨会。专家们在发言中认为，汪友农是继陈子庄、黄秋园、黄叶村之后出现的一位重要的中国画艺术家，是"人亡艺显"的又一例证，也是研究20世纪中国画艺术创作的重要个案。

二、合肥·亚明艺术馆

2016年10月10日上午，"梦回新安——汪友农中国画艺术展"

在合肥亚明艺术馆开幕。时任深圳市委宣传部常务副部长吴忠，深圳市文联党组书记李瑞琦，深圳市美术家协会主席、关山月美术馆馆长陈湘波，安徽省文联主席吴雪，合肥市委常委、宣传部部长钟俊杰，安徽省美术家协会主席杨国新，安徽省美协名誉主席鲍加，安徽省文史馆馆员、著名美术家郭因，安徽省美术理论研究会会长刘继潮等，以及安徽省、合肥市有关专家及美术爱好者数百人出席开幕式。

李瑞琦在致辞时说，汪友农先生博采众家之长，不拘一格，潜心于中国画创作，尤其致力于新安画派研究，终于形成属于自己的艺术语言与艺术风格。汪先生晚年寓居深圳，继续从事艺术创作，为深圳经济特区的艺术留下了浓墨重彩的一笔。他说，2016年6月，深圳关山月美术馆举办的"梦回新安——汪友农中国画艺术展"，取得了良好的社会反响，"梦回新安"合肥展是深圳展的延续和接力。"梦回新安"寓意丰富，既指对新安画派的回归，又指对家乡安徽的回望。"梦回新安"中国画展在合肥举办，真正圆了汪友农先生的艺术梦和家乡梦。李瑞琦说，安徽是文化大省，风清气朗，汪先生在此受到美的熏陶；深圳是设计之都，创新创意，开放包容，汪先生在此融会贯通，实现了艺术的飞跃。他希望深圳与安徽能以此次画展为契机与桥梁，加强文化交流与合作。

杨国新代表安徽省文联和省美协致辞。他说，汪友农先生是一位了不起的画家。他一生不懈地追求艺术，甘于寂寞，淡泊名利。此次画展传递了重要的艺术信息，展示了汪友农先生不为人知的艺术历程。汪友农是一位多面手，他在山水、花鸟、人物等方面都取得了很高的成就。汪先生虽然去世了，但他的中国画作品给我们留下了宝贵精神财富。

汪欣早代表家属致答谢辞时说，深圳画展之后，很多朋友和艺术界同行都希望父亲的画能回到家乡展出。今天的画展实现了父亲生前遗愿，呈现了这位执着于艺术的老人一生创作的轨迹。感谢合肥市文联、亚明艺术馆、深圳市文联、关山月美术馆等单位为画展作出的努力。

此次共展出汪友农中国画作品60余幅，包括他各个时期创作的人物画、山水画和花鸟画。著名画家、安徽省美协名誉主席鲍加告诉笔者，汪友农早期人物画已经达到很高程度，如果按此路继续走下去，艺术成就会更高。美术爱好者、收藏家刘渤说，像汪友农这种笔法、这种艺术水准，在安徽已经很难找到。

画展开幕式后，"汪友农中国画艺术研讨会"在亚明艺术馆举行，有关专家郭因、鲍加、吴雪、吴忠、陈湘波、陆小和、薛祥林、钱传发，以及汪友农先生家属韩振清、汪田霖等出席研讨会。知名艺术家鲍加回顾了与汪友农交往的经过，并对其过早逝世表示惋惜。关山月美术馆馆长陈湘波说，汪友农先生潜心钻研中国画艺术，厚积薄发，大器晚成，恰恰映衬出时下艺术界的浅薄与浮躁，他是我们学习的典范。汪友农的夫人韩振清通过对点滴生活的回忆，见证了汪友农对艺术的执着与热爱。她的发言声情并茂，感人至深。

刘继潮指出，汪友农对传统十分眷恋，直到2011年他还在临摹沈周、夏圭等人的作品，这是许多当代艺术家做不到的。刘继潮认为，汪友农不同于学院派画家，他师承黄叶村等人，是中国传统艺术方式培养出来的专业画家。他受黄叶村影响，从主题先行的人物画转向中国传统的山水画，艺术创作得到了升华。与会专家一致认为，"梦回新安——汪友农中国画艺术展"是合肥、深圳两地艺术交流的良好开端，希望今后继续做好对汪友农及其所代表的传统新安画派的宣传与研究。

三、北京·中国美术馆

2017年4月5日，"梦回新安——汪友农中国画艺术展"在北京中国美术馆隆重开幕。29年前，汪友农恩师黄叶村遗作展在此登上中国美术的最高殿堂，并轰动京城，离世两年的黄叶村也因此被誉为继陈子庄、黄秋园之后"业显人亡"的现代中国画传奇人物。历史再现惊人相似的一幕：汪友农逝世两周年之后，他的遗作在北京中国美术馆展出，同样引起京城美术界及各大媒体的高度关注。

时任国务院参事室副主任王卫民，文化部艺术司司长诸迪，中国文联副主席冯远，中国美协党组书记、秘书长徐里，中国美协副主席、中国美术馆馆长吴为山，中央美术学院教授、中国美协理论艺委会主任薛永年，中国画学会常务副会长孙克，国家画院副院长张晓凌，中央美术学院教授、东方美术交流学会副理事长王镛，《美术》杂志主编尚辉，《中国书画》杂志社长、主编康守永，深圳市委宣传部副部长吴忠，深圳市美协主席、关山月美术馆馆长陈湘波，深圳大学艺术与设计学院院长吴洪等出席开幕式。

吴为山、薛永年等分别在开幕式上致辞。吴为山说，汪友农遗作展令人感动。这是一个纯粹的文化人。他的作品充满文化情怀。他不炒作、不张扬。他的创作是对生活、审美和文化追求的方式。吴为山认为梦回新安有两层含义，一层是与大师对话，与古人为友；另一层是晚年寓居深圳时对家乡的怀想。薛永年说，他是在中国美术馆举办黄叶村遗作展时结识汪友农的。他认为汪友农对当今艺术有两点重要启示：一是低调高品、尊师重道；二是寂寞耕耘、大器晚成。

此次展览共展出汪友农遗作59幅，包括各个时期的人物、花鸟和山水画作品，受到众多传统中国画艺术爱好者热捧。笔者在展览现场看到，一位女士边观看边用手机向同好直播。她说："这位老先生的绘画我太喜欢了。"

汪友农受家庭熏陶，钟爱文学及绘画艺术，擅诗词，精翰墨，懂鉴赏，喜收藏，自称"一生痴迷诗与画"。20世纪70年代创作的人物画《重任在肩》《稻是队里的》等曾在《安徽日报》等报刊发表，其中《重任在肩》曾作为年画出版发行。改革开放后，他又创作了极具时代气息的《迎春》图。他的人物画受到包括赖少其、鲍加、张贞一在内的美术界名流的高度评价。

汪友农生前好友薛祥林、聂邦瑞等专程赴京参观展览，黄叶村长女黄道玉和丈夫佘建中也从安徽赶到北京。黄道玉向笔者回顾汪友农当年奔走筹办黄叶村遗作展的过程，依然心怀感激。汪友农家属韩振清、汪建农、汪田霖、汪欣早、汪姗霖等出席开幕式。汪欣早代表家属致答谢辞。他回顾和总结父亲的创作经历，称父亲将一生奉献给了他挚爱的绘画艺术，读书、鉴赏和创作几乎是他生活的全部。他说，"梦回新安"艺术展成功举办，父亲的作品登上中国美术的最高殿堂，这也是父亲的最大遗愿。

当天下午，"汪友农中国画艺术研讨会"在中国美术馆举行，尚辉、薛永年、孙克、刘建、王镛、张晓凌、陈湘波、朱万章、吕晓、吴忠、吴洪、邹明、聂邦瑞、薛祥林等艺术界人士出席研讨会。专家们在发言中认为，汪友农是继陈子庄、黄秋园、黄叶村之后出现的一位重要的中国画艺术家，是"人亡艺显"的又一例证，也是研究20世纪中国画艺术创作的重要个案；此次展览是对20世纪现代美术史的补遗工作，也是一次抢救性的展览。

4月7日下午，时任文化部部长雒树刚前往观看"梦回新安——汪友农中国画艺术展"，时任中国美协副主席、中国美术馆馆长吴为山陪同并讲解，汪田霖和吴忠也陪同参观。吴为山娓娓道来，富有见地地称汪友农作品是典型的新安派画作。雒树刚部长问道：当代新安画派的代表人物是谁？吴为山说，就是他了。汪田霖补充说，还有他的老师黄叶村。雒部长说，要把他们宣传好。

汪友农夫人及其子女所赠汪友农遗作《梦来石》《稻是队里的》和《蕉心不展待时雨》，被中国美术馆收藏。其中，《梦来石》，69cm×138cm，纸本中国画，创作于2014年。

后 记

　　笔者与汪先生为皖南同乡，与先生长女汪田霖为大学校友，与先生女婿吴忠也是二十年老友。汪先生不幸病逝，笔者闻之不禁扼腕，深感先生才华未尽而天不假年，痛惜再无机会向先生聆教请益。

　　2016年6月24日，"梦回新安——汪友农中国画艺术展"在深圳关山月美术馆隆重举行，这位"业显人亡"的艺术家终于在身后圆梦，其艺术成就受到业界广泛赞誉。笔者在开幕式上见到韩振清女士，她提出写作汪先生传记的设想，笔者哪敢冒然接受邀请，一则对汪先生的人生和艺术经历并不了解，再则对书画艺术领域亦感陌生。

　　但是，韩女士并没有放弃，她约笔者面谈，再次提出撰写汪先生传记的要求。她作为汪先生生活上和精神上的伴侣，在汪先生生前鼎力支持其艺术创作，在汪先生身后又不遗余力以弘扬其艺术精神和人格魅力为己任。笔者为其真诚所感动，答应勉力为之。

　　同年10月10日，"梦回新安——汪友农中国画艺术展"移师合肥亚明艺术馆，笔者有幸目睹汪先生画作回归故乡的盛况，并参观了安徽省图书馆、安徽省博物馆、合肥师范学校（合肥学院）、碧桂园滨湖城（汪先生故居观湖楼），采访了薛祥林、刘渤、叶萌、钱传发、郑小能、刘小秋、周静红、陈彪、张绪祥、王华兵、张育明、史迎春、郑圣武、汪云、刘劲松、赵承业等人，他们都是汪友农生前友好、同事及高足。随后，韩振清女士陪同笔者乘火车南下芜湖、南陵，先后参观南陵中学原址、现址，南陵师范学校原址（现籍山中心小学），汪友农先生故居等处，并采访其家人、故交、同事和学生，他们是：汪建农、何愈斌、汪海洋、汪开治、黄道玉、佘建中、郑希平、骆先恩、徐成平、叶冰、董辉、方和宝等。

2017年4月5日，"梦回新安——汪友农中国画艺术展"在北京中国美术馆开展。这里是汪先生旧游之地，当年他为筹办恩师黄叶村遗作展不遗余力，终于在京城文化界引起轰动。此次画展，可谓汪先生身后另一层意义上的圆梦之旅。此次画展，笔者躬逢其盛，见证了汪先生绘画精品登临中国美术最高殿堂的辉煌时刻。

出席深圳、合肥及北京三次重要画展，聆听众多专家学者高论，对笔者写作这部传记具有重要的启发意义。

汪先生生前自述"一生痴迷诗与画"，除钟情于中国画艺术外，还写作了为数较多的诗歌和艺术评论。这部传记正是从查阅研读汪先生遗著入手。编辑汪先生诗文集既是材料收集的过程，也是学习的过程。韩振清女士不忍舍弃汪先生任何遗物，对汪先生著述及相关文字材料烂熟于胸，在编辑整理汪友农诗文集过程中付出辛勤劳动，对写作此传给予助力和指导，笔者感动之余特别表示感谢。当然还有汪田霖、吴忠、汪欣早、汪姗霖等汪先生家人，没有他们的支持和理解，笔者不可能完成这部传记，在此一并表示衷心感谢。

汪友农先生一生历经坎坷，他追求与探索中国画艺术，绘画艺术成就受到有关专家、业内人士和社会各界好评；汪先生尊师重情、淡泊名利，这种精神更为世人称道。每一个人都是一部历史，众多同时代的微观个人史构成那个时代的大历史。笔者撰写本传，以汪先生的画作著述和相关史料为根据，通过叙述先生身世、艺术经历、人生遭际、爱情婚姻、家庭生活等方面情形，再现先生的人物形象和精神风貌。在笔者看来，汪先生的传记是那个时代历史的浓缩，既具有纪念意义，又具有文献史料价值。

汪友农先生是卓有成就的艺术家，是现代中国画艺术史的典型个案。由于笔者缺乏美术史和中国画艺术的学术素养，写作本传时感觉如履薄冰。感谢孙克、薛永年、鲍加、刘继潮、陈湘波、黄治成等诸位艺术家和评论家，与他们接触并请教使笔者受益良多。特别是薛永年先生，他于2016年秋天莅临深圳，参加王子武学术研讨会，为汪先生遗作题款，笔者得聆教诲，受益匪浅。后来又根据录音整理了他在王子武研讨会上的发言《致敬高峰——王子武的中国画》，并经薛先生亲自审定。薛先生《品高艺自超》一文原为人民美术出版社《中国近现代名人画集——汪友农》的序言，概括汪先生艺术成就，褒扬其人格魅力，旁征博引，高屋建瓴，剖析深刻，新颖独到，征得薛先生同意作为代序，定将为本书增色。

笔者才疏学浅，对汪先生艺术境界和创作成就认知有限，加之采访时间仓促，不够深入，本传难免疏漏，还望读者、方家不吝指正，匡我不逮。

夏和顺

2017年7月初稿于深圳梅林坳

2022年11月改定